就业政策执行论

IMPLEMENTATION THEORY
OF EMPLOYMENT POLICY

英 明◎著

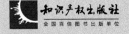

知识产权出版社
全国百佳图书出版单位

图书在版编目（CIP）数据

就业政策执行论 / 英明著 . —北京：知识产权出版社，2019.9

ISBN 978-7-5130-6472-9

Ⅰ . ①就… Ⅱ . ①英… Ⅲ . ①就业政策 – 研究 – 辽宁 Ⅳ . ① F249.273.1

中国版本图书馆 CIP 数据核字（2019）第 206408 号

内容简介

本书通过对积极就业政策执行的实然描述和理论透析，厘清和探讨了积极就业政策构成要素、演进阶段、执行现状、执行模式、执行成效及执行中的问题；以构建的积极就业政策执行分析框架作为研究规范和逻辑起点，以相关变量为切入点，通过剖析关键要素对政策执行不同层面的影响，尝试改善积极就业政策执行效果、效率、效能的对策。本书可为相关部门提供参考或借鉴价值。

责任编辑：安耀东　　　　　　　　　　**责任印制：孙婷婷**

就业政策执行论

JIUYE ZHENGCE ZHIXING LUN

英　明　著

出版发行：知识产权出版社 有限责任公司		网　　址：http://www.ipph.cn	
电　　话：010-82004826		http://www.laichushu.com	
社　　址：北京市海淀区气象路 50 号院		邮　　编：100081	
责编电话：010-82000860 转 8534		责编邮箱：anyaodong@cnipr.com	
发行电话：010-82000860 转 8101		发行传真：010-82000893	
印　　刷：北京九州迅驰传媒文化有限公司		经　　销：各大网上书店、新华书店及相关专业书店	
开　　本：720mm×1000mm　1/16		印　　张：16.25	
版　　次：2019 年 9 月第 1 版		印　　次：2019 年 9 月第 1 次印刷	
字　　数：247 千字		定　　价：82.00 元	

ISBN 978-7-5130-6472-9

就业，民生之本，安国之策。为解决就业、促进创业，国家制定了一系列积极就业政策。积极就业政策指政府以治理失业和促进就业为取向的宏观政策体系，包括保护性就业政策、市场性就业政策和战略性就业政策。具体政策工具包括公益性岗位、社会保险补贴、职业介绍、职业培训、创业担保贷款及扶持公共就业服务机构等。

积极就业政策执行的成败直接决定其政策目标能否实现。省级政府是中央政府的次级代理机构，执行中央政府出台的积极就业政策，其执行成败直接决定中央积极就业政策目标能否实现。为使研究更具有权威性和具体性，更具有说服力和表现力，我并没有将研究对象——就业政策执行置于全国范围展开研究，也没有将各层级政府的就业政策执行展开分析，而是选择了具有代表性的中间层政府——省级政府，而是选择了调研较方便、数据较完整的辽宁省政府及其所辖市。但是，这并不影响就业政策执行论的研究目标和研究效果，毕竟可通过部分反映全局，可透过个别展现全貌。

研究就业政策执行论的意义不在于研究本身，而是在于发现研究就业政策执行的理论分析框架，在于发现影响就业政策执行的关键变量及其维度，在于发现总结出就业政策发展的四阶段论，在于发现就业政策执行的五种模式，更在于发现提升就业政策执行效果的方法论。

本书将就业政策执行作为研究对象，将其置于府际关系的复杂动态过程中探讨辽宁省政府积极就业政策执行活动，探索府际互动模式背后的理性、观念因素如何影响积极就业政策执行主体的认知和行动。这对丰富、发展府际关系和政策执行具有理论意义，对提高积极就业政策执行效果、效能、效率具有现实意义。

本书试图通过案例分析、实地访谈和文献分析的方法，采用府际关系理论为指导，以影响府际关系的关键要素、我国府际关系运行的现实基础、国外学者的府际政策执行沟通模型为基础，构建辽宁省积极就业政策执行分析框架。确定了自变量——诱导要素和约束要素；因变量——辽宁省积极就业政策执行；中介变量——辽宁省政府的能力要素。这一概念框架为本书的研究确定了边界和主要观测点。

本书首先厘清辽宁省积极就业政策构成、发展演进、执行现状、执行成效及存在问题，为分析辽宁省积极就业政策执行做素材铺垫、现实考证和客观依据。继而通过实证调研和文献研究分析辽宁省积极就业政策执行是否真正实现了既定政策目标、采取了何种执行模式、取得何种成效、还存在哪些问题等。

在此基础上，运用概念分析框架分析了推动辽宁省积极就业政策执行的有利因素和限制性因素。

一方面，部分诱导因素、约束因素和能力因素对辽宁省积极就业政策的执行产生了积极影响。在诱导要素维度，府际纵向分权、高层领导重视并参与的权力结构，府际利益关联结构，上级政府对下级政府的奖励表彰与隐性契约的激励结构，下级政府就业专项资金配置及下级政府资源获取能力的资源配置结构。在约束要素维度，上级政府的政策规章及工作制度安排，就业任务下达与目标责任制考核，督促检查与就业专项资金审计，上级政府对下级政府的行政问责。在能力要素维度，执行主体间的组织结构与沟通协调能力，信息资源建设与政策宣传的反馈能力，对中央政策的再设计及现存政策的调整修正能力。总之，在这些要素的作用下，推进了政策执行，使其产生了就业局势总体稳定、城镇登记失业率处于合理空间、扶持就业困难群体数量大及就业专项支出规模大等实效。

另一方面，部分诱导因素、约束因素和能力因素也对辽宁省积极就业政策的执行产生了不利影响，限制了其有效执行。在诱导要素维度，府际权力博弈，主体间利益冲突，府际激励过度与激励结构错位，府际财政资源配置失衡。在约束要素维度，政府换届与执行流程失范，府际绩效考核体系适用性弱，府际内部监督检查流于形式，府际问责机制缺失及力度不足。在能力要素维度，辽宁省政府自身组织结构优化程度低和常规性组织协调能力差，信息共享程度低及信息反馈渠道受阻，对中央政策再制定前期调研不足及对问题经验吸取不足。总之，这些要素的影响导致积极就业政策执行中的虚假执行、选择执行、象征执行、过度执行、目标替代执行或标的群体外溢执行等问题。

最后，本书从诱导、约束和能力的角度提出了改进辽宁省积极就业政策执行的对策。一是均衡配置府际权力结构、规范和调节府际利益关系、创新府际激励机制和科学配置执行资源。二是建立健全法制规约、提高绩效考核机制的科学性与导向性、规避监督检查流于形式、健全府际问责机制及增强问责力度。三是通过优化组织结构提升沟通协调能力，通过增强政务公开、信息反馈和减少信息代理层级提高反馈能力，通过前期调研和持续吸取经验提升政策输出能力。

本书通过对辽宁省积极就业政策执行的实然描述和理论透析，厘清和探讨了辽宁省积极就业政策构成要素、演进阶段、执行现状、执行模式、执行成效及执行中的问题，以构建的辽宁省积极就业政策执行分析框架作为研究规范和逻辑起点，以相关变量为切入点，通过剖析关键要素对政策执行不同层面影响，尝试进一步提高辽宁省积极就业政策执行的效果、效率、效能。鉴于全国各级政府都需要执行积极就业政策，本研究可能会为其提供参考或借鉴价值。

第1章

绪　论

1.1　研究背景与意义

1.1.1　研究背景

1.1.1.1　问题的提出

1998 年以来，产业结构升级，转变经济发展方式，国企改革，兼并重组，规范破产，下岗分流，减员增效等一系列行为产生了下岗失业人员再就业问题。到 2002 年，我国就业形势更是十分严峻，就业矛盾突出，主要表现在劳动力供求总量矛盾和就业结构性矛盾并存，城镇就业压力加大和农村富余劳动力向非农领域转移速度加快同时出现，新成长劳动力就业和失业人员再就业问题相互交织。焦点集中在下岗失业人员再就业上，这已经成为一个带有全局性影响的重大经济和社会问题。为确保社会稳定、深化改革和促进经济发展奠定更好的基础，必须采取切实有效的措施，做好就业困难群体❶就业工作。基于此，中央政府出台了扩大就业、解决困难群体就业的积极政策，明确了积极就业政策所应偏重的对象，优先考虑了产业下岗工人，并为下岗再就业人员提供一些便利

---

❶　就业困难群体，指城镇国有集体企业下岗失业人员中男 50 岁、女 40 岁以上、失业人员中的现役军人家属、夫妻双失业人员、离异或丧偶抚养未成年子女或老人的失业人员和无就业人员家庭中有劳动能力和就业愿望人员。参见：辽宁省人力资源和社会保障厅网站 http://www.ln.hrss.gov.cn/zxzx/jy/201507/t20150729_1801355.html.

条件，帮助其解决就业难的问题。2002 年中共中央、国务院下发了《关于进一步做好下岗失业人员再就业工作的通知》（以下简称《通知》），认为"下岗失业人员再就业问题已经成为一个带有全局性影响的重大经济和社会问题"，并提出"把控制失业率和增加就业岗位作为宏观调控的重要指标"，"鼓励依靠发展劳动密集型中小企业吸纳下岗失业人员"，"鼓励下岗失业人员自谋职业和自主创业，重点做好有劳动能力和就业愿望的下岗失业人员就业"。本研究将此《通知》视为积极就业政策实施的标志性文件。

那么，中央政府为什么要实施积极就业政策呢？一方面，实施积极就业政策是由我国基本国情和严峻的就业形势所决定的。另一方面，就业关系到人民群众的切身利益，关系到改革发展稳定的大局，关系到两个百年奋斗目标的实现。所以中央政府把关系群众切身利益的就业问题作为一件大事抓紧抓好，多渠道千方百计促进就业。这个问题解决得好坏，是对政府施政能力的考验。只有广大人民群众安居乐业，政府才能获得信任、支持和拥护，才能实现国家的长治久安。

随着就业矛盾的复杂化和就业困难群体的多样化，我国政府及时调整了积极就业政策内容、目标、对象及工具，并出台了一系列促进就业的具体政策。那么，这些积极就业政策是如何执行的？如何取得良好效果？在执行过程中还存在哪些问题值得研究，有哪些考量促进和阻滞政策执行的相关变量。然而，政府在解决我国就业矛盾突出、就业群体复杂化的政策执行问题并不容易。在府际关系及执行资源受限等现实情况下，究竟哪些要素使得其采取了何种执行策略，解决就业困难对象就业问题进入学界的视野。

1.1.1.2 政策背景

中国积极就业政策自 2002 年实施以来，经历了政策的框架形成、充实完善、形成发展和探索革新四个阶段，是政府治理失业的有力举措。据不完全统计，中央政府层面出台了约 140 个文件及规章制度。从政策工具、政策对象、具体措施、政策目标、部门间政策联盟等方面都可以体现出政策的逐步升级及完善，因此，也有学者将这四个阶段称为中国特色积极就业政策的 1.0 版、2.0

版、3.0 版和 4.0 版❶。那么，我国积极就业政策的形成与发展如表 1-1 所示。

表 1-1　积极就业政策形成与发展（2002 年至今）

时间	政策阶段	政策对象	政策目标	政策理念
2002～2004 年	1.0 版：奠定政策框架	下岗失业人员、企业改制分流人员	解决再就业问题、从基本生活保障到就业生活保障、实现"零"就业家庭为零	就业和再就业工作是一项长期的战略任务和重大的政治任务
2005～2007 年	2.0 版：调整、充实与完善	下岗失业人员、高校毕业生、农民工、残疾人、零就业家庭、退役军人	增加就业、控制失业率、建立促进就业机制、就业政策法制化	就业是民生之本和安国之策
2008～2014 年	3.0 版：形成与发展	高校毕业生、农民工、就业困难人员、退役军人	稳定就业、扩大就业、完善制度和机制创新、形成中国特色积极就业政策体系	着力改善民生、切实把就业工作摆在更加突出的重要位置
2015 年至今	4.0 版：探索革新	大众、高校毕业生、农村劳动力、科研人员、就业困难人员	突出创业、鼓励就业和创业更好地结合、充分就业、提高就业质量	就业事关经济发展和民生改善大局

资料来源：根据政府出台的相关政策整理分析绘制。

通过表 1-1 可以发现，2002 年中国经济结构转型、企业破产兼并重组导致大量产业工人失业，中共中央、国务院针对下岗失业人员的再就业问题出台了《关于做好下岗失业人员再就业工作的通知》的纲领性文件，这个文件的出台标志着中国的积极就业政策的框架基础形成，将此文件视为中国积极就业政策 1.0 版；随着政策的实施，针对政策对象的变化及政策执行过程中产生的问题，2005 年国务院出台《关于进一步加强就业再就业工作的通知》的纲领性文件及各部委出台相关配套文件和解决失业问题的具体措施。更为重要的是 2007 年《中华人民共和国就业促进法》（以下简称《就业促进法》）的颁布，将中国积极

---

❶　2015 年 5 月 12 日，人力资源和社会保障部国际劳动保障研究所所长莫荣在回答《经济日报》记者时将国务院出台的《关于进一步做好新形势下就业创业工作的意见》视为中国积极就业政策的 4.0 版。随之，将中国积极就业政策的形成与发展过程称为政策 1.0 版、2.0 版、3.0 版和 4.0 版。参见：http://bj.zhaoshang.net/2015-05-12/290109.html。

就业政策上升到法律高度，以上这些对政策 1.0 版进行了延续、拓展、充实和完善，形成了中国积极就业政策的 2.0 版。2008 年全球金融危机爆发，我国为应对金融危机制定并实施了一系列稳定和扩大就业的措施。以国务院下发的《关于做好促进就业工作的通知》为综合性、纲领性政策，以各部委联合下发的关于农民工就业、大学生就业、创业带动就业、特别培训计划、就业服务系列活动、减轻企业负担等文件为配套，形成了应对金融危机的就业新政策，丰富完善了政策 2.0 版，将其称为中国积极就业政策的 3.0 版。2015 年，为探索大众创业、万众创新、就业和创业相结合的新举措，国务院出台《关于进一步做好新形势下就业创业工作的意见》的纲领性文件政策，将就业和创业相结合、创业带动就业为政策目标，在政策 3.0 版基础上更加强调大众创业和提升就业质量精神，所以将这个文件称为中国积极就业政策的 4.0 版。中国积极就业政策的形成和发展，验证了中国积极就业政策体系是在充分借鉴国内外先进经验并在矛盾突出的复杂实践中不断探索、实践、革新而形成的，这充分体现了我国政府对治理失业问题的重视和决心。

1.1.1.3 现实背景

中华人民共和国成立后，国家实施工业化发展战略，辽宁省是通过建设一批重点工业项目形成的老工业基地之一。辽宁省为我国建设独立完整的工业体系和国民经济体系，推动工业化和城市化进程，增强国防实力和综合国力，做出了历史性贡献。但随着改革开放的不断深入，辽宁省在长期计划经济体制下积累的深层次结构性、机制性矛盾日益突出。其具体表现为：市场化程度较低，经济增长的内在动力不足；传统产业技术装备老化，产品市场竞争能力下降；国有企业历史包袱沉重，经济效益较差；就业和再就业矛盾突出，社会保障压力较大。

国有企业改革任务艰巨，下岗失业人员再就业仍是最紧迫、最突出的问题。一方面，受就业岗位数量有限的影响，有一部分国有企业和集体企业下岗职工还没有实现再就业，同时又增加了新的失业人员。由于他们年龄偏大，技能单一，参与市场竞争就业的能力弱，再就业面临许多困难。另一方面，已经就业的下岗失业人员有一部分就业不稳定，存在随时失业的风险。他们上有老、下有小，家庭经济负担重，如果不能再就业或再次失业，仅靠失业保险金或"低保"补贴生活比较困难。这些下岗失业人员过去曾为国有企业发展和国家建设做出过贡献，理应得到国家和社会的关心和帮助。因此，辽宁政府在中央出台的积极就业政策基础上，结合省情、经济发展水平、就业结构及就业困难群体特征出台了本省积极就业政策，目的在于促进就业。

虽然，辽宁省政府积极就业政策的实施，对促进就业、缓解就业压力、解决就业困难群体就业问题、维护社会稳定发挥了重要作用。但是，该政策执行在府际关系作用下存在一定的动态和复杂关系，并由这些复杂的关系影响而产生了象征或目标替代执行、选择或变通执行、过度或迟缓执行、欺上瞒下或目标群体被替代等一系列问题。这一系列问题得不到有效解决，就达不到该政策扩大就业、促进就业困难群体就业的目的，而且会造成大量就业支出的浪费，引发社会矛盾，严重阻碍政府在整个社会民主秩序的框架下的正常运行，影响政府治理能力现代化进程。

从积极就业政策实践来看，其更偏重于"自上而下"的执行模式，主要是从中央政府逐级到下级政府的命令、控制和指挥，某种程度上忽视了处于低层级政府的执行力、影响力和利益偏好，导致积极就业政策缺位与供给不足。但从现实意义上讲，各层级政府或不同职能部门都以其各自优势、资源和能力影响积极就业政策执行效果。因此，府际关系和府际沟通模式所倡导的执行理念应吸纳到积极就业政策执行的框架下，以此提高积极就业政策实施的科学性和有效性。

积极就业政策从框架的形成、政策内容的调整完善、应对金融危机时期就业政策的发展到以创业带动就业，经历了政策发展的四个阶段，每个阶段的政策内容、政策目标、政策工具及具体措施都应随时调适和完善。但现如今对积极就业政策的研究比较匮乏，大多还是停留在对积极就业政策制定、具体的政策措施、就业效果宏观感受等分析层面，几乎没有研究者真正深入研究政府是如何在复杂的就业政策环境中具体执行过程中究竟是什么因素在影响着执行主体的执行活动，剖析产生这些影响执行因素背后的逻辑。本书选取了积极就业政策执行作为研究对象，检验其是否真正实现了既定的政策目标，是否发挥了政策的实际效能，是否是高质量的政策，是否完善后续政策的制定，是否检验了政府的行政效率，等等。本书试图通过案例分析和实地访谈、经验资料分析的方法，以府际关系理论为指导，依据积极就业政策执行分析框架，剖析影响辽宁省积极就业政策执行的关键因素，以及各要素如何促进和限制执行。基于对积极就业政策的发展演变、积极就业政策执行的描述以及运行逻辑，以辽宁省积极就业政策执行为研究对象来探究政策执行的内在机理，剖析辽宁省政府政策执行取得的成效、存在的实际问题和执行不力的深层次原因，寻求和优化辽宁省政府提高积极就业政策执行的路径。

另外，如何在总结经验的基础上，全面深刻地阐释省级政府执行公共政策的本质和理论逻辑，解释省级政府在治理失业中遇到的执行问题，构建与科学发展理念相适应的执行框架，将是中国政府未来执行公共政策活动和提高执行效率的必要条件之一，这也是本研究努力尝试完成的目标之一。

1.1.2　研究意义

1.1.2.1　理论意义

第一，积极就业政策执行的理论研究，对丰富公共政策学的学科建构、形成具有中国特色的公共政策学学科体系、推动本土化公共政策体系和运行机制的建立与完善、提高政府执行公共政策的质量，具有重要的意义。

第二，本书以府际关系理论为指导，以府际积极就业政策执行分析框架为依据，分析我国现行的公共政策执行行为及影响因素，有利于提高政策执行效果、效率和效能。该分析框架的因变量为辽宁省政府的政策执行，自变量为府际诱导与约束，中介变量为辽宁省政府组织协调、信息反馈和政策输出的能力。本研究选取辽宁省积极就业政策执行的实然状态作为研究对象，研究适合于本土化的"中国经验"，促进我国政策执行理论发展。

第三，通过研究辽宁省积极就业政策执行行为，突破单一关于府际关系的权力政治研究，将府际关系视为一个动态的整体来研究。在这一过程中，不仅要研究中央政府如何领导、治理各省级政府，更要研究省级政府在中央政府的领导和制度环境约束下如何治理其所辖区域事务。更重要的是，要分析府际互动模式背后的理性和观念对政策执行主体的认知和行动所产生的影响。

1.1.2.2 实践意义

第一，为辽宁省积极就业政策有效执行提供优化路径。再好的理论与实践脱节都不能称其为好的理论，学术研究的价值在于适用性和实用性。本研究通过对辽宁省积极就业政策执行动态性和复杂性的实证分析，抽象为科学的理论方法，以期能够更加合理、规范、科学地指导实践。辽宁省积极就业政策要充分考虑府际诱导、约束、能力等对执行的促进和限制影响，提高积极就业政策执行效果，最大限度地实现目标。

第二，为积极就业政策执行实践提供了新的思路。辽宁省积极就业政策执行研究，为我们从一个崭新的角度去看待和理解省级政府积极就业政策执行实践提供了思路。近年来，研究积极就业政策基本上是立足于解决弱势群体就业、扩大就业渠道、扶持就业创业，而对积极就业政策执行基本没有学者涉猎。积极政策执行的好坏不能简单地以新增就业人数和城镇登记失业率等为标准，应当以政策执行过程理论为依据，用影响府际关系的要素分析积极就业政策执行的复杂性。因而，在积极就业政策执行的实践中，要以科学的政策执行理论为指导，把握积极就业政策执行规律。这对于完善辽宁省积极就业政策实施、提高积极就业政策执行效率的实践活动有着重要的作用。

第三，进一步完善和发展积极就业政策。任何公共政策的设计者都希望在条件允许的情况下，尽可能把政策方案制定得完美，但无论如何也不可能十全十美，辽宁省积极就业政策执行亦如此。此外，随着执行资源及政策实行对象的变化，原有政策内容会不断被修正和完善，这就需要充分考虑原有政策执行过程中的问题和执行的效果。

第四，提高辽宁省积极就业政策执行效率。通过对辽宁省积极就业政策执行的促进和限制要素分析，充分发挥有利于积极就业政策执行的各要素功能，减轻或规避不利于积极就业政策执行的各要素功能，从而提高辽宁省积极就业政策执行效率。

1.2 研究综述

1.2.1 国外关于政策执行和积极就业政策执行的研究

1.2.1.1 关于政策执行概念的几种观点

政策执行是解决政策问题、实现政策目标的唯一途径。国外理论界对"政策执行"的定义主要有以下几种。

普雷斯曼（J. L. Pressman）和韦达夫斯基（A. Wildavsky）最早把政策执行解释为："在目标的确立与适应于取得这些目标的行动之间的一种相互作用过程"[1]。

格斯顿（L. N. Geston）把政策执行界定为"将政策义务转化为实务"。他指出，"简单地说，公共政策就是对某些事物承担的义务"。"为了使政策得到贯彻，适当的政府机构就必须致力于将新法律和新计划转变为实务的过程。义务代表有意识地将政策计划转变为现实"[2]。

查尔斯·琼斯（Charles O. Jones）指出："政策执行是将一项政策付诸实施的所有活动，而解释、组织和应用则是诸多活动中最重要的三种。所谓解释就是把政策内容转化为一般人能接受的和可行的计划和指令；所谓组织就是设立政策执行机构，拟订使政策内容生效的措施，以期实现政策；所谓应用就是由执行提供日常的服务和设备，支付各项经费，从而达到既定的政策目标"[3]。

唐纳德·米特尔（Donald S. Van Meter）认为，"政策的执行就是以其他方式和途径对政治的继续"[4]。美国著名政治学家托马斯·戴伊（Thomas R. Dye）在引证了这一定义之后，对政策执行做了进一步的界定。他指出："政策执行就是旨在执行政府立法部门所制定发布的法律而进行的一切活动。这些活动可以包括创设新的组织机构——新的部、新的局、新的司等，以便执行新的法律，或者将新的职责和职能授给现有的组织。这些活动还可能包括制定一些特殊的法规和条令，以便对法律的真正含义做出解释，同时这些活动往往还包括制定新的预算以及招用新的人员来执行新的职责和任务。另外，这些活动常常还包括对许多个案的裁决"[5]。

爱德华兹（Edwards）等认为，政策执行是一系列"发布命令、执行指令、拨付款项、办理货款、给予补助、订立契约、收集资料、传递信息、委派人事、雇佣人员和创设组织单位"的活动过程。[6]

组织理论学派斯诺（C. P. Snow）和特里林（L. Trilling）指出："任何一项化观念为行动的作为都涉及某种简化工作，而组织机构正是从事这种简化工作的主体；是它们把问题解剖到具体可以管理的工作项目，再将这些项目分配给专业化的机构去执行。于是只有了解组织是怎样工作的才能理解所要执行的政策，也才能知道它在执行中是如何被调整和塑造的"。[7]

行动理论学派强调，"政策执行的关键在于政策执行机关如何采取政策行动"。组织理论学派强调"政策执行组织的作用"[8]。

1.2.1.2 关于政策执行研究的理论途径

政策执行研究源于美国联邦政策 1973 年制定的就业政策——"奥克兰计划"的失败，引起学术界对政策执行研究的反思和关注，经历了自上而下、自下而上、政策连续统一的整合执行及政策工具研究四个阶段。

第一代研究途径：自上而下的研究范式，关注点是政策制定者，把制定者与执行者断然分开。此范式假定，政策是由上层规划或制定的，政策制定后被翻译或具体化为各种指标，由下层的行政官员或职员具体执行。

第二代研究途径：自下而上的研究范式，关注点是基层政策执行者及其喜好。主要推崇基层执行者优先，主张从基层的实际情况或问题出发来研究政策执行过程。

第三代研究途径：政策行动连续统一的政策执行研究。这一代政策执行研究对第一代和第二代研究进行整合，重视府际关系对政策执行影响的研究，强调政策执行过程的连续性、动态性和复杂性，主要代表人物有马尔科姆·戈金、马特兰德、兰德尔·里普利、格雷斯·富兰克林、施柏莉、萨巴蒂尔等。詹姆斯·P. 莱斯特（James P. Lester）和小约瑟夫·斯图尔特（Joseph Stewart）。认为此范式的价值取向是"价值理性"或"理性多元化"，经过对"自上而下"和"自下而上"的反思与批判，人们试图建立一个集两者优点于一身的整合性概念框架，并对执行进行动态探讨[9]。

古斯塔沃·尼根道（Gustavo Nigenda）等从复杂适应系统视角分析了复杂性和动态在政策执行过程中如何发生、为什么以及如何影响执行[10]。亚当·弗利（Adam Foley）通过研究两个中西部农村社区的性教育政策执行，执行效果受实现代理的价值观和信仰、社区背景、实现代理交互和性教育组织管理四个要素影响，并且实现社会认知代理人的决定对性教育政策执行效果很明显[11]。丹尼尔·瑞恩（Daniel Ryan）回顾了发展中国家城市气候政策执行的文献，气候政策执行受地方政府能力、气候政策与当地问题关联度、当地关键政治学员的影响[12]。

马尔科姆·戈金（Malcolm L. Goggin）等人在其著作《政策实施理论与事务：迈向第三代政策实施模型》中提出了府际政策实施模型（model of intergovernment policy implementation）。这一实施模式包含三个变量：其一，因变量，即州政府的政策实施；其二，自变量，包括两项——联邦政府层次的诱因与限制和州与地方政府层次的诱因与限制，两者形成交互依赖关系；其三，中介变量，包括州政府本身的决策后果与州政府本身的能力[13]。前述自变量与中介变量构成州与地方政府的实施次级系统。这一系统包括下列要素：州与地方政府机关首长、机关组织、州发言人、州立法委员、地方政府层次的行动者、州政府层次的能力、反馈等，这些要素都是互动性的、互赖性的、多元性的动态过程[14]。

马尔科姆·戈金认为，自上而下的研究者们是对单一的权威性决定如何被执行的问题进行探究性研究的开拓者；自下而上的研究者们致力于构建政策执行的分析框架；第三代研究者们致力于发展和检测关于中程或中规（middle range）研究的解释性与预测性执行理论研究。因此，迈克·希尔（Michael Hill）和彼特·休普（Peter Hupe）认为，"马尔科姆·戈金、马特兰德等提出了更加科学的政策执行系统研究途径，提出了用于执行分析的特别强调影响政府不同层级之间接受或拒绝信息因素的'沟通模型'（communication model）"[15]。公共政策执行既发生在政府层级关系上，也发生在中不同层级的行政机构中，他们在府际关系作用下会呈现出一系列决策与行动的复杂动态过程。

　　第四代研究途径——政策工具选择。政策工具指公共政策主体为实现公共政策目标所能采用的各种手段的总称。政策工具是联系政策目标和政策执行之间的桥梁，公共政策目标的实现只有通过政策工具的有效选择才能达成。政策工具选择是西方公共政策研究领域在 20 世纪七八十年代持续近 20 年的"执行运动"（implementation movement）的四大研究途径之一。在 20 世纪 70 年代，普雷斯曼和威尔达夫斯基就"政策执行"做出了开创性的研究。他们强调，政策执行研究需要关注目的与手段的适配性。这种呼吁使得研究政策执行的学者纷纷开始重视政策工具研究。20 世纪 80 年代初，荷兰的吉尔霍德委员会得出结论：政策工具知识的缺乏和不足是导致政策失败的重要原因。解决政策失败问题的关键在于建立和发展一门政策工具理论并将它付诸实践。陈振明认为，1964 年荷兰经济学家科臣（E. S. Kirschen）整理出 64 种一般化工具，试图对政策工具进行分类，其是国外政策工具研究的发端[16]。胡德（C. Hood）的《政府工具》是工具选择途径研究的代表著作[17]。国外政策工具研究的发展经历了工具至上论研究阶段、多种研究途径研究阶段和新公共管理影响下的研究阶段。到 20 世纪 90 年代，对政策工具研究较有影响的是盖伊·彼得斯（B. Guy Peters）和范·尼斯潘（Frans K. M. van Nispen）的专著《公共政策工具》。该书全面介绍了公共政策工具研究的现状，可以看出，政策工具的研究在荷兰和德国等欧洲国家具有强劲的发展趋势。

　　国外政策工具的研究经历了工具主义、过程主义、权变主义和建构主义四种研究途径。政策工具研究的实体内容聚集于工具属性研究、工具选择研究、工具运用研究、工具绩效评价研究等几个方面。

1.2.1.3　关于政策执行研究的理论模型

　　政策执行研究的主要模型有：史密斯（T. B. Smith）的政策执行过程模型[18]、范·米特（D. S. Van Meter）和范·霍恩（C. E. Van Horn）的政策执行系统模型[19]、巴达奇（Eugene Bardach）的博弈模型[20]，雷恩（Martin Rein）和拉宾诺维茨（Francine Rabinovitz）的政策执行循环模型[21]、萨巴蒂尔（Paul A. Sabatier）和马兹曼尼安（Mazmanian D. A）的政策执行综合模型[22]、唐纳德·C.门泽尔（Donald C. Menzel）的组织模型[23]，马尔科姆·戈金（Malcolm Goggin）

的府际政策执行沟通模型[24]和保罗·A. 萨巴蒂尔的政策支持联盟框架模型[25]。理论模型建立的时间、代表学者、学术代表作品及相关变量等详见表1-2。

表1-2　政策执行的理论模型及相关解释

模型	时间	代表人物	代表作	出版物/出版社	变量
过程模型	1973年	史密斯	《政策执行过程》	《政策科学》	理想化的政策、执行机构、目标、环境因素
系统模型	1975年	霍恩和米特	《政策实施过程：一个概念框架》	《行政与社会》	政策目标与标准、政策资源、执行方式、执行机构的特征、执行环境、执行人员的意向
博弈模型	1977年	巴达奇	《执行博弈》	麻省理工学院出版社	政策资源的分散、政策目标的偏离、实施机构的窘境、实施资源的浪费
循环模型	1978年	雷恩和拉宾诺维茨	《实施的理论观》	《美国政治与公共政策》	在政策执行的拟定纲领发展阶段、分配资源阶段、监督执行阶段三个阶段中，强调反馈的作用
综合模型	1979年	保罗·萨巴蒂尔和马兹曼尼安	《公共政策执行：一个分析框架》	《政策研究》	政策问题的可处理性、政策本身的可控变量、政策以外的变量
组织模型	1987年	唐纳德·C.门泽尔	《政策执行的组织间模型》	《公共管理季刊》	自身组织的选择、其他组织的选择、组织间的资源依赖和结构依赖
沟通模型	1990年	马尔科姆·戈金，等	《执行理论与实践：走向第三代》	格林伍德科斯特有限公司	联邦政府层面的诱因与约束、州和地方层面的诱因与约束、州的能力和决策结果、州的执行
联盟模型	1993年	保罗·萨巴蒂尔	《政策变迁与学习：一个倡导联盟框架》	《政策研究》	政策变迁受到稳定变项和动态事件变迁影响、行动者倡导联盟影响政策、政策变迁自身是一种政策取向的学习过程

资料来源：根据相关文献整理。

1.2.1.4　关于政策执行研究的类型和方法

通过对政策执行研究的理论途径、理论模型相关文献进行分析可以发现，国外关于政策执行研究有社会保障类、经济调节类、社会服务类、市场监管类和公共事务管理类。社会保障类的政策执行有就业培训、社会救助、家庭暴力、福利、性别、公平、移民等；经济调节与市场监管类的有经济发展政策、产业政策、货币政策、财政政策、税收政策、住房政策、产业政策等；公共服务类的有环境保护政策、资源配置政策、教育政策、医疗卫生政策等。另外，还有一些关于不同国家之间政策执行的比较、借鉴及理论方法介绍等。

1.2.1.5 关于促进就业政策的研究

我国积极就业政策是在借鉴西方市场经济国家促进就业政策、结合我国国情而实施的，因此二者的政策理念、基本内容及具体措施基本一致。为忠于文献研究的原汁原味，本书仍使用"促进就业政策"的名称。蒂埃里（Thierry）和菲利普（Philippe）研究了法国就业政策中的领土扩张案例，分析国家现代化中的地方镜像。因为法国领土的扩张与分散被视为公共政策转型的保护机制，所以试图在福利国家背景下，考虑公共行动者扩张的变革，通过对法国就业政策分析和定义地方一般利益的概念。结果表明就业政策确实仍有可能受到一个"国家"的影响，但在地方情境下却扮演了重要角色[26]。克斯廷（Kerstin）和阿萨（Asa）研究了欧盟就业战略中的就业决策到目前为止是最宽松最灵活的政策协调，取决于其决策程序和决策者的规范性。欧盟就业政策的实施，除了依靠行业准则、建议等法律措施，更取决于就业政策实施的评估[27]。奈德·德尔凡尼（Neda Delfani）通过考察里斯本战略中丹麦、荷兰、瑞典这些国家中党派之争对经济增长和就业的有效性发现，这些国家的政府并没有给予同等的建议和指导。即便他们给予建设和指导，也和其政党的偏好一致[28]。安娜贝拉·杜尔（Annabelle Doerr）等分析了德国就业机构的政策风格与培训券对失业者奖励强度的关系，发现合作行为和沟通交流对培训券的奖励强度产生积极影响[29]。

1.2.2 国内关于政策执行和积极就业政策执行的研究

1.2.2.1 关于政策执行研究的几种观点

林水波和张世贤认为，"政策执行可谓为一种动态的过程，在整个过程中，负责执行的机关和人员组合各种要素，采取各项行动，扮演管理和角色，进行适当的裁量，建立合理可行的规则，培塑目标共识与激励士气，应用协商化解冲突，以成就其特殊的政策目标"[30]。陈庆云认为，"政策执行是指为了实现政策目标，把政策内容转化为现实的动态优化过程"[31]。胡宁生的"所谓公共政策执行是指一项公共政策在规定的时间内，对需要解决的问题发挥出充分而又适度的效力，从而实现既定目标的行为过程"[32]。陈振明认为，"政策执行是政策执行者通过建立组织机构，运用各种政策资源，采取解释、宣传、实验、协调与监控等各种行动，将政策观念形态的内容转化为实际效果，从而实现既定政策目标的活动过程"[33]。胡平仁认为，"政策执行就是政策执行主体根据政策目标和内容的要求，拟定具体办法，提供服务与设备，支付经费，促使有关社会公众接受政策，促进既定目标顺利实现的行为过程"[34]。贺东航和孔繁斌认为，"国家制订的公共政策需要落实到一定的地方场域，通过政策细化或再规划的过程，才能实现其政策目标。公共政策执行具有层级性和多属性特征"[35]。陈喜乐和杨洋认为，"自下而上的政策执行研究范式，关注点是影响政策执行过程中的各种复杂的因素，试图对政策执行理论进行分析并在此基础上建立政策执行模型，以此来阐述和解释在政策执行复杂过程中的各种变量以及各种变量之间的关系问题"[36]，而整合式的研究重点不再是政策制定者事先预设目标，而是在实际的执行活动中结合再决策过程去验证各种假设。因此强调机关间的网络关系与执行力的表现，以及尝试着解释为什么政策执行往往不会达到决策者预期的目标，而是会随着其他政策、时空和执行机关的不同而出现执行的差异化，并建构执行模式预测未来可能出现的执行类型。[37]

综合以上学者观点，本书将"政策执行"归纳为"政策执行主体将政策内容转化为政策结果，并受各种因素诱导、制约和调控的动态过程"。

1.2.2.2　关于政策执行研究的理论模型

近十几年来，随着我国政策执行领域研究的不断深入，政策执行研究逐渐形成了官僚制模型、政治动员模型和过程模型。

（1）官僚制模型。该模型源于韦伯的官僚制，强调公共政策执行过程中的制度和个体。受官僚体制影响，政策执行观测点在于中央与地方政府之间的关系，侧重自上而下的研究途径，关键在于分析上级政府如何诱导和约束下级政府实现公共政策目标。以此为分析基础，探求政策执行阻滞的体制机制，从而提出解除阻滞的方法。

（2）政治动员模型。该模型是最具当代中国特色的政策执行模型，有狭义和广义之分。狭义的政治动员仅指通过意识形态宣传发动执行主体参与，并以此驱动政策的贯彻落实[38]；而广义的政治动员不仅指通过意识形态宣传发动群众参与政策执行过程，更主要的是指在政府组织内通过意识形态或政治控制来驱动政策执行。在政治动员模型中，由于由执政党确定并得到广大群众拥护的意识形态的价值取向具有刚性的特点，因而，基层政府在执行政策时面临着压力型体制[39]。显而易见，政策执行过程中的政治动员模型虽能反映政策执行的特殊性，但在剖析政策执行受阻、政策执行走样、政策执行偏差、政策目标群体外溢等现象显得较弱。

（3）过程模型。宁骚认为，"只有依据本土资源构建的政策过程模型，才有可能对当代中国的伟大决策实践有较强的解释力，构建了"上下来去"的过程模型。该模型的哲学基础是辩证唯物论和历史唯物论，具有鲜明的中国特色，并能吸纳以公共决策科学化、民主化为诉求的其他政策过程模型"[40]。王亚华提出"层级推动—策略响应"政策执行过程模式。这是一种用以描述中央政府制定和出台的政策，被各级地方政府策略性响应的一种政策执行模式，也是在中国现有的政治架构下形成的一种独特模式。

1.2.2.3　关于政策执行研究的内容

朴贞子、金炯烈、李洪霞认为，国内政策执行研究始于 20 世纪 90 年代，进行系统研究是始于 2000 年[41]。由于中国长期以来一直实行计划经济体制，中央呈现高度集权的状态。这种环境下，公共政策执行主要是通过自上而下的行政命令方式，下级政府基本上没有自由裁量权，因此政策执行领域出现的问题并不突出。随着改革的深入和社会经济的转型，政策执行过程中的问题十分突出。所以，中国学者开始关注政策执行研究。对我国政策执行的研究主要从以下方面进行梳理。

（1）介绍、引进和评价西方政策执行理论深化的研究。学者们从不同的途径和角度来分析西方政策执行理论的发展过程。基本围绕第一代政策执行（"自上而下"模式)、第二代政策执行("自下而上"模式)和第三代政策执行("整合式"模式)来介绍、分析和比较。具体分析了各代政策执行研究的代表人物、理论基础、模型构建及其贡献和局限。金太军认为,第三代政策执行模型一是强调执行机构之间的网络关系与政策执行力的表现,即政策执行机构间的联结与互动关系体现政策执行力的高低;二是强调政策过程中参与者高度复杂的关系,具有启发意义,并且相当程度影响了公共政策与政策理论的建立[42]。陈庆云认为,第三代政策执行研究途径是预测未来的政策执行模型[43]。第三代政策执行研究是目前研究的主要方向,在整合交叉学科的基础上,探索新的研究途径,构建新的理论模型。

(2)使用西方理论模型研究中国具体政策执行研究。政策执行研究最早是国内学者在借鉴西方政策执行研究的基础上,宏观上对国内政策执行研究的基本问题进行论述和分析,介绍了西方的理论、模型、研究方法等。如丁煌在《关于政策执行的若干基本问题》一文中强调了政策执行是政策过程中的重要环节,是政策目标实现的决定性因素,并分析了政策执行研究的基本问题,包括政策执行、执行政策、目标群体、执行效果、有效执行等[44]。随着政策执行系统化的研究,逐步发展为在某个领域研究政策执行,如教育政策、金融政策、住房政策、社保政策、医疗政策、公共安全政策等,通过西方政策执行的理论模型来分析具体政策在执行中存在的问题和对策。

(3)中国政策执行存在的问题、原因和对策研究。这是中国政策执行研究的主要方面。丁煌提出"政策阻滞"[45]的概念,剖析政策执行阻滞的主要制度缺陷及其作用方式,并提出了防治政策执行阻滞的对策,提高政策执行效果。钱再见和金太军提出"中梗阻"[46]的概念,认为"政策执行主体往往会由于自身的态度、素质和能力等原因,消极、被动、低效地执行政策,甚至影响和阻挠公共政策有效执行,把这种现象称为政策执行中的'中梗阻'现象,探讨这一现象产生的深层原因及其矫正对策"[47]。周雪光提出"共谋现象"的概念,从制度层面分析了政策执行过程中基层政府为达到某种特定利益而存在的"共谋现象"[48]。还有欧博文、李连江等诸多学者提出的"上有政策,下有对策""打招呼""面子关系""土政策""迎合上极""阳奉阴违""照抄照搬""讨价还价""选择性执行""潜规则""断章取义"等概念。这些概念都是学者们从不同的维度、选择不同的分析工具、对政策执行过程中存在的问题，原因进行分析，并提出解决这种现象的有效对策。陈家建、边慧敏、邓湘树认为，在中国，政策制定是博弈的开始，执行才是真正的难点。国家政策在地方执行过程中"走样"的逻辑是利益主体、政策缺陷和制度张力[49]。薛立、杨书文认为，政策执行中最为薄弱的环节和作用机制是政府组织和政策对象之间的互动规则、信息流、利益流所形成的断裂带，应加大执行主体及其行为的研究，通过强化政府监管职责和惩戒措施解决政策执行"断裂带"问题[50]。陈家建和张琼文（2016）通过分析认为，消极式执行和运动式执行都是来自上级的政策在基层的适用性较低所造成的，基层政府又因为来自上级的政策执行压力不同而选择的执行方式；政策执行反复波动弱化了制度的规范力，长期积累会让基层社会产生冲突和治理问题[51]。

（4）"运动式政策执行"研究。以唐贤兴为代表，认为"运动式执法"不能一味地否定，政府之所以选择运动式执法这种政策工具，是受到决策议程、资源短缺和政府间合作状态三个因素制约的，从政府治理的角度阐述运动式政策执行的合理性[52]。白钢和史卫民认为，由于运动式政策执行有着一定的提出政策议程、动员社会资源、推动部门合作等方面的功能，加上政府长期以来对这一政策工具的熟练运用，所以具有临时性特征的运动式政策执行变成了政府常态的管理模式[53]。周雪光认为，"运动式治理的突出特点是（暂时）打断、叫停官僚体制中各就各位、按部就班的常规运作过程，意在替代、突破或整治原有的官僚体制及其常规机制，代以自上而下、政治动员的方式来调动资源、集中各方力量和注意力来完成某一特定任务。运动式治理的行为常常由自上而下的指令启动，甚至来自上级领导的主观意志，但它们的出现不是任意的，而是建立在特有的、稳定的组织基础和象征性资源之上"[54]。程琥认为，"必须对我国运动式治理、运动式执法的国家治理逻辑进行深刻反思，通过及时引入司法审查机制，把运动式治理、运动式执法控制在有限范围内"[55]。蒋姗姗分析了"运动式治理模式"的特点、长盛不衰的原因、现存的不足，以及通过探索完善这种循环治理模式，使中国政策执行模式由"运动式治理模式"转变为一种长效的治理机制，并在稳定有序的政策环境保护下持续推行[56]。

1.2.2.4 关于积极就业政策的研究

学术研究往往是伴随着实践的应用而展开，二者相辅相成。积极就业政策出台以来，理论界围绕积极就业政策形成、执行与完善进行了深入研究。通过CNKI数据库检索，以"篇名"为检索项，以"积极就业政策"为检索词，检索结果为495篇文献，其中各类别数据库文献数量如表1-3所示。通过文献分析发现，关于积极就业政策的研究主要包括积极就业政策形成、积极就业政策体系建构、政府在积极就业政策中的职责、积极就业政策效果评估与财政政策对积极就业政策的影响五大方面。

表1-3 从CNKI检索到的积极就业政策文献数据

文献合计总数	中国学术期刊网络出版总库	中国博士学位论文全文数据库	中国硕士学位论文全文数据库	中国重要会议论文全文数据库	特色期刊数据库	中国重要报纸全文数据库
495	161	0	4	3	16	311

数据来源：中国知网，检索时间截至2016年5月3日。

第一，积极就业政策形成的相关研究。文献显示，积极就业政策在我国最早出现是学者对市场经济国家积极就业政策的介绍。邹再华提出，通过职业培训强化积极的劳动力市场政策的实施，是积极就业政策形成的初期，不是完全意义上的积极就业政策，此后将职业培训纳入到积极就业政策[57]。劳动与社会保障部部长王东进在接受采访时认为，下岗再就业是建立健全国家社会保障制度的现实选择和过渡期，并从再就业政策有利于推进经济结构调整、企业转型、维护职工长远和根本利益而实施的积极的、必然的政策等三个方面分析积极就业政策实施的原因[58]。劳动保障部国际劳工与信息研究所课题组最早使用"积极就业政策"的概念，论述了市场经济国家的积极就业政策的具体措施，包括强化就业服务体系、加大职业培训资金投入、改革失业保险的单一功能、激励就业及实施创业计划[59]。全国各级政府充分运用各大媒体宣传积极就业政策实施的必要性和战略意义。新华每日电讯发表评论员文章《提高认识，实施积极的就业政策》，刊登了时任国家主席江泽民在全国再就业工作会议上的讲话，指出促进就业"关系人民生活水平的提高，关系国家的长治久安，不仅是重大的经济问题，也是重大的政治问题"，将积极就业政策的实施上升到国家战略高度[60]。当时劳动保障部办公厅主任信长星论述了积极就业的几个特点，将积极的就业政策同积极的财政政策、稳健的货币政策一样纳入到国家宏观经济政策内容，同时也提出我国实施积极劳动力市场政策的建议[61]。张传亭分析了我国当前的就业形势和应对策略，提出将积极就业政策放在更加突出的位置[62]。黄华波最早论述了中国特色积极就业政策的相关问题，包括基本内容、为什么说政策体系已"基本完善"、为什么称为"积极"和"中国特色"的就业政策。基本内容包括就业促进、就业扶持、社会保障和市场支持四大就业体系，阐释了之所以称为"特色"与"积极"的合法性及判断标准[63]。莫荣提出实施积极的就业政策、缓解就业压力的具体措施[64]。《中共中央、国务院关于进一步做好下岗失业人员再就业工作的通知》的出台，标志着我国正式实施积极就业政策战略，构建了具有中国特色的积极就业政策框架。姚洪宇和杨静认为，这个文件第一次正式提出"把扩大就业放在经济社会发展更加突出的位置"，强调要"实施积极的就业政策，努力改善创业和就业环境"[65]。

第二，积极就业政策体系构建的研究。郑功成、杨宜勇、杨燕绥从具体就业措施、弹性就业和地方政府如何制定政策方面论述了积极就业政策体系的建立[66]。白天亮认为，"小额担保贷款、减免税费等就业扶持政策在全国地级市全面实施，标志我国积极就业政框架建立"[67]。国务院《关于进一步做好新形势下就业创业工作的意见》（国发 23 号），信长星将该文件视为"积极就业政策4.0"版，详细分析了文件出台的背景和当前就业形势，从"大众创业、万众创新"，促进大学生就业，解决结构调整中的失业问题，以及加强职业培训、提升职业技能四方面[68]。李翔和石晓梅"介绍了我国积极就业政策的基本框架，提出积极就业政策应当与经济增长、体制改革、财政与金融等宏观政策相协调的观点，认为实施积极就业政策必须重视劳动力市场建设和灵活的就业方式，并从法律、资金、组织等方面提供保障才有可能使积极的就业政策落到实处"[69]。

第三，政府在积极就业政策执行中的职能和责任研究。翁良钧介绍了宁波市通过再就业工程、用工补助、非正规就业、组织网络建设制定出台了一系列积极就业政策[70]。王芸和季明认为，政府的职能是"通过制定政策引导社会各方面扩大就业、通过监管规范劳动力市场秩序，通过制定法规规范保障劳动者权益、帮助就业困难人员实现就业"[71]。曹云介绍了广州市政府在积极就业政策执行过程中的职责和作用[72]。田蕴祥"以台湾地区少数民族为案例，从积极福利的研究视角分析了台湾当局在就业的信息提供、能力培养、活动办理、岗位开拓等各方面的就业促进工作朝积极福利方向发展"[73]。信长星提出，政府应当"从优化劳动力供给和改善劳动力需求两侧精准发力着手，通过深入实施就业优先战略和更加积极的就业政策，用社会政策托底经济转型确保就业局势稳定"[74]。刘社建主张，提高政府促进就业的方式与效率、构建评估机制，政府提供公共就业服务的机制，充分发挥政府、劳动力市场、企业与劳动者共同扩大就业的作用，尽快实现较充分的就业[75]。王强提出，"明智、理性的政府应该认识到自身的有限能力，在就业问题上充分考虑如何用有限能力去展示无限责任"[76]。《领导决策信息》中指出，"如何切实做好新时期的就业工作，成为各级地方政府亟须解决的问题。各地应围绕解决本地区的突出问题，制定更有针对性的政策措施，加大落实力度，切实推进新时期就业"[77]。王艳和古天姣提出，"发挥政府作用，完善就业市场等是解决大学生就业的对策"[78]。

第四，积极就业政策效果评估的研究。英明和魏淑艳从积极就业政策评估的理念、标准、内容、指标、主体和方法六个维度构建了积极就业政策效果评估的框架[79]。张丽宾分别从资金投入评估[80]、目标评估[81]、效率评估[82]、公众评估[83]、积极就业政策问题评估[84]五个方面研究积极就业政策评估。一是关于中国特色积极就业政策对下岗失业人员再就业效果影响的研究。积极就业政策对解决下岗失业问题[85]、增加就业目标、促进劳动就业体制改革、完善劳动力市场服务体系[86]、创业扶持和提供就业岗位[87]等方面成效显著。积极就业政策项目促进就业，消极就业政策项目发挥"社会稳定器"的作用[88]，但积极就业政策在政策低效率、政策间冲突、政策公平性等方面影响政策总体效果。二是关于就业支出对就业效果影响的研究。于长革认为，就业支出作为社会福利具有减低工作努力的效应，使失业者产生依赖心理[89]。田宋和王飞跃认为，就业支出对促进就业效果不显著，但从长远看，就业支出会消解最初对就业的负效应[90]。然而徐晓莉、席铭和胡青江认为，就业支出增加可以带来城镇劳动就业的增加[91]；汗青认为，就业支出对劳动力就业具有正效应[92]。何璐认为就业支出与就业效应二者之间存在长期稳定的均衡关系和协整关系[93]。三是关于就业支出绩效评估的研究。杨宜勇使用环境难度、支持强度、积极劳动力市场指标对不同类别的就业项目进行地区间支出绩效比较[94]。财政部社会保障司使用再就业概率、失业持续期、满意度绩效、就业改善信心绩效、收入绩效、经营盈利概率、带动就业岗位数、失业率和每万元就业支出促进就业人数等指标，分别从微观和宏观数据层面测量就业支出效果[95]。曾骊呼吁，建立高校毕业生就业政策效果评价机制和评价体系[96]。

第五，财政政策对积极就业政策执行的影响研究。蔡冬冬、付岱山和李裕丰通过建立财政支出与就业量的线性方程，用最小二乘法估算财政政策与就业量的回归系数，对积极财政政策影响辽宁就业总量进行实证分析。研究表明，财政政策拉动第三产业就业增加的效应最为明显，第一和第二产业效应不明显，提出建立与社会保障的联动机制、增加职业技术培训的财政投入的建议[97]。李锐研究发现，不同省份环境对小额担保贷款项目实施的效果影响较大，应因地制宜制定不同的财政投入政策[98]。刘社建指出，通过完善财政政策健全积极就业政策的建议[99]。

1.2.2.5 关于积极就业政策执行的研究

以"就业政策执行"为关键字在CNKI期刊库检索，共检索到73篇文献。这些文献大多以积极就业政策中的某类政策对象或某类项目为案例，分析政策执行过程中存在的问题、原因和对策。文献分布见表1-4。

表1-4 从CNKI检索到的就业政策执行文献数据

文献合计总数	中国学术期刊网络出版总库	中国博士学位论文全文数据库	中国硕士学位论文全文数据库	中国重要会议论文全文数据库	国际会议论文全文数据库	中国重要报纸全文数据库
73	30	0	22	1	0	20

数据来源：中国知网，检索日期截至2016年5月3日。

第一，积极就业政策执行存在问题的研究。程亮、马彦周通过调查发现，高校毕业生就业代偿政策与一线城市相比收入偏低、西部地区满意度较高、半数以上调查者对是否留在基层就业持观望态度[100]。徐萍、王凤认为，政府促进大学生就业政策效果不明显，就业政策在制定过程、政策主体、监督机制有所缺失[101]。李华斌、李国和分析了残疾人就业政策执行中存在地方政府政策执行力不够、未纳入政府绩效考核制度和问责制度、鼓励社会企业与组织安置残疾人就业的激励政策不力、培训机构和师资缺乏等问题[102]。李庆杰、公海鹏分析了再就业优惠政策执行中存在下岗失业人员享受税收优惠的前提条件不具备、减免税效果不明显、政策宣传学习不够等问题[103]。张丽宾认为，"积极就业政策执行能力不足表现在政策执行机制缺乏规定、公共就业人才服务机构人员编制经费保障不足、信息化水平低、公共就业服务在基层有断层、政策落实没有下沉、公共就业服务能力不足"[104]。

第二，积极就业政策执行存在问题的原因分析研究。田恒和唐兴军分析，"定向就业管理过程中存在执行偏差的原因是由政策认知偏差和宣传不到位导致政策执行受阻，政策执行过程中存在较严重的重控制、轻服务倾向，政策目标群体偏好变化导致政策执行处于虚置状态"[105]。杨强、黄静静使用政策制定、执行机关、目标群体、环境因素和理想化的政策构建高校毕业生就业政策执行过程模型，并认为执行机关、目标群体和环境因素对该模型影响较大[106]。刘婧、黄喜刚认为，大学生就业政策执行中受政策自身局限性、政策主体、政策客体和政策环境的影响[107]。姚明月、乔晓勇、伊卫军等认为，内蒙古残疾人就业政策存在内容过时、措施不具体、刚性内容不足的问题[108]。姚明月、乔晓勇、伊卫军等分析出内蒙古残疾人就业政策执行出现偏差的原因是政策合理性不足、可操作性不强、评估机制不完善[109]。郭裕湘认为，"高校就业教育政策执行的失真是由国家教育机关、高校管理者和基层教学单位三个利益相关群体及其相互作用所引起的，受其所处论域的党政逻辑、科层制逻辑和基层教学组织逻辑所制约；失真的程度和变化轨迹取决于这三种制度逻辑之间相互作用的大小"[110]。高晓霞认为，"日本大学生就业促进政策的执行过程的法律化和体系化、政策执行机构的多元化和网络化、目标群体的组织化、政策环境的优化是影响大学生就业政策执行过程的关键因素"[111]。英明、魏淑艳分析了积极就业政策中公益性岗位项目执行中存在财政投入不足、培训理念和机制落后、政府作为单一提供者的局限、执行中法律约束不健全的问题[112]。

第三，提高积极就业政策执行效果的对策研究。程亮、马彦周提出，政府部门应加大财政投入、完善政策、加强监督[113]。于颖、侯丽媛、甫玉龙提出，通过加强硕士研究生就业政策内容的法律化和体系化，构建能动的网络化执行机构，目标群体目标化，优化教育环境和市场环境的途径突破政策执行过程中的困境[114]。田恒和唐兴军认为，政策执行忠实于政策目标、完善契约关系等构成了化解该政策执行问题的关键[115]。李华斌、李国和提出，在完善政府绩效考核制度、问责制度和社会监督机制、发挥政策职能、鼓励社会组织参与等方面加强残疾人就业政策执行力度[116]。商应美、王香丹、周冰等提出，在政府、高校、用人单位、学生四个层面加强免费师范生就业与改进政策执行现状的建议[117]。姚明月、乔晓勇、伊卫军等提出，通过提高政策质量、明确目标权责、健全监管评估机制等途径提高内蒙古残疾人就业政策执行效果[118]。李庆杰、公海鹏提出，通过完善政策、加大学习宣传、提高服务意识途径提高税收政策执行效果[119]。英明、魏淑艳提出，通过完善公共财政体制、加强公益性岗位培训制度建设、引导社会力量参与、完善相关法律等措施推进公益性岗位建设，以提高政策效果[120]。胡德巧提出，通过树立正确政绩观，建立就业目标责任制度、考核考查制度、问责监督制度，调整政府职能、依法执行，理顺部门职责、防止职能交叉、打破部门利益矛盾格局，扫清促进就业存在于政府中的体制性障碍。同时，积极就业政策执行要实现组织领导、管理体制、工作机制、政策体系、统计制度和就业市场六个统一[121]。于艳芳和宫真真提出，通过"加大政策宣传力度、增加财政资金投入、优化资金支出结构、完善公共就业服务和加强就业培训等措施提高政策效果"[122]。杜宇提出，从广开农民工就业门路、加强农民工就业能力培训、扶持有能力的农民工返乡创业、确保农民工工资足额按时发放、做好农民工社会保障和公共服务及保障返乡农民工的土地承包权益六条措施促进农民工就业[123]。唐钧提出，政府应当加强青年技能培训、支持青年创业，发展中国职业培训市场，提高职业培训政策执行效果[124]。

1.2.3 研究述评

1.2.3.1 国外政策执行研究文献述评

第一，对政策执行概念的几种观点，国外的研究更丰富详细，为政策执行的后续研究提供了充足的理论空间。但无论哪种观点，都阐明了政策执行是执行主体将政策内容付诸实践的活动或过程。这给我国政策执行研究的内容和范围以启发，目前对于这方面的研究成果较多，而且研究方法和研究层次都有所突破。

第二，对政策执行研究的理论途径，国外的研究经历了自上而下、自下而上、整合式及政策工具的研究过程，无论哪种研究途径都有其优缺点。国外的研究认为，政策制定者与政策执行二者并不是孤立关系，而是合作、制约、动态、网络和多元的关系。上级政府并不总是承担政策制定者角色，基层政府的执行人员也不再是直接单纯执行，他们在政策实施过程中将政策执行中的问题逐步达成自我选择共识一致。更重要的是，政策执行主体并不是中立者，他们与政策制定者的交易、妥协或联盟贯穿于整个政策过程活动。

第三，从政策执行研究的理论模型看，国外的研究非常丰富，更注重政策执行中的影响要素及其相互作用关系对执行效果的影响来阐释，并结合影响政策执行的关键变量，如政策内容与目标、执行机构、执行环境、执行方式、执行人员意向、执行过程中的监督、动态事件发生、政府间的诱导或约束等影响因素解释政策执行行为。这些分析是政策执行的基础，对于构建我国积极就业政策执行具有借鉴意义。但是，研究中需要结合我国具体的积极就业政策执行实践进行本土化的理论框架构建。

第四，从研究层次的内容上看，国外关于政策执行在研究过程中大多采用的是案例分析和定量研究的方法，使用多学科交叉综合研究的视角，如政治学、行政学、统计学、管理学、社会学、心理学等学科的知识构建政策执行理论研究框架，为我国积极就业政策执行研究的方法和思路提供了借鉴。

1.2.3.2 国内积极就业政策执行研究文献述评

积极就业政策实施于 2002 年，随之关于积极就业政策的介绍、解读、宣传的论文和新闻稿件呈现较多。也就是说，积极就业政策执行研究是在滞后于实践的情况下开始的。研究发现，最初开展积极就业政策执行研究的是一些参与到实践中的理论工笔者，所以积极就业政策研究最初的论文大多发表在与社会保障和人力资源相关的刊物上。伴随积极就业政策实践的深入，实践迫切需要从理论上回答执行效果怎么样、执行中存在何种问题、受哪些关键要素影响以及选择什么样的执行策略。此种情形下，一些公共管理学者开始关注此问题，形成并发表了一些关于积极就业政策单个项目或以某个地区单个项目为例研究积极就业政策执行行为和效果的论文。与此同时，研究方法也开始丰富起来，比如案例分析、数据统计分析、政策执行理论模型等被用来分析具体执行问题。从CNKI 检索到的 2002 至 2015 年的论文数量逐年递增，也证明研究正不断升温。检索还发现，自 2010 年后发表在核心期刊的论文数明显增多，这从另一个角度也说明研究正向深入发展。但是，通过对文献的整理和分析也发现许多不足。

第一，积极就业政策执行的学术研究比较少，缺乏理论层面的深度挖掘。文献显示，关于积极就业政策执行大多是新闻类文献，对积极就业政策的内容介绍相对较多，对积极就业政策执行研究较少。同时，目前研究基本局限于积极就业政策项目执行的具体实践层面，执行中的问题、原因及对策基本属于就事论事，大多数积极就业政策处于内容、管理问题、具体措施、对策建议等单个方面，缺乏对其进行系统和深层次的理论沉淀。

第二，未将积极就业政策执行置于我国特色的行政环境和府际关系中研究。毕竟积极就业政策执行的主体是政府，在府际相互作用关系中完成，除受政策执行自身要素影响外，还受府际特定关系、现存制度和行政活动要素影响。所以，割离积极就业政策执行的现存府际关系，单纯谈积极就业政策执行是有失偏颇的。

第三，现有文献显示，积极就业政策执行的相关研究仍然处于一个较低的水平。在现有的文献中仅有十几篇文章发表在核心类期刊上，大部分研究仍然在重复已有研究成果，差别仅仅是不同类别的积极就业政策项目而已。这使得积极就业政策执行研究表面上呈现出繁荣状态，而真正有创新性的成果和严谨规范的论文少之又少。

第四，我国积极就业政策执行研究未能充分吸收西方政策执行的经验教训。现有的文献很少能发现将积极就业政策执行置于府际政策执行的视野中，对比不同的政治制度、经济水平、社会矛盾和行政环境背景，做出我国省级政府层面积极就业政策执行的策略。

第五，现有资料中还未发现系统研究积极就业政策执行的文献。在实践中，各省提出实施积极就业政策的战略目标和具体措施，但积极就业政策执行在最初浅层次的启动后，却大多面临着持续推进和改进的困境，这迫切需要在"执行"研究上的突破，针对哪些核心要素诱导和制约了省级政府执行行为和效果的研究缺乏，显然理论研究滞后于实践。

第六，现有文献中将政策执行置于府际关系的研究视角较少。通过 CNKI 数据库，以"题名"为检索项，以"府际关系"+"政策执行"为检索词，检索结果只有 6 篇学术论文，研究领域包括农业补贴政策、廉租房政策、环境政策和政府利益关系。关于府际关系的研究比较丰厚，学术期刊、硕士论文较多，为本研究提供了丰富的研究基础。以府际关系为视角研究积极就业政策执行，目前还没有相关文献。

通过以上分析可以发现，在中国府际关系运行的现存环境下，采用案例分析的研究方法，分析影响辽宁省政府积极就业政策执行的因素势在必行。基于此，本研究以府际关系理论为指导，以构建的辽宁省积极就业政策执行分析框架为研究规范和逻辑起点，全面剖析辽宁省政府积极就业政策执行现状、成效和问题，找到产生问题的原因及影响执行效果的关键变量，以及这些变量在府际关系作用下如何推进和限制，并提出优化路径。

1.3　研究思路、方法与技术路线

1.3.1　研究思路

通过对政策执行研究的演进来看，政策研究不能仅仅从学术争议发展的角度来考察，更需探讨它与变化的政府在政策执行过程中的相互作用。因此，本书以府际关系理论为指导，依据积极就业政策执行分析框架，采用规范研究和案例研究相结合的方法，以辽宁省积极就业政策执行为研究对象，分析影响辽宁省政府积极就业政策执行的关键因素以及这些要素如何促进和限制执行。通过对辽宁省积极就业政策执行现状的描述，剖析关键要素在府际关系作用下如何影响积极就业政策执行，根据执行中存在的问题及原因，提出改进辽宁省积极就业政策执行的方法。最后得出结论，并做进一步的研究展望。

1.3.2 研究方法

研究方法是研究问题与研究结论间的桥梁，正确的研究方法是取得成功的关键。根据本书的研究问题以及能够搜索到的研究资料，主要采用如下研究方法。

1.3.2.1 规范研究与经验研究相结合的方法

本书在整体框架上，采用规范研究与实证研究相结合的方法。在辽宁省积极就业政策执行成效、问题、运行逻辑、影响要素及提高辽宁省积极就业政策执行的对策章节中，分析都是从实证资料出发的，然后通过规范和实证的方法，依据辽宁省积极就来政策执行分析框架，力求通过严谨的逻辑推理，分析辽宁省积极就业政策执行的促进因素和限制因素，并针对存在问题及限制因素提出适合辽宁省积极就业政策有效执行的对策。

1.3.2.2 文献研究与实地调研相结合的方法

本书的研究资料部分来自专著、期刊、报纸、互联网、统计年鉴等文献。近些年来，新闻媒体愈加关注积极就业政策对解决就业困难群体就业和创业发挥的重要作用和实际执行过程中存在的问题，仅在CNKI主要报纸数据库中，就搜索到400多篇相关文献，但现有的二手文献很难支撑本研究需要，故而，实地调研成为重要的获取更深更多资料的方法。

1.3.2.3 案例研究方法

西方政策执行研究并不是宏大的叙事或理论的直接突破，而是起源于小案例，因此本书选取案例研究的方法比较合适，毕竟不同政策领域和政策内容的政策执行活动具有差异性。本书选取辽宁省积极就业政策执行为案例，采用实地访谈和调查的形式，对积极就业政策执行的实然状态进行描述，分析辽宁省积极就业政策执行的关键影响要素，总结执行中存在的问题及产生机理，从而得出影响辽宁省政府政策执行的逻辑关系和要素，改进辽宁省积极就业政策执行。

1.3.3 技术路线

本书的技术路线见图 1-1。

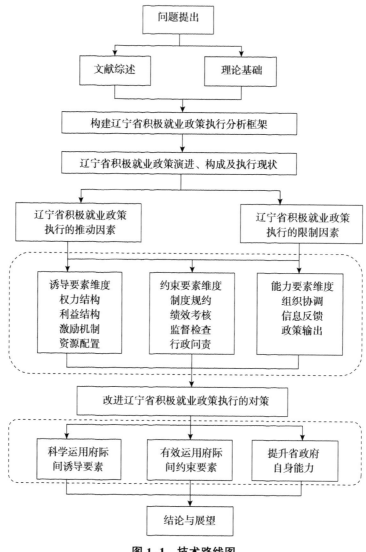

图 1-1 技术路线图

1.4 研究目标、内容和范畴

1.4.1 研究目标

1.4.1.1 构建辽宁省积极就业政策执行分析框架

要实现这一目标，需要以府际关系理论为指导，以中国府际关系运行的实践为基础，以府际政策执行沟通模型的本土化应用为借鉴，确定自变量、因变量和中介变量，从诱导要素、约束要素、能力要素三个维度构建府际关系视域下辽宁省积极就业政策执行沟通模型。

1.4.1.2 就业政策概述

总结分析辽宁省积极就业政策的问题、对象、目标、工具等构成要素和辽宁省积极就业政策形成与发展的四个阶段特点，归纳辽宁省积极就业政策的执行主体、执行程序、执行模式、执行成效及存在的主要问题。

1.4.1.3 确定就业政策执行分析要素、维度及成因

系统并完整分析影响辽宁省积极就业政策执行的诱导、约束和能力三个核心要素，着重分析这三个要素在府际关系的作用下如何通过其二级指标推进和限制辽宁省积极就业政策执行活动。诱导要素通过权力结构、利益结构、激励机制、资源配置四个指标剖析；约束要素通过法制规约、绩效考核、监督检查、行政问责四个二级指标剖析；能力要素通过组织协调、信息反馈、政策输出三个二级指标剖析。

1.4.1.4 提出改进辽宁省积极就业政策执行的有效对策

要实现这一目标，需要针对辽宁省积极就业政策执行中存在的问题、原因及影响要素给出相对适用的对策，科学有效运用府际政策执行的诱导与约束要素，提升辽宁省政府的自身能力，以改善政府间未来积极就业政策执行，从而提高辽宁省积极就业政策执行的效果、效率和效能。

1.4.2 研究内容

本书以辽宁省积极就业政策执行为研究对象，以府际关系理论为指导，依

据府际积极就业政策执行分析框架，采用现场调查、电话访谈、案例分析等规范研究与实证研究相结合的研究方法，以府际诱导要素和约束要素为自变量、以辽宁省政府政策执行为因变量，以辽宁省政府的能力要素为中介变量，构建了辽宁省积极就业政策执行分析框架，系统而全面的剖析诱导、约束和能力要素如何推进和限制辽宁省积极就业政策执行，进而有针对性地改进辽宁省政府积极就业政策执行。

第1章为绪论。该章介绍了研究的背景、目的、意义，对国内外积极就业政策执行相关的研究成果进行了梳理和评论，在此基础上，提出了研究目的、研究思路、研究方法、技术路线、研究内容，章末介绍了本研究的创新点。

第2章为研究基础和分析框架。该章首先从国内外学者对政策执行概念的界定出发，界定本研究中政策执行的概念；在对积极就业政策的内涵、特征、类别、内容及具体项目分析的基础上，严格界定了积极就业政策执行的范围，指出了积极就业政策执行活动是在府际关系相互作用下完成，确定了以府际关系为理论基础。在此基础上，从府际关系理论、府际政策执行沟通模型❶及中国政府关系运行下的积极就业政策执行三个维度确定了辽宁积极就业政策执行的自变量、因变量和中介变量，构建了辽宁省积极就业政策执行的分析框架，目的在于分析各要素如何推进和限制执行，给出合适的改进方案。

第3章为辽宁省积极就业政策构成及演进。首先，对辽宁省地理人文、经济水平及财政能力进行省情介绍，从就业矛盾、就业结构、就业问题、人口劳动力、失业率、居民收入水平方面概括了就业基本状况；其次，对辽宁省积极就业政策的问题、目标、对象及工具进行交代，以便清晰了解研究对象；最后，总结了积极就业政策形成和发展的1.0阶段、2.0阶段、3.0阶段和4.0阶段，并分析了各阶段政策的形成背景、政策内容的调整与更新和政策措施手段的改进。这一章的目的在于为分析各要素如何推进和限制辽宁省积极就业政策执行做铺垫。

---

❶　府际政策执行沟通模型是由美国学者马尔科姆·戈金等于1990年在其著作《执行理论与实践：走向第三代》中提出的，他们试图开拓政策执行系统化、更加科学化的研究途径，致力于发展和检测中程（middle rang）研究的解释性与预测性执行理论。他们主张影响不同层级之间政府之间接受或拒绝信息之间的协商和沟通，以此构建了府际政策执行沟通模型。详细内容见本书2.2.2中的介绍。

第 4 章为辽宁省积极就业政策执行的现状。首先,分析了执行主体为辽宁省政府及其部门,执行程序为政策输出、政策资源投入和监督检查三个流程。其次,高度概括了五种执行模式,分别为高层推动模式、领导小组模式、联席会议模式、签订责任状模式和特色活动推动模式;再次,从就业局势稳定、失业率合理区间、解决就业困难群体人数多和扶持就业支出规模大四个方面总结了执行成效。最后,通过实地调研和相关文献分析,归纳了执行中存在象征与目标替代执行、选择与变通执行、过度和迟缓执行、欺上瞒下和标的群体外溢执行的问题表现,剖析产生问题原因。本章目的为剖析影响政策执行效果的关键要素提供素材和依据。

第 5 章按照第 2 章所构建的积极就业政策执行分析框架,依次分析了诱导、约束、能力要素在府际关系作用下如何推进辽宁省积极就业政策执行。在诱导要素维度,府际纵向分权、高层领导重视并参与的权力结构,府际呈现的利益关联结构,上级政府对下级政府的奖励表彰与隐性契约的激励结构,下级政府就业专项资金配置及下级政府资源获取能力的资源配置结构。在约束要素维度,上级政府的政策规章及工作制度安排,就业任务下达与目标责任制考核,督促检查与就业专项资金审计,上级政府对下级政府的行政问责。在能力要素维度,辽宁省积极就业执行主体间的组织结构与沟通协调能力,信息资源建设与政策宣传的反馈能力,对中央政策的再设计及现存政策的修整调整能力。本章的目的在于通过层层递进、层层解剖分析,可以清晰厘清和展现诱导、约束、能力各要素如何通过其二级指标推进、为何能够推进辽宁省积极就业政策执行。

第 6 章按照第 2 章所构建的积极就业政策执行分析框架,依次分析了诱导、约束、能力要素在府际关系作用下如何限制辽宁省积极就业政策执行。在诱导要素维度,府际权力博弈,主体间的利益冲突,府际激励过度与激励结构错位,府际财政资源配置失衡。在约束要素维度,政府换届与执行流程失范,府际绩效考核体系适用性弱,府际内部监督检查流于形式,府际问责机制缺失及力度不足。在能力要素维度,辽宁省政府自身组织结构优化程度低和常规性组织协调能力差限制其在执行中的组织协调能力,信息共享程度低及信息反馈渠道受阻,对中央政策再制定前期调研力度及问题经验吸取不足。本章的目的在于通过层层递进、层层解剖分析，可以清晰理清和展现诱导、约束和能力各要素如何通过其二级指标限制辽宁省积极就业政策执行，剖析执行中存在问题的原因。

第7章，针对辽宁省积极就业政策执行存在问题及限制性原因，从诱导、约束和能力要素的角度提出了改进辽宁省积极就业政策执行的对策。一是科学运用府际诱导因素，均衡配置府际权力结构、规范和调节府际利益关系、创新府际激励机制、科学配置执行资源。二是有效运用府际约束因素，建立健全法制规约、提高绩效考核机制的科学性与导向性、规避监督检查流于形式、健全府际问责机制及增强问责力度。三是提升辽宁省政府自身能力建设，优化组织结构和提升沟通协调能力，通过政务公开、增强信息反馈及减少信息代理层级提高反馈能力，通过前期调研和持续吸取经验提升辽宁省政府政策输出能力。

第8章为结论和展望，重点给出了研究结论，分析需要进一步深入探究的范畴和内容。

1.4.3 研究范畴

本研究范畴是辽宁省政府，其处于府际关系的中间层级。选取辽宁省政府作为研究单位主要源于以下几方面：一是中国是单一制国家，省级政府作为中央政府的代理机构在地方扮演次国家政府（sub-national government）的角色，即在管理职能上，它完全是"微缩版"的中央政府。在"强国家"体制下，省级政府也基本上表现为一种"强政府"形态，介入当地经济和社会生活的程度很深[125]。二是省级政府处于中央政府和市、县❶政府的中间层，具有双重职能和身份，既是中央政府决策的执行者，又是市县政府行为的决策者，研究其如何在双重角色互动中转换意义重大。三是省级政府作为中央政府的代理机构，是最接近中央政府的次国家级政府单位，与中央政府的互动最为直接和频繁；中央政府与地方政府间的关系实际上就是中央政府与省级政府间的关系，即使

---

❶ 在本书中，县政府指省直管县，虽与市级政府不处同一层级，但在积极就业政策执行中，直接接受省级政府的指导，因此在研究内容中有时会与市级政府同时出现。

市、县政府与中央政府部门发生关系在某种程度上也是经省级政府同意或批准。四是省级政府与其他层级政府相比，其政治特征更显著，直接是中央政府决策的执行者。五是省级政府是仅次于中央政府的在一定区域内拥有较大权力自主性的行政主体。在辖区内，它的权力是高度集中的。它对于整个区域有主导性权力，如政策制定、创新，重大项目投资与决策权等[126]。六是省级政府处于府际关系中的变动状态，它的双重角色（既是执行者，又是决策者）决定根据不同的环境和情形调整自己的立场，从中可以发现是什么因素影响了其执行行为。七是以省为行政区域单位进行比较分析，是案例和经验研究中是最常见的，相对于市、区（县）级单位来说，研究数据和相关资料较易获取，以其能够保证研究控制在一个可处理的范围内[127]。所以，辽宁省政府既是中央政府政策的执行者，同时又要求和指导市县政府执行政策，其处于府际关系的中间层。本研究虽将辽宁省积极就业政策执行置于府际关系视角下，但研究范围只涉及中央、省和市三级政府，不包括县区和乡镇政府。

另外，本研究中的"政府"是狭义的政府，指国家行政机关，不包括立法机关和司法机关。府际关系是行政机关的纵向、横向及复杂网络关系。积极就业政策执行是指行政机关为落实国家的就业战略、依法贯彻就业相关法律、法规和积极就业政策的过程和活动的总称，是研究的对象。

1.5 本书的创新点

1.5.1 构建了积极就业政策执行的分析框架

本研究依据府际关系理论、中国府际关系运行的实践和国外府际政策执行沟通模型，从诱导要素、约束要素和能力要素三个维度构建了辽宁省积极就业政策执行的理论分析框架。自变量为府际诱导要素与约束要素，因变量为辽宁省政府积极就业政策执行，中介变量为辽宁省政府自身的能力要素。在发展和借鉴西方府际政策执行沟通模型基础上，结合我国府际关系运行下的辽宁省积极就业政策执行实践，提出了诱导、约束及能力三个关键要素的二级指标。诱导要素的二级指标包括权力结构、利益结构、激励机制和资源配置。约束要素的二级指标包括制度规约、绩效考核、监督检查和行政问责；能力要素的二级指标包括组织协调、信息反馈和政策输出。

1.5.2 提出了就业政策发展四阶段论

辽宁省积极就业政策的发展经历了建立框架、改进调整、形成发展和探索创新的演进阶段，分别称为辽宁省积极就业政策 1.0 版、2.0 版、3.0 版和 4.0 版。1.0 版明确了执行主体、政策内容、政策目标、政策对象、政策工具等，形成了框架体系；2.0 版对现行政策进行扩展、补充与完善，制定了一系列配套文件；3.0 版无论在政策内容、政策工具、政策目标及具体措施方面都比较成熟，丰富发展了积极就业政策 2.0 版的政策体系；4.0 版更加强调就业质量，鼓励就业和创业，以创业带动就业，提高政策效果。

1.5.3 分析归纳了就业政策执行的模式

辽宁省积极就业政策执行在府际关系的作用和影响下，体现出层级性和多属性特征。为确保积极就业政策目标的实现，采取了高层推动模式、领导小组模式、联席会议模式、签订责任状模式和特色活动推动模式。

1.5.4 提出了运用府际诱导、约束和能力因素改进执行对策

基于府际关系视角，从解决诱导、约束和能力要素方面限制性障碍入手，提出优化改进辽宁省积极就业政策执行的对策。一是科学运用府际诱导因素，通过均衡配置府际权力结构、规范和调节府际利益关系、创新府际激励机制和科学配置执行资源改进政策执行。二是有效运用府际约束因素，通过建立健全法制规约、提高绩效考核体系的科学性和导向性、规避监督检查流于形式、健全问责机制及增强问责力度改进政策执行。三是提升能力，通过优化组织结构与加强沟通协调、增强信息反馈、加大政策输出前期调研和持续吸取经验提升辽宁省政府自身能力。

第2章
研究基础与分析框架

　　本章主要对就业政策、积极就业政策、积极就业政策执行的概念和内涵进行描述和限定，目的在于呈现出清晰的研究对象和研究范围，进一步明确这三个关键概念的内涵和外延。辽宁省积极就业政策执行活动中受哪些主要变量影响需要有理论作为支撑，因为该政策的执行主体是政府，所以府际关系理论是本研究的理论基础。由于分析工具是保证研究对象逻辑性和严密性的有力手段，因此依据府际关系理论、府际关系运行实践及府际政策执行沟通模型的发展运用，确定了辽宁省积极就业政策执行研究的自变量、因变量和中介变量，构建了辽宁省积极就业政策执行分析框架。只有通过对相关概念、理论基础和分析工具的界定、梳理和分析，才能为后续研究奠定基础。

2.1　核心概念

　　研究内容、研究方法及研究思路梳理清楚后，就需要对研究问题的核心概念清晰界定，以区分相近的概念和事物，使研究对象和论证逻辑更具规范性和严密性。积极就业政策的概念、含义、内容、类别、对象、目标等，不做深入研究是很难厘清的，容易与其他就业相关的政策混淆。

2.1.1　就业政策

　　就业政策，"是我国宏观经济政策的重要组成部分"[128]，"指政府为了解决现实中劳动者就业问题制定和推行的一系列方案及采取的措施，就业政策的直接目标是解决失业人员的再就业问题和解决新生劳动力的初次就业问题"[129]。中华人民共和国成立以来，我国经历了三次大的失业潮。第一次是建国初期的400万城市失业人口和几千万的破产农民失业，政府出台"统包统分"的就业政策解决城市失业问题；第二次是"文革"时期的中学毕业生和社会失业人员，政府出台"知识青年上山下乡"政策缓解城市失业问题。但到1979年，1500万知识青年返乡和新生劳动力产生使失业问题及其严峻，政府于1980年出台了劳动部门介绍、自愿组织就业和劳动者自谋职业三结合的就业政策。第三次是20世纪90年代末期经济体制改革、企业转轨工人和下岗再就业人员急剧增长，截止到1997年底，下岗职工1200万人，失业人员为600万人❶，政府出台了保障性就业政策和市场化就业政策。那么，自2002年以来，就业政策被称为积极就业政策。不难看出，就业政策是国家为解决不同阶段的失业问题而采取的一系列相应手段和具体措施。就业政策主体主要是政府，政策问题是解决不同时期的失业问题、促进失业人员就业；政策对象是诸类就业困难对象和失业人员。

2.1.2 积极就业政策

积极就业政策是在就业政策基础上提出的，是伴随着我国解决就业问题而采取的有效促进措施，是中国政府在充分借鉴市场经济国家的促进就业经验、结合我国当前就业形势和就业矛盾的基础上形成的，是借鉴和本土化的成果，是治理失业而出台的一揽子政策。"所谓积极就业政策，是指以促进就业为取向的宏观政策体系。其具体内涵可表述为不仅要将就业作为经济增长的前提和经济运行的结果，而且要将其作为经济发展的基本目标，在产业结构和产业布局的调整以及经济增长方式和增长速度的确定等重要决策中，充分考虑各项措施的就业效应，将能否促进就业增长作为宏观经济决策的基本原则。积极的就业政策主要体现在政府对劳动力市场的主动干预上"[130]。

（1）积极的意义。积极就业政策，从内涵上讲，就是扩大就业规模，改善就业结构，增进社会福利的就业政策。绝对或相对提高社会福利水平是其本质

---

❶ 数据来源：劳动社会保障部国家统计局，《劳动社会保障事业统计公报（1998–2001）》。

的特征，因此这里将是否有利于提高社会福利水平作为判断就业政策积极与否的基本标准[131]。可以看出，社会保障就业政策和就业扶持政策并没有以牺牲其他群体就业为代价，政策目标是通过促进经济改革而促进经济发展，本质上增加了社会福利水平，而就业促进政策和市场支持就业体系无疑是调整就业结构、增加就业总量、优化市场功能、发展劳动力市场、提高劳动效率的政策。可以看出，积极就业政策体系的四个子系统的目标是为了增加社会福利水平，符合提高社会福利水平的标准，是积极的就业政策。

（2）本质特征。积极就业政策的本质特征如下：一是建立在扩大就业与经济增长同等重要的基础上；二是坚持经济发展对经济的带动，更注重通过经济调整增加就业；三是重视就业岗位的增加，同时鼓励支持劳动者自谋职业和自主创业；四是鼓励、支持灵活多样的就业形式，就业政策具有较大的弹性；五是坚持市场就业机制，强调政府对就业的最后责任[132]。

（3）政策结构。积极就业政策是政府为治理失业而采取的一系列措施，其基本内容包括就业促进政策体系、就业扶持政策体系、社会保障政策体系和市场支持政策体系。就业促进政策体系侧重调整就业结构，增加就业总量，提高劳动生产力，控制失业；就业扶持政策体系关注弱势群体就业，如公益性岗位、社会保险补贴及自谋创业减免税费等；社会保障政策体系主要关注无收入、残疾人、零就业家庭的最低生活，为其提供必要的生存保障和补贴；市场支持政策体系着重发展和优化劳动力市场的功能，提高劳动者技能和竞争力。

（4）具体项目。按照国家财政部就业支出类别的划分，积极就业政策主要包括创业担保贷款❶及贴息、税费减免、公益性岗位、社会保险补贴、职业介绍、职业培训、扶持公共就业服务机构等。

（5）政策类别。积极就业政策类别，按功能可划分为战略性就业政策、市场性就业政策和保护性就业政策，政策重心是政策奖励、提升劳动技能、就业保障措施；按对象可划分为下岗失业人员就业政策、高校毕业生就业政策、农村劳动力就业政策、残疾人就业政策、城镇困难人员就业政策、妇女就业政策、

---

❶ 国务院《关于进一步做好新形势下就业创业工作的意见》（国发〔2015〕23 号）中将"小额担保贷款"调整为"创业担保贷款"，两个名称所指内容完全一样。在本研究中，二者不做区分。

部队转业人员就业政策，政策重心是从多个方面促进政策对象的就业及相关就业指导。积极就业政策类别划分及具体就业项目详见表 2-1 和表 2-2。

表 2-1 按功能划分的积极就业政策类别

类别	具体项目	政策内容	政策关注点
战略性就业政策	创业担保贷款及贴息（小额担保贷款及贴息）	政策奖励 创业和就业创造本身	产权的法律和政治保护 激活企业家精神 市场准入 行政成本 融资便利和税收政策
市场性就业政策	职业介绍 职业培训 扶持公共就业服务机构	提升劳动技能 劳动力市场效率	劳动力供给 劳动力需求 劳动力市场过程
保护性就业政策	公益性岗位 社会保险补贴	就业保障措施 就业权力保护	平等就业机会权利 条件公平权利 社会保障权利 劳动关系协调

表 2-2 按对象划分的积极就业政策类别

类别	具体项目	政策内容	政策关注点
城镇失业人员就业政策	公益性岗位 社会保险补贴	就业保障措施 就业权利保护	生存权利 就业权利 社会保障权利
下岗再就业人员就业政策	公益性岗位 社会保险补贴 税费减免	就业保障措施 就业权利保护 政策奖励	平等就业机会权利 社会保障权利 激活企业家精神
残疾人就业政策	公益性岗位	就业保障措施 就业权利保护	生存权利 就业权利 社会保障权利
大学生就业政策	公益性岗位 职业介绍 职业培训 担保贷款及贴息	就业权利保护 提升劳动技能 政策奖励 创业和就业创造本身	就业权利 社会保障权利 激活企业家精神 劳动力供给 劳动力需求 劳动力市场过程

续表

类别	具体项目	政策内容	政策关注点
家村妇女 就业政策	创业担保 贷款及贴息	政策奖励 创业和就业创造本身	产权的法律和政治保护 激活企业家精神 市场准入 融资便利和税收政策
退役军人 就业政策	公益性岗位 税费减免	就业保障措施 就业权利保护 政策奖励	平等就业机会权利 社会保障权利 激活企业家精神
农民工、 失地农民 就业政策	职业介绍 职业培训 创业担保贷款及贴息	提升劳动技能 劳动力市场效率 政策奖励	劳动力供给 劳动力需求 劳动力市场过程

通过表 2-1 可以看出，战略性就业政策关注创业和就业创造本身，包括六项基本测量要素：产权的法律和政治保护、激活企业家精神、市场准入、行政成本、融资便利和税收政策；市场性就业政策关注劳动力市场的效率，包含三项基本测量要素：劳动力供给（就业能力）、劳动力需求和劳动力市场过程（就业中介服务）；保护性就业政策关注就业权力保护，包括就业前的平等就业机会权利、就业中的条件公平权利、不能就业时的社会保障权力，以及劳动关系协调、就业权利的保护和自我负责的平衡。

通过表 2-2 可以看出，对象性就业政策实际上是根据就业困难对象群体特征划分的，不同群体享受不同政策，这和以公平为价值取向的积极就业政策有一定的矛盾性，毕竟倡导就业公平的政策是不能分人群的，要统一和拉平政策以改善实施效果。

表 2-1 和表 2-2 从不同观测点对积极就业政策进行分类，但无论是功能性就业政策还是对象性就业政策，政策终极目标都是为解决就业困难群体就业问题，实现其就业。

2.1.3　积极就业政策执行

政策是处理问题的方法，政策执行是政策过程的重要环节，是解决政策问题、实现政策目标的唯一途径。林水波和张世贤认为，"政策执行可谓为一种动态的过程，在整个过程中，负责执行的机关和人员组合各种必要的要素，采取各项行动，扮演管理的角色，进行适当的裁量，建立合理可行的规则，培塑目标共识与激励士气，应用协商化解冲突，冀以成就其特殊的政策目标"[133]。陈振明认为，"政策执行是政策执行者通过建立组织机构，运用各种政策资源，采取解释、宣传、实验、协调与监控等各种行动，将政策观念形态的内容转化为实际效果，从而实现既定政策目标的活动过程"[134]。

本研究综合以上观点，将"积极就业政策执行"归纳为政府及相关部门通过各种政策工具，将积极就业政策内容付诸实践、转化为政策行动，并受各种因素制约和调控的动态过程。

积极就业政策的执行主体是政府。从政策规范上看，《就业促进法》要求"坚持政府促进就业的方针"，强调了政府的责任，明确了政府是促进就业的主体。

那么，积极就业政策执行效果如何，取决于作为行动者的政府行为。处于中间层的省级政府既执行中央政府的命令与决策，同时也作为上级政府指导和命令下级政府的执行活动。

2.2　府际关系理论

理论基础是研究实践的根基，没有理论指导的研究实践即成为无源之水。积极就业政策要实现政策目标，需要将中央政府的规定落实到各级地方政府，地方政府根据自身偏好、执行能力、地方性知识❶、因地制宜逐级将政策进行细化、再规划和重新设计。政策目标在不同层级政府有所不同，政府层级越高，政策目标越具有宏观性、概括性和指导性；政府层级越低，政策目标越有微观性、具体性及可操作性，这体现了积极就业政策执行的层级性特征。积极就业政策目标并不是单一目标，它有降低失业率、解决不同就业群体就业、以促进创业带动就业、提供公共产品和服务、维护社会稳定等多个目标，这些目标构

---

❶　地方性知识在社会学领域通常用于地方或区域决策分析的因素，包括政策、经济、文化、地理、人口、生态等信息环境。

成了目标群。这些政策目标的实现需要不同的行政部门联合与供给，从而形成了人社、财政、税务、教育、人民银行等多元参与者的复杂网络关系，体现了积极就业政策执行的多属性特征。

无论是纵向的政府层级还是横向的政府部门协调与合作，积极就业政策执行都发生在复杂动态的府际关系中，并在政府关系的各要素影响下完成。府际关系理论说明了政府间纵向、横向关系，积极就业政策执行是行政部门的实践者将政策意图设计转换为政策产出的具体行动。这一过程被植入在纵向、横向的府际关系中，执行活动受府际关系相关变量的影响和制约。在横向层面，同级政府不同部门、同一部门不同单位间的联系；在纵向层面，上下级政府间的联系。公共政策正是按照这种政策轨迹形成和执行。毫无疑问，把握好政府间的层级关系特征来分析各级政府的行为动机、行为方式及行为结果至关重要，府际关系理论也就理应成为辽宁省积极就业政策执行研究的理论基础。

积极就业政策是对中国失业问题的一个理性回应，政府行为的主要目标是为失业者提供具有政府专属特性的就业岗位、就业补贴和就业服务。这一过程中，政府制定和引导这种权威治理的结构、内容、过程和结果。中央与地方政府不再是财政资源的分配问题，而是中央政府与地方政府或地方政府间在社会治理中的分工与协调关系。国家对社会的治理并非仅靠单一政府部门或单一层级政府完成，而是通过多部门多层级政府共同完成。那么，如何保持政府部门间和政府层级间的沟通与合作，理应成为政府间关系的关键。政策执行过程中，横向政府部门和纵向政府层级间的沟通与合作是本研究的核心问题：即府际关系。无论是代表国家利益的中央政府，还是代表区域利益的地方政府，它们之间有着错综复杂的利益、权力、资源等关系，这些关系在不同的政策领域千变万化，并呈现出动态的、网状的府际关系特征。

中国在快速转型和发展的过程中，政府治理失业的资源短缺在所难免。要在有限的治理失业资源中创造出有效的积极就业政策结果，达到理想的积极就业政策目标，就必须协调作为政策执行主体的政府间关系，既要最大限度减少积极就业政策执行的成本和摩擦，又要最大限度地使执行主体通过相互的协作达到积极就业政策目标，通过相互补救创造叠加的治理失业效应。

2.2.1　府际关系理论的兴起与发展

2.2.1.1　国外府际关系理论发展

20世纪30年代府际关系的概念被提出，到20世纪50年代政府为应对经济大萧条，府际关系在公共行政中开始被重视[135]，进而也受到学术界的关注。在早期，美国的府际关系通常与联邦主义视为同义词，因为"一项公共政策常常涉及资金来源和各级政府官员的相互作用，公共行政领域称此为政府间的关系，即所有拥有不同程度的权威和管辖自治权的政府部门之间建立的一系列金融、法律、政治和行政关系"[136]。20世纪70年代末，政治民主化、经济全球化、文化多元化以及信息技术革命等要素推动了政府再造和治理变革。府际关系产生的原因，一方面是为了发展及执行公共计划所包含的政府各层级间复杂而相互依赖的关系，另一方面是不同层级政府为共同地区提供服务与管理中所形成的交互关系[137]。

1937～1940年，克莱德·F.施奈德（Clyde F. Snider）、布鲁克·格雷夫（Brook Grief）等学者所撰写的25篇涉及联邦与州、州与地方、联邦与地方、州与州以及地方与地方之间关系的学术论文，在内容上强调了政府间关系，但并未提出相关专业术语[138]。1953年美国国会成立"府际关系"临时委员会，负责政府间关系的运作与发展。直到1960年，由于美国经济大萧条，联邦政府和州政府在治理大都市危机时，美国学者威廉·安德森（William Anderson）首次阐明："府际关系是指纵向各级与横向各类政府主体的系列重要行为及其相互作用"[139]。戴尔·S.赖特（Deil S. Wright）认为，府际关系是一个比联邦制内涵更多、更复杂的概念。府际关系的研究范式则可以动态地观察政府间的政治发展。它强调政府间的相互依赖性和复杂性，以及政府间管理政策协调的重要性[140]。可见，府际关系是一个网络化的概念，每一级政府或每一个政府单元都处于网络的结点上，点与点之间的强弱关系形成了府际互动、影响、冲突与合作。美国戴维·H. 罗森布鲁姆（David H. Rosenbloom）等著名学者所言："联邦主义需要两种类型的协调与合作，其一是联邦政府与州政府之间的合作，其二是各州政府之间的合作。"[141] 20 世纪 70 年代，差不多所有的州都设立了机构或官员处理府际关系事务。[142] 20 世纪 80 年代后，随着西方国家政治实践的发展，地方政治层面关于"超级地方主义"和"巨人政府"❶两种理论的争论，焦点是如何协调治理社会问题过程中的政府间关系。西方国家政府间关系的实践出了许多新情况，这大大拓展了政府间关系研究视野，并使其更为系统化，提出了地方政府间关系网络化的发展趋势[143]。2005 年，詹姆斯·斯蒂汶（James Stever）提出府际协同机制，并将其分为"行政主导式"和"网络互动式"两种。行政主导式的府际协同机制强调由官僚和科层通过行政命令、自上而下控制与协调中央政府与地方政府间的关系。网络互动式的府际协同机制包括自上而下与平行间府际协同，主张利益相关者在平等自愿的基础上，目的为提升公共行政执行的有效性，通过协商、共识、合作、联盟等方式建立伙伴关系。[144] 之后，我国台湾学者张四明提出府际协调通过财政补助、冲突管理和组织间网络设计三种途径实现。府际财政补助协调途径以经济诱因和附带条件为互动基础，采取一般补助和特定补助的机制实现。府际冲突管理协调机制以议价和协商为互动基础，采取磋商投资策略和司法审查制度的合同制实现。府际组织网络设计以多边协调和交换为互动基础，采取垂直调解、水平调解、非调解或自愿的方式实现[145]。

府际关系理论在联邦制国家和单一制国家的运行机理、基本特征是有区别的。联邦制国家的府际关系是国家和成员单位都有各自的宪法和中央权力体系，权力划分由联邦宪法规定，联邦国家与成员单位无权单方改变，但是成员单位的公民同时也是联邦公民。联邦制国家的政府间权力主要包括分权型和集权型两类，详见表 2-3。

---

❶ 美国学者尼古拉斯·亨利针对大都市地区治理问题时提出的两个主张，"超级地方主义"主张多中心的分散治理，关注政府的效率、效力和责任心等问题，而"巨人政府"主张造就统一的、强有力的管理整个地区的都市政府。

表 2-3 联邦制国家的府际关系

特征	①法定分权； ②联邦与成员单位独立政府体系*； ③成员单位可在联邦宪法规定内； ④制定区域宪法和法律； ⑤联邦和成员单位不能超越联邦宪法规定的各自权力范围； ⑥联邦掌握国防、外交权力，而成员单位不具有； ⑦各成员政府下属的地方政府实行地方自治
优点	①利于发挥各级政府积极性； ②利于因地制宜施政； ③利于提高行政效率和善治目标达成； ④适合大国治理
缺点	①地区分离，国家分裂； ②府际结构复杂，政府运行费用大； ③联邦的刚性宪法有时限制政府推动国家发展； ④行政管理相对松散
代表国家	美国、俄罗斯、德国、加拿大、印度、澳大利亚、巴西、阿根廷等20多个国家

资料来源：杨宏山.《府际关系论》.中国社会科学出版社，2005年出版。

*联邦制国家建立有联邦和各个成员单位各自独立的两套立法和行政机关。

"单一制是现代府际结构的一种重要建构方式，它以普通行政区划或自治区域为单位，自上而下形成统一的权力体系"[146]，中央政府将权力和权威集中，地方政府的权力来源于中央政府的委托代理。单一制国家的府际关系主要包括行政主导型和立法主导型。详见表2-4。

表 2-4 单一制国家的府际关系

特征	①中央政府统一行使国家主权，管辖地方； ②一部宪法、一个权力机关体系； ③地方政府的行政权和立法权来源于中央政府的委托或授权； ④地方政府的权力（包括自治权）受中央统辖； ⑤中央政府统一行使国防、外交和军队的权力，地方政府无权脱离中央政府管辖

续表

优点	①有利于法律体系和公共政策统一； ②政令统一； ③经济政策体系统一； ④权力系统和权力机构统一
缺点	①制约地方政策的自主性和创造性； ②滋长官僚主义和个人主义； ③限制地方公共产品的有效供给
代表国家	中国、日本、英国、意大利、法国、丹麦、新西兰

资料来源：杨宏山.《府际关系论》. 中国社会科学出版社，2005 年出版。

从表 2-3 和 2.4 不难看出，无论哪种模式都有其优缺点。联邦制国家的"政府权力和职能根据宪法分别属于中央政府和地方和下属机构"[147]，这种国家制度有利于实现民主、有利于多民族国家的利益协调、有利于实现国家的相对稳定与有利于经济发展；单一制国家的中央政府相对集权，有利于社会化大生产的发展、有利于提高中央政府的权威、有利于社会资源的合理利用与有效配置。但是，无论是联邦制国家还是单一制国家的府际关系主要体现在立法关系、权力关系、职能关系、管辖范围几个方面。

2.2.1.2　国内府际关系理论发展

1949 年 10 月后，随着中央和地方政府的建立，府际关系开始产生。我国府际关系经历了从"中央高度集权""放权让利""行政性分权"到"府际竞争与合作"几个阶段。

我国府际关系研究发端于谢庆奎关于政府理论的研究，自 1987 年开始，他担任北京大学和美国密歇根大学中国问题研究中心项目中的中方负责人，推动了中国地方政府与政治的研究，取得丰硕成果。其著作《当代中国政府》作为我国第一本研究中国政府与政治的成果于 1992 年问世。1998 年，出版了 7 本关于我国省、市、县区、乡镇及特区政府的个案研究著作和 3 本关于行政体制改革和政府职能的理论著作。2002 年，谢庆奎及其研究团队承担了教育部重点研究基地项目"中国政府管理与发展的基础理论研究"，随后形成了《政府基础论》《政府学概论》《政府发展论》《政府评价论》《政府治理论》《西方政府论》和

《政府关系论》等一批理论成果。

林尚立教授被公认为是国内较早研究府际关系的学者，以其1998年的学术著作《国内政府间关系》为标志，国内府际关系的研究从此在政治学、经济学、行政管理学领域繁荣起来。2000年，谢庆奎教授阐述了府际关系即政府之间关系的概念，认为府际关系具有范围广、动态性、人际性、执行性、应付性和协商性的特征，府际关系的再现形式为中央政府与地方政府、地方政府之间、政府部门之间、各地区政府之间的关系[148]。他强调，应当理顺政府之间的关系，并指出加强政府间协商与合作的意义。他认为，"府际关系是指政府之间在垂直和水平上的纵横交错关系，以及不同地区政府之间的关系。它所关注的是管理幅度、管理权力、管理收益的问题。因此，府际关系实际上是政府之间的权力配置和利益分配关系"[149]。随后，张紧跟从地方政府间横向关系发展和存在的问题切入，通过规范分析、实证研究、美国经验借鉴详实地剖析了中国政府横向间关系，并提出了珠三角地区政府间横向发展的目标模式和关系协调的基本思路[150]。张志红通过历史分析、比较分析、现实分析的方法，全方位地对中国政府纵向关系进行了深入系统研究，并提出调整中国政府间纵向关系模式的对策性建议。府际关系研究经历了横向关系、纵向关系、网络关系研究，又发展到了国家治理能力现代化背景下的政府治理的新趋势。

我国作为单一制国家，府际关系主要体现为"条块模式"或"条块关系"。从"条"上看，府际关系表现为中央、省、市、县、乡镇政府的层级纵向关系；从"块"上看，府际关系表现为横向的各级政府间、政府内部各行政部门间、横向不相隶属部门间的关系。

2.2.2　府际关系理论的基本内容

"政府是一套制定和执行政策的结构，是在一定领土上对一定人民具有约束的权威。政府结构为政治行动的进行提供具有稳定性的权威框架。"[151]这种权威框架除了民主的要素外，更多强调的是政府及政府间一种更为复杂的结构与形态。一项具体政策执行往往正是在这种复杂结构与形态下完成的，政策执行的效率、效益及效果受政府间错综复杂关系的影响。

2.2.2.1　府际关系的含义

关于府际关系的界定，有的学者认为，"所谓府际关系，是指多边多级政府之间的利益博弈与权力互动的一种政治经济关系"[152]，也有的学者认为，"府际关系乃是一个国家内部不同政府间的相互运作关系，狭义是指各层级政府间之垂直互动关系、特定政府机关内部各部门间协调管理及政府同民间组织的公共关系等"[153]。实际上，府际关系（intergovernmental relations，IGR）就是政府间关系，指各级政府间为了执行政策或提供服务而形成相互关系的互动和机制。政府间关系是指不同层级政府之间的管理分工、权责配置、财政税收、监督制约、立法和司法、互赖与合作的关系网络，潜藏在这些网络关系背后的是各级各类政府之间的管理收益关系。[154]他们"除了具有谋求公共利益的'利他'动机外，还具有追求自身利益最大化的'自利'动机。以权力配置和利益分配为主导，是府际关系的真谛和本质所在"。[155]"在管理层面，府际关系体现的是公共政策工具及其科学有效的制定、传递与执行，确保公共政策过程的有效、高效成为府际关系的核心内容"。[156]

2.2.2.2　府际关系的形态

目前府际关系的研究呈现出五种形态，包括横向府际关系、纵向府际关系、斜向府际关系、十字形府际关系和网络型府际关系。纵向府际关系是科层制、责任制、政治承包制、压力型体制等制度下的产物，为中央、省（自治区、直辖市）、市、县（区）、乡镇五级政府间的关系。横向关系是指地方政府之间、地区政府之间及同一政府部门之间的错综复杂关系。"斜向府际关系是指多元的行政级别不同的无统辖关系的地方政府与政府部门之间的关系"[157]。十字形府际关系是"政府间关系既不仅仅是纵向的上下级政府间关系，也不仅仅是横向的同级政府间关系，而是一个'十字形'的关系模式。在这种'十字形关系'模式中，政府间权力与利益的博弈呈现出比较复杂'十字博弈'的交叉态势"。[158]"网络型府际关系具有如下特征：信息传播为良性府际关系构建提供技术支持、基于信任的政府合作关系成为府际关系的主导、政府间关系突破区域范围而扩展到全国范围内、以提供公共服务为政府间合作的目标指向、上下级政府以平等的身份参与到公共服务的过程中"[159]。可见，网络府际关系是一个超越政府层级限制、借助信息技术、突破区域范围、基于平等的多元主体参与的协调、合作关系。"网络模式的政府间关系以扁平化的组织结构、政府间的分权与合作为特征，它正在成为中国政府间关系的未来走势"[160]。杨宏山"提出并建构了大国治理的中央选择性集权理论，开拓了主权国家府际关系新领域，提出并认证了协商性限制主权理论以及协商型政府间主义的合理性"[161]。

2.2.2.3　府际关系的特征

府际关系的特征综合了外国学者戴尔·S.怀特和我国学者林尚立的观点：一是府际关系是一种人性因素的考量，其重视在不同治理单位间官员关系的活动和态度；二是府际关系更涉及官员之间持续接触与信息或意见交换关系；三是府际关系在运作过程中涵盖了不同政府层级所有参与者在决策过程中所扮演的角色；四是府际关系是一种政策面向，涉及跨区域且在政策形成、执行与评估过程中行动者的互动关系[162]；五是政府关系超越了宪法所规范的政府参与形态，包括全国与地方、区域与地方、全国与区域，地方与地方，及准政府组织与私人组织的关系变化[163]。

2.2.2.4　影响府际关系的要素

府际关系是个网络系统。这种系统由多样化的行动者组成，其中包括中央政府和各级地方政府，各级政府或部门都有自己的利益导向和政策目标，分别具有不同的利益偏好和政策目标。

可见，公共政策执行是在包含了各级政府或政府内部各行政部门间的人财信息等资源要素、利益要素、权力要素、激励要素等相互作用的关系中实施（见表2-5）。府际关系除了涉及权力关系、利益关系、资源关系外，还有一种责任关系。恰恰是府际责任关系才确保和推动执行主体自觉地、负责任地执行政策。张国权将府际关系定义为"多边多级政府之间的利益博弈和权力互动的一种政治经济关系"，但他指出，现在需要将责任增进府际关系的内涵中，这样才能更完整地理解府际关系的本质[164]。在积极就业政策执行中，"政府是权力所有者和最终决策者，制定和执行政策必须对政策执行效果进行准确评估，对政策执行的效果和满意度做出必要的回馈和调整，即政府必须承担与决策权力相对应的政策责任"[165]。

表 2-5 府际关系的表现及形态

学者	表现	形态	出版物
林尚立	权力关系、财政关系、公共行政关系	中央政府与地方政府间关系、地方政府间关系（包括纵向和横向）、斜向府际关系	林尚立.国内政府间关系[M].杭州：浙江人民出版社，1998.
谢庆奎	利益关系、权力关系、财政关系、公共行政关系	中央政府与地方政府间、地方政府间、政府部门间、各地区政府间	谢庆奎.中国政府的府际关系研究[J].北京大学学报（哲学社会科学版），2000（1）.
杨宏山	管理分工、权责配置、财政税收、监督制约、立法和司法、互赖与合作	中央政府与地方政府、地方政府间的横向与纵向、政府内部各部门间	杨宏山.府际关系论[M].北京：中国社会科学出版社，2005.
陈振明	—	中央政府与地方政府、各级地方政府间的纵横交错的网络关系，但不包括政府部门	陈振明.公共管理学——一种不同于传统行政学的研究途径[M].北京：中国人民大学出版社，2003.
周义程 蔡英辉	权力关系、话语体系、利益平衡、权责关系	纵向府际、横向府际、斜向府际、网络型府际关系	周义程，蔡英辉.关于府际关系概念与类别的界定问题——一项类型学维度的系统性考量[J].唯实，2011（1）.蔡英辉.我国斜向政府关系初探[J].北京邮电大学学报（社会科学版），2008（2）.
赵永茂 孙同文 江大树	—	各层级间的垂直互动、同级间的水平互动、特定政府内各部门间协调、政府与民间社会	赵永茂，孙同文，江大树，等.府际关系[M].台北：元照出版有限公司，2001.

府际关系运作过程中，呈现出竞争型、互赖型和功能型三种模式。"竞争型模式（competitive model）指上下级关系有明确规范不同层级所拥有的功能与

权力范畴，在此僵化的权责分配下，上下级间必然存在着利益冲突与权力竞争关系，形成零合博弈的游戏。互赖型模式（interdependent model）认为不同层级间，政府的任务与权力运作并非是定型化的契约关系，彼此间无丝毫弹性调整的空间，强调上下级政府间的权力分享和责任共担。功能型模式（functional model）认为不同层级间的功能性专业官僚拥有专业知识、训练及价值体系，在政策执行过程中，是政策的主要推动者，透过功能性专业官僚的垂直合作关系，进行规则性的接触、互动与协调，以促使政策的运作"。[166]后来施柏莉（Scheberle）发展了马尔科姆·戈金的府际政策执行沟通模型，并认为，政府能否能够有效执行，在于建立正面的府际运作关系。

2.2.3 府际关系理论的适用性

公共政策作为公共利益表达与实现的途径，也是政府治理公共事务的基本手段。美国学者玛萨·德斯克（Martha Derthick）在通过政策执行的视角研究府际关系时认为，"无论是保守主义还是自由主义者，其共同的目标都是在联邦体制下制定一个好的公共政策并能够推动政策的有效执行以及确保政策绩效"。[167]公共政策是在纵横交错的府际关系中被实施的，府际关系直接影响公共政策执行的效果和效率，二者相互依赖、相互影响。"虽然有时政策执行只通过单一的行政机构就可以完成，但成功越来越要求多个组织一起实现政策目标。政府间让渡计划和规制的重要性、公私伙伴关系的凸显、跨越行政边界的突出政策问题的出现都表明跨组织管理在处理今天的政策执行挑战中的核心地位"。[168]这说明政府间关系已经由最初划定单向度的纵向、横向府际之间的权力范围，逐渐演化发展成为一种高度复杂的共同承担责任和共同解决问题的体系，公共政策执行活动正是在政府内外部关系不断被组织、被协调、被竞合的行政生态下执行的。在我国政策执行上，中央政府出台的公共政策执行需要落实到地方场域，政策目标从中央政府到地方基层政府经历数次细化或再规划的过程，从而产生层级距离并为政策扭曲和偏差提供机会。同时，横向政府部门间的沟通协调、竞争与合作决定政策执行效果。

积极就业政策执行是政府公共行政执行的活动，围绕着政府的职能展开，在府际关系的作用机制下完成，其执行效果受府际关系的诱导、约束、能力要素影响。辽宁省积极就业政策执行研究无论是在府际关系层面还是在公共政策执行层面，属于中间层的实践研究，离不开政府间的相互关系作用机制。以府际关系为理论指导辽宁省积极就业政策执行，以政府执行积极就业政策为问题导向，着重分析府际关系对公共政策执行活动的影响。"政策执行问题的研究应该建立在资源稀缺性假设和理性逐利人假设这两个最为基本的理论前提假设之上"，"利益分析理应成为我们研究政策执行问题时所必须遵循的最为基本的方法论原则"，"行为分析和制度分析这两种具体的方法"[169]。抛开方法论的问题，这里所描述的"资源稀缺性""理性逐利人""利益分析""行为分析""制度分析"术语都是错综复杂府际关系作用机制的映衬，回答了为什么政策目标会与执行结果之间存在鸿沟的问题。同时，实践中的辽宁省积极就业政策执行活动不仅反映府际关系的作用机制和复杂程度，而且也反映了府际影响公共政策执行的因素。

在政府管理活动中，就业与失业一直是衡量和检验各国政府是否作为和施政能力的重要指标，通过失业率等指标可以反映出政府政策执行效果。失业率是我国各级政府最关心的指标之一，失业率过高会影响地方的稳定，因此各级政府也将失业率乃至就业工作列为相对重要的考核指标。这与美国政府不同，美国联邦政府在就业政策趋势预测方面根据税收、移民等指标来平衡就业工作，而在中国，府际之间在积极就业政策执行方面都有明确的执行计划与指标任务来完成就业工作。因此，积极就业政策执行与政府关系和政策执行有着千丝万缕的关系，并且在府际关系作用下完成执行活动。

综上所述，府际关系理论无论在学术研究层面、还是在现实的公共行政执行生态中都适用于辽宁省积极就业政策执行研究。

2.3　中国府际关系的运行实践

我国政府在现实运行中所体现的是条块结构的府际关系。"'条'是指从中央延续到基层的各层级政府中职能相似或业务内容相同的职能部门，'块'是指省、市、县、乡四个层级的地方政府"。[170] 从条上看，体现为中央政府与地方政府间的关系、地方政府上下级间的层级关系；从块上看，体现为平级政府间、政府内部各行政部门间的职能关系，同时，也包括不相隶属关系的省级政府与中央各部委、计划单列市与中央各部委间的关系。但是，我国府际关系最明显的特征是由"条块分割"形成的条块关系，这在政策执行活动中体现得极其明显。属于条条结构的部门有从中央延续到基层的业务相同或相似的职能部门、垂直管理部门、接受双重管理部门。块块结构的部门有各级政府中的行政机关。另外，我国府际条块模式受上级业务单位和地方政府的双重领导导致行政效率低下、政府机构对应设置导致庞大臃肿。

2.3.1 纵向府际运行实践

府际纵向关系表现为中央政府与地方政府间、地方政府上下级间的关系，这主要受政府管理层级的影响，地方政府和下级政府分别是中央政府和上级政府的代理者，形成代理结构模式。在执行中央政府或上级政府的政策时，地方政府或下级政府没有或者说完全没有自由处理权，使整个纵向府际关系处于指挥与服从、控制与顺从的局面。在我国府际关系运行的实践中，中央政府与地方的关系直接影响制约着国内府际关系的基本格局，但地方政府并非处于完全被动的地位[171]，他们有自己的权力、目标和信息。中央政府或上级政府通过向地方政府或下级政府分权、财税政策、政治激励、利益让渡等方式引导地方政府完成代理任务或公共行政活动，同时也通过法律制度、行政问责、监督处罚、绩效考核等方式约束地方政府完成代理任务或公共行政活动。所以，我国各级政府间的关系可以包括合作、冲突、沟通和权力的运用。

2.3.2 横向府际运行实践

横向府际关系在现实运行中表现为同级地方政府间、同级政府行政部门间的水平关系。同级地方政府间包括中央部委间、省级政府间、市级政府间、县级政府间和乡镇级政府间的关系。同级政府行政部门间包括人社、财政、教育、发展改革、工业信息等各职能部门间的关系。横向府际关系在运行实践中，通常采用平等协商和沟通协调的途径解决在处理公共事务中所产生的冲突与合作。各级地方政府或各部门所涉及政策执行并不是由单个政府或部门独立完成，而是需要他们共同按照职责完成执行任务，只要任何政府或部门的执行活动存在偏差或残缺都会影响到整体政策目标的实现。同级地方政府或政府部门受利益机制或约束机制的影响，会选择竞争或合作。地方政府或部门是地区或部门利益的代表者，因此在行政活动中以不损害自己利益为底线、以为自己谋取利益最大化为最高境界，这就使得横向政府间关系产生冲突，导致各自为政，使中央政策或上级政府政策发生执行梗阻，也使他们陷入公用地的悲剧和囚徒博弈的困境。同时，横向府际竞争也产生重复建设、地区大战、市场分割、公共事务治理失灵等严重后果，为整体公共利益带来损失。解决这一问题，通常采取沟通协调、平等对话的方式解决府际冲突。

2.3.3　斜向府际运行实践

斜向府际关系是指中央部委及其垂直管理部门、中央直属机构与地方政府间的关系[172]，不存在行政隶属关系的同级或非同级地方政府之间关系。中央政府出台的政策通常由中央部委制定，中央部委代表中央政府行使中央政府的权力，地方政府执行文件。省级政府与中央政府各部委处于同一级别，称为"省部级"，但省级政府要执行各部委出台的政策、受中央部委的领导或指导。中央政府出台的积极就业政策，一部分以国务院为发文单位出台的政策，另一部分以财政部、发改委等相关部委为发文单位出台的政策。但无论是国务院还是中央各部委出台的积极就业政策，都被看作中央政府出台的积极就业政策。省级政府需根据这些政策，结合省情重新制定和执行本省的积极就业政策，在政策执行过程中受中央各部委的领导。可以看出，省级政府与中央各部委虽处于同一行政级别，但在政策执行活动中却变成了中央各部委的下级政府。计划单列市可以越过省级政府直接与中央各部委发生公共行政活动。中央部委的垂直管理部门、直属机构、派出机构与地方政府在公共事务活动中存在条块分割、各自为政的局面,互相影响职能履行和行政效率。这些部门要在合理的引导与约束下形成竞争有序、深度合作的执行氛围。

2.4　分析框架的构建

辽宁省积极就业政策执行分析框架是要合理明确研究的范围。辽宁省政府处于中央政府和市、县政府的中间层,既要执行中央政府的政策,又要想方设法使下级政府能够执行本级政府的命令和意愿,那么辽宁省政府具有执行者和决策者的双重身份,因此要重点分析影响中间层的省政府积极就业政策执行的因素。根据表 2-1～表 2-3 的分析,从府际关系的关键要素、府际政策执行沟通模型的变量关系和中国府际关系的现实基础三个维度构建了辽宁省积极就业政策执行的分析框架。

2.4.1　构建依据

2.4.1.1　依据一:影响府际关系的关键要素

府际关系既表现为现存法律制度的静态关系,又表现为公共政策执行过程中的动态关系。辽宁省积极就业政策执行,是在中央、省、市县级政府的纵向府际关系和辽宁省政府所辖不同行政部门间横向府际关系中完成,其同时受纵向和横向府际关系影响。这就有必要通过影响府际关系的关键要素考量执行主体接受或拒绝信息的成因,探索积极就业政策执行的规律。无论是纵向还是横向的府际关系,辽宁省积极就业政策执行受府际诱导要素、约束要素和能力要素的影响,这三要素形成府际关系视角下的积极就业政策执行的关键变量。诱导要素包括引导府际积极就业政策执行的权力结构、利益结构、资源结构和激励结构;约束要素包括影响积极就业政策执行的制度规约、绩效考核、监督检查、行政问责;能力要素表现在辽宁省政府执行积极就业政策的自身能力上,包括组织协调能力、信息反馈能力和政策输出能力。

2.4.1.2　依据二:对府际政策执行沟通模型的发展和运用

本研究框架的构建受府际政策执行沟通模型的启示,开拓了政策执行系统化、更加科学化的整合研究途径，主张影响不同政府层级之间接受或拒绝信息的协商和沟通，政策执行活动正是在纵横交错复杂的府际关系中完成的。所以，府际政策执行沟通模型对辽宁省积极就业政策执行提供借鉴和启示。

美国学者马尔科姆·戈金等人于 1990 年在其著作《执行理论与实践：走向第三代》中提出了府际政策执行沟通模型（model of intergovernment policy implemention），试图开拓政策执行系统化、更加科学化的研究途径，致力于发展和检测中程（middle range）研究的解释性与预测性执行理论。他们主张影响不同层级政府之间接受或拒绝信息之间的协商和沟通，以此构建府际政策执行沟通模型，如图 2-1 所示。

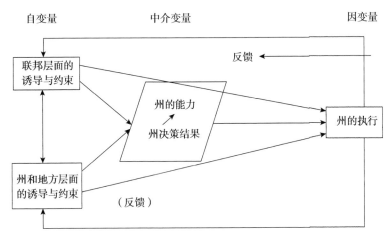

图 2-1 府际政策执行沟通模型

资料来源： GOGGIN M L，et al. *Implementation theory and practice: toward a third generation.* Scott Foresman/Little，Brown，1990.

府际关系模型认为，纵向政府间有冲突与合作关系，省级政府具有自由裁量能力。既可以解释中央政府的意图又能掌握市县级政府需要解决的问题。前述自变量与中介变量构成省级与市级政府的实施次级系统（implementation subsystem）。这一系统包括省级政府与地方政府机关首长、机关组织、省级政府发言人、地方政府层次的行动者、省级政府层次的能力、反馈等要素，这些要素是互动性的、互赖性的、多元性的动态过程[173]。

政策反馈层面，政府对于成功的政策和失败的政策总的反应是一样的：成功的政策会导致制造更多同样的兴趣，而不成功的政策则要求相关政府出台更多的新政策来修正原有的政策。省级政府对执行活动过程中的相关信息反馈是政策终结、重新设计和调整的依据，直接影响执行效果。

府际政策执行沟通模型公式如下。

假设自变量（X）——联邦政府的诱导与约束、地方政府的诱导与约束，中介变量（Y'）——组织能力、生态能力、反馈及政策重新设计，因变量（Y）——省级政府的政策执行，则

$$Y' = f(X)$$

兰德尔·雷普利（Randall Ripley）和格雷斯·富兰克林（Grace Franklin）认为，"典型的公共政策执行是发生在一个复杂的府际关系网络上，其中多元参与者经常持有分歧而且冲突的目标与期望；基于此，各种层次的府际关系运作能否顺畅无碍，自然与政策执行的效果息息相关"[174]。奥托尔和孟乔伊（O'Toole and Montjoy）认为，"执行在本质上是政府机关之间的合作问题，各机关可以基于正式权威、共同利益或其他价值的交换来诱导合作的达成"。[175]可以看出，政策执行是在府际关系系统内发生和运行的，复杂、动态、变化的府际关系影响着政策执行意图、行为及结果。

施柏莉（Scheberle）将培养正面的府际运作关系看作是影响政策能否有效执行的主要因素，并将府际运作关系分为"合作共事型"（pulling together）、"合作但维持地方自主型"（cooperation but autonomous）、"逃避式各自为政型"（coming apart with avoidance）、"争斗式各自为政型"（coming apart with contentious）四种类型[176]。在实践中，无论是哪种类型的府际运作关系，政策执行都是透过府际或组织间关系来达到政策目标，并且在执行活动中伴随着高度的非线性、复杂性、动态性和竞争性。

理查德·马特兰德（Richard Matland）为解决戈金等人所提出的假设量大、解释假设困难的问题，提出了一种研究假设少并受制于情境的新研究途径，不是确定更多的关键变量，而是需要建立结构体系。他强调，确定重要变量的原因和其成为重要变量的条件。他提出了关于成功执行的五种定义：遵从法规的指令、遵从法规的目标、实现特定的成功目标、实现地方确认的具体目标、项

目所处的行政氛围得到改善。"他把政策的模糊性和冲突看作是中心变量。政策的模糊性是指已经成型的政策'清晰度'程度。政策冲突是政策不一致的迹象，这种迹象在政策制定阶段可以观察到，因此在执行阶段有可能持续存在"。[177] 在此条件下，他划分了行政性执行、政治性执行、实验性执行和象征性执行四个类型（见表 2-6）。[178]

表 2-6　理查德·马特兰德关于冲突与模糊对执行过程影响的分析

	低冲突	高冲突
低模糊	行政性执行	政治性执行
低模糊	资源	权力
低模糊	事例：根除天花	事例：公共汽车运营
高模糊	试验性执行	象征性执行
高模糊	背景条件	联盟力量
高模糊	事例：执行先机	事例：社区行动机构

资料来源：根据迈克·希尔对马特兰德观点的整理。

理查德·马特兰德关于冲突与模糊对政策执行的影响分析启示研究者使用不同的思维方法分析不同的公共政策。

为使研究适用于本土化的政治、制度及行政环境，在借鉴马尔科姆·戈金、兰德尔·雷普利和格雷斯·富兰克林、施柏莉、理查德·马特兰德的府际政策执行沟通模型基础建立及发展上，构建了府际关系视域下辽宁省积极就业政策执行的分析框架。该理论模型的启发在于政策实施是一种极度繁杂的过程，是一系列发生于不同时空的行政决策与行为，所有的政策执行都必须考虑政策实施的动态行政，也就是要把握政策执行在关系互动中的动态性。积极就业政策执行是政策制定者与执行者间妥协、交易或联盟的活动，体现出一种互惠性。这种互惠性就体现在执行主体间诱导、约束和能力要素的相互作用关系中。

2.4.1.3　依据三：中国现存府际关系模式下的积极就业政策执行实践

根据前文分析的中国府际关系的运行实践是"条块模式"及"条块模式"下形成的纵向和横向和斜向的府际关系形态，不同形态的府际关系影响积极就业政策执行的要素不同。纵向府际关系下，中央政府和省政府通过引导和约束要素影响省政府和县市政策的政策执行，呈现出层级性特征；横向府际关系下，省政府通过自身沟通协调能力影响各行政部门间的竞争与合作，呈现出多属性特征。积极就业政策执行的过程实践是在中国现存府际关系中实现的，构成影响辽宁省政府执行的要素在不同形态的府际关系中显然不同。虽然影响因素繁多复杂，但只分析关键核心要素，纵向府际诱导和约束、横向府际（省级政府所属行政部门）的能力。辽宁省政府作为中间层政府，在积极就业政策既受中央政府的诱导与约束执行，又作为上级政府诱导和约束市县政府执行，同时还受辽宁省政府自身能力要素的影响，这三组变量相互作用并共同推进或制约辽宁省积极就业政策的执行。政策执行理论源于西方的实践，是西方政策科学发展的成果，具有前瞻性和广延性。但在中国公共政策执行研究中不能盲目全盘使用西方的理论模型和方法，毕竟中国与西方国家的政治制度及执行环境存在较大区别。理查德·马特兰德也指出了一种寻求需求的假定更多受制于情境的影响，确定执行背景的重要意义。理论要经过实践的检验才能成为真理，理论创新的成分也要到有中国特色的改革发展实践中去挖掘。

从府际关系视角看，辽宁省积极就业政策执行呈现出两种重要特征。纵向上看，中央政府、辽宁省及其市县政府间具有较强的规划设计与贯彻执行的关系，中央政府主要负责积极就业政策的顶层设计和宏观制定，通过积极就业政策的各类项目解决失业问题，而辽宁省政府原则上必须按照中央政府政策要求执行积极就业政策，但其需要根据省情对中央政府出台的积极就业政策进行细化、重新设计，其所辖市和县级政府执行辽宁省政府重新制定的政策。横向上看，辽宁省积极就业政策的执行是需要同级政府不同行政业务部门间相互沟通、协调、合作共同完成的，每一个具体的积极就业政策项目执行都是由人社、财政、就业、教育、环保、公安、人民银行等几个部门共同完成执行。我国府际关系的运行实践反映了社会政治复杂性和行政动态性，也反映出政策执行过程中政府层级及平行部门间的高度复杂联系，并在相当程度上干预和影响政策执行行为及结果。显然，我国现存府际关系为辽宁省积极就业政策执行分析框架的建立提供了现实基础。

2.4.2　变量：诱导、约束与能力三个维度

通过上文分析得出，辽宁省积极就业政策执行研究的自变量为府际关系中的诱导、约束；因变量为辽宁省积极就业政策执行；中介变量为辽宁省政府的能力。诱导和约束要素通过受府际关系的作用和影响而自身发生变化，影响处于府际关系中省政府的执行；而能力要素主要受自身属性和特征影响，自变量也会通过作为中介变量的能力要素影响省政府的执行，这些构成分析辽宁省积极就业政策执行的三组要素，每组要素又分别由不同的二级指标构成，详见表 2-7。

表 2-7　分析辽宁省积极就业政策执行的三组变量

诱导要素	约束要素	能力要素
1. 权力结构	1. 法制规约	1. 组织协调
2. 利益结构	2. 绩效考核	2. 信息反馈
3. 激励机制	3. 监督检查	3. 政策输出
4. 资源配置	4. 行政问责	

2.4.2.1　自变量：府际关系中的诱导与约束

影响府际结构中辽宁省积极就业政策执行的诱导要素是促进执行主体积极发生政策执行行为并促进政策效果的诱因。引导要素包括权力结构、利益结构、激励机制和资源配置四个二级指标。通过约束要素使辽宁省政府积极就业政策执行在合理合规内完成并达到政策目标。约束要素包括法制规约、绩效考核、监督检查、行政问责四个二级指标剖析其对政策执行的影响。

2.4.2.2　因变量：辽宁省政府积极就业政策执行

辽宁省政府积极就业政策执行受自变量诱导要素和约束要素的影响，无论哪个自变量发生变化，其都会产生相应的执行行为和效果。

2.4.2.3　中介变量：辽宁省政府的自身能力

辽宁省政府执行积极就业政策的自身能力起到中介作用，诱导与约束要素即便非常完美，如果辽宁省政府自身的组织协调能力、信息反馈能力及政策输出能力较低，那么依然难以达到目标。

　　在厘清府际关系基础上，确定影响辽宁省政府积极就业政策执行的变量，这些变量在府际关系的相互作用和相互制约下形成了辽宁省政府积极就业政策执行分析框架，详见图2-2。此分析框架的构建，既是后续研究的逻辑起点，又为后续研究界定了范畴。

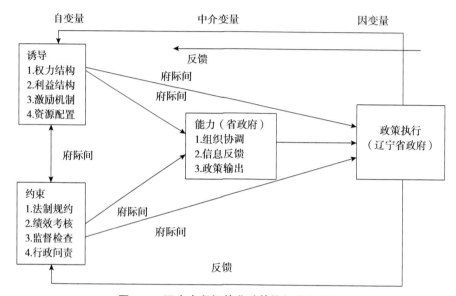

图2-2　辽宁省积极就业政策执行分析框架

第 3 章

就业政策演进与构成

由于本研究对象的界定范围为辽宁省，那么有必要将辽宁省的地理人文概况、经济发展水平、公共财政能力、就业基本概况进行介绍、梳理，因为这些因素决定了辽宁省积极就业政策问题以及积极就业政策执行的历史背景和现实条件。通过对积极就业政策历史发展逻辑的梳理和划分，可以清晰看出积极就业政策发展过程，更可以看出不同历史时期的就业矛盾问题，针对不同时期的尖锐就业矛盾，辽宁省政府是如何通过执行积极就业政策来解决失业问题的。道格拉斯·诺思说，历史表明，人民过去做出的选择决定了其现在可能的选择[179]。考察积极就业政策形成与发展的历史逻辑，吸取不同时期辽宁省政府执行积极就业政策的经验，能够为当前和今后积极就业政策执行提供有益借鉴。从政策问题、政策目标、政策工具、政策类别四个方面对辽宁省积极就业政策进行说明和概述，以便厘清辽宁省积极就业政策本身，为后续研究分析提供依据。

3.1 府际结构与就业状况

3.1.1 省情概述

3.1.1.1 地理人文

辽宁省位于我国东北地区南部，南临黄海、渤海，东与朝鲜一江之隔，是东北地区唯一的既沿海又沿边的省份，也是东北及内蒙古自治区东部地区对外开放的门户。全省国土面积 14.8 万平方公里，大陆海岸线长 2292 公里，近海水域面积 6.8 万平方公里。全省地形概貌大致是"六山一水三分田",地势北高南低,山地丘陵分列东西。辽宁属温带大陆性季风气候,四季分明,适合多种农作物生长,是国家粮食主产区和畜牧业、渔业、优质水果及多种特产品的重点产区。其有 14 个省辖市,为沈阳市、大连市、鞍山市、抚顺市、本溪市、丹东市、锦州市、营口市、阜新市、辽阳市、盘锦市、铁岭市、朝阳市、葫芦岛市。辽宁是我国重要的老工业基地之一。辽宁是工业大省,全省工业有 39 个大类、197 个中类、500 多个小类,是全国工业行业最全的省份之一❶。

3.1.1.2 经济发展水平

改革开放以来,辽宁作为工业大省,经济社会发展可谓取得可喜成果,2015 年全省经济总量已达到 28743.4 亿元,比上年增长 5.8%,是 2007 年的 2.57 倍,可见经济大幅提高。城镇常住居民人均可支配收入达到 31126 元,实际增长 5.6%;农村常住居民人均可支配收入达到 12057 元,实际增长 6.3%。从图 3-1 和 3-2 可见,辽宁省经济增长速度和人均 GDP 增长速度虽逐年放缓,但经济总量和人均 GDP 总量却呈不断上升趋势。

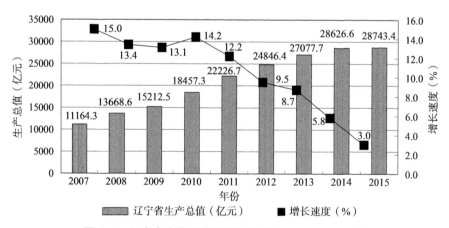

图 3-1　辽宁省生产总值及增长速度（2008～2015 年）

数据来源:《辽宁省统计年鉴（2008～2015）》和辽宁省国民经济和社会发展统计公报（2008～2015）。

---

❶　数据来源:辽宁省人民政府网站 http://www.ln.gov.cn/zjln/rkymz/,数据更新于 2015 年 12 月 31 日。

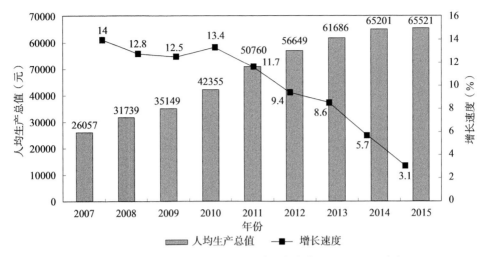

图 3-2　辽宁省人均生产总值及增长速度（2008 ～ 2015 年）

数据来源：《辽宁省统计年鉴（2008 ～ 2015）》和《辽宁省国民经济和社会发展统计公报（2008 ～ 2015）》。

3.1.1.3　财政能力

随着经济总量和人均产值的增长，辽宁省公共财政支出也在逐年增长，用于社会保障和就业的财政支出的比重总体呈上涨趋势（见表 3-1）。

表 3-1　辽宁省 GDP、公共财政支出、社会保障和就业支出明细（2007 ～ 2015 年）

年份	GDP（亿元）	公共财政预算支出（亿元）	社会保障和就业支出（亿元）	公共财政支出占 GDP 的比重（%）	社会保障和就业支出占全省 GDP 的比重（%）
2007	11164.3	1764.28	402.98	15.8	3.60
2008	13668.6	2153.43	469.76	15.8	3.44
2009	15212.5	2682.39	518.07	17.6	3.41
2010	18457.3	3195.82	579.84	17.3	3.14
2011	22226.7	3905.85	657.36	17.5	2.96
2012	24846.4	4558.59	727.71	18.3	2.93
2013	27077.7	5197.42	824.03	18.1	3.04
2014	28626.6	5080.49	895.91	17.7	3.13
2015	28743.4	4617.8	993.0	16.1	3.45

数据来源：《辽宁省统计年鉴（2007 ～ 2015）》和《辽宁省国民经济和社会发展统计公报（2007 ～ 2015）》。

如表3-1所示，辽宁省公共财政支出在2012年达到峰值18.3。从2007年到2008年的数据可知，每年公共财政支出占当年经济总量的比重基本保持在15.8%至18.5%之间，并且相对稳定；每年的社会保障和就业支出❶占全省GDP的3%左右，占公共财政支出的23%至16%左右，比重逐年降低。

辽宁省用于"社会保障和就业"方面的公共财政支出高于全国平均水平，如图3-3所示。其中，2007年、2008年和2015年分别高出全国水平的11.86%、10.93%和10.69%，相差最少的一年为2012年，高于全国水平6.02%。可以看出，辽宁省用于社会保障和就业的公共支出较大，用于积极就业政策执行的财政资源投入较大。

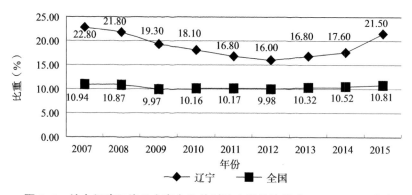

图3-3　社会保障和就业支出占公共财政支出的比重（2007～2015年）

数据来源：根据《中国财政年鉴（2008～2015）》《辽宁省统计年鉴（2008～2015）》《中华人民共和国国民经济和社会发展统计公报（2015）》。

3.1.2　府际结构

从纵向政府结构上看，中国政府包括中央、省、市、县和乡镇五个层级。纵向结构中处于不同层级的政府又可划分为高层政府、中层政府和基层政府三个层次。从政府职责分配上看，处于中间层的市、县政府在职责分配上呈现"职责同构"❷的特点，而中央政府与乡镇政府在职责分配上呈现"职责异构"❸的

---

❶　由于数据统计口径将"社会保障和就业"支出列为同一个类，没有将二者区别开来。

❷　职责同构是指不同层级或同级政府不同区域的政府部门承担的职责相同。

❸　职责异构是指不同层级或同级政府不同区域的政府部门承担的职责不同。

特点，省级政府处于地方政府高层级，同样在职责分配上呈现"职责异构"的特点。那么，无论是政府间的"职责同构"还是"职责异构"，公共服务和公共产品的提供都增强了府际相互依赖关系，并且促使府际相互依赖的程度不断提高。《就业促进法》在总则中明确规定，积极就业政策执行的主体是县级以上人民政府❶，省、市、县区级政府不仅执行上级政府和本级政府的积极就业政策，还要指导下一级政府执行积极就业政策。为充分展现辽宁省积极就业政策执行情况，有必要对政府组织结构和府际关系进行梳理。

按照行政区划分，辽宁省所辖 14 个地级市、17 个县级市、19 个县、8 个自治县、56 个区、645 个镇、217 个乡及 668 个街道。按照政府层级划分，辽宁省所辖 14 个市级政府、100 个县区级政府、862 个乡镇级政府和 668 个街道办事处。抚顺、本溪、阜新、盘锦 4 个市不含县级市；本溪、丹东、营口 3 个市不含县；沈阳、大连、锦州、营口、辽阳、盘锦、铁岭、葫芦岛 8 个市不含自治县；仅有盘锦市不含乡，只设立镇政府，详见表 3-2 和 3-3。

表 3-2　辽宁省行政区划　　　　　（单位：个）

地区	县级市	县	自治县	区	镇	乡	街道
全省	17	19	8	56	645	217	668
沈阳	1	3		9	55	18	141
大连	3	1		6	35	20	107
鞍山	1	1	1	4	52	3	61
抚顺		1	2	4	26	21	37
本溪			2	4	18	5	35
丹东	2		1	3	59	5	26
锦州	2	2		3	56	12	47

❶ 《就业促进法》中明确了积极就业政策执行主体是县级以上人民政府。第四条"县级以上人民政府把扩大就业作为经济和社会发展的重要目标，纳入国民经济和社会发展规划，并制定促进就业的中长期规划和年度工作计划"。第五条"县级以上人民政府通过发展经济和调整产业结构、规范人力资源市场、完善就业服务、加强职业教育和培训、提供就业援助等措施，创造就业条件，扩大就业"。第六条"国务院建立全国促进就业工作协调机制，研究就业工作中的重大问题，协调推动全国的促进就业工作；国务院劳动行政部门具体负责全国的促进就业工作；省、自治区、直辖市人民政府根据促进就业工作的需要，建立促进就业工作协调机制，协调解决本行政区域就业工作中的重大问题；县级以上人民政府有关部门按照各自的职责分工，共同做好促进就业工作"。

续表

地区	县级市	县	自治县	区	镇	乡	街道
营口	2			4	35	3	34
阜新		1	1	5	56	9	30
辽阳	1	1		5	30	6	26
盘锦		2		2	29		27
铁岭	2	3		2	78	11	14
朝阳	2	2	1	2	79	49	43
葫芦岛	1	2		3	37	56	40

资料来源:《辽宁省统计年鉴(2015)》。

注:由于此表数据截至时间为 2015 年 12 月 31 日,未按辽宁省 2016 年的撤县设区和撤县设市的新变化统计,因此仍然以 2015 年 12 月 31 日的数据为依据。

表 3-3 辽宁省县区一览表

市	县(县级市)	区
沈阳	新民市、辽中县、康平县、法库县	和平区、沈河区、大东区、皇姑区、铁西区、浑南区*、苏家屯区、沈北新区、于洪区
大连	瓦房店市、普兰店市、庄河市、长海县	中山区、西岗区、沙河口区、甘井子区、旅顺口区、金州区
鞍山	海城市、台安县、岫岩县(满)	铁东区、铁西区、立山区、千山区
抚顺	抚顺县、新宾县(满)、清原县(满)	新抚区、东洲区、望花区、顺城区
本溪	本溪县(满)、桓仁县(满)	平山区、溪湖区、明山区、南芬区
丹东	东港市、凤城市、宽甸县(满)	元宝区、振兴区、振安区
锦州	凌海市、北镇市、义县、黑山县	古塔区、凌河区、太和区
营口	大石桥市、盖州市	站前区、西市区、老边区、鲅鱼圈区
阜新	阜新县(蒙)、彰武县	海州区、新邱区、太平区、细河区、清河门区
辽阳	辽阳县、灯塔市	白塔区、文圣区、宏伟区、弓长岭区、太子河区
盘锦	盘山县、大洼县	双台子区、兴隆台区
铁岭	调兵山市、开原市、铁岭县、西丰县、昌图县**	银州区、清河区

续表

市	县（县级市）	区
朝阳	北票市、凌源市、朝阳县、建平县、喀左县（蒙）	双塔区、龙城区
葫芦岛	兴城市、绥中县^{***}、建昌县	连山区、南票区、龙港区

资料来源：《辽宁省统计年鉴（2015）》。

* 浑南区原为东陵区。最原始的东陵区始建于 1964 年，因清太祖努尔哈赤的陵寝——福陵坐落于境内而得名。浑南新区始建于 1988 年 5 月，是国务院首批批准的国家高新技术产业开发区。2010 年 2 月 28 日，沈阳市委、市政府做出决定，东陵区、浑南新区、航高基地三区合署办公。三区合署办公后不久，东陵区原班子搬迁至浑南，对外统一更名为东陵区（浑南新区），一直使用到更名前。2013 年下半年，东陵区（浑南新区）又与棋盘山开发区合并。2014 年，经国务院批准，民政部下发了《关于辽宁省沈阳市东陵区更名为浑南区的批复》（民函〔2014〕171 号）的文件，同意将沈阳市东陵区更名为浑南区。东陵区成为历史，浑南区正式使用。

** 昌图县是辽宁省第二个省管县。2011 年 9 月 26 日，中共辽宁省委办公厅、辽宁省人民政府办公厅下发《关于扩大昌图县经济社会管理权限的通知》［辽委办发（2011）36 号］，标志着昌图县成为辽宁第二个"省管县"，权限（与绥中县的权限基本一样）为：昌图县享受市级经济社会管理权限；对昌图县实行省直接管县的财政体制；由铁岭市政府审批的事项全部下放给昌图县，由省审批的事项，昌图县不需经过铁岭市直接报省，土地等资源分配指标，由省直接下达到昌图县；昌图县直接参加省里会议，省发市、县级文件直发昌图县；昌图县委书记按副厅级配备。在本研究中，仍将昌图县作为县区级政府对待。

*** 绥中县是辽宁省第一个省管县。2010 年 4 月，辽宁省政府出台的《辽宁省全面推进依法行政规划（2010-2014 年）》中提到探索省直管县（县级市）的体制，扩大县级政府经济和社会管理权限。2010 年 10 月 25 日，中共辽宁省委办公厅、辽宁省人民政府办公厅联合下发了《关于扩大绥中县经济社会管理权限的通知》，为"绥中县享受市级经济社会管理权限，实行省直管县的财政体制"。由葫芦岛市政府审批的事项全部下放给绥中县；由省审批的事项，绥中县不需经过葫芦岛市直接报省政府；土地等资源分配指标，由省直接下达到绥中县；绥中县直接参加省里会议，省发市、县级文件直发绥中县；绥中县委书记按副厅级配备。在本研究中，仍将绥中县作为县区级政府对待。

辽宁省政府下设市、县区和乡镇三级政府。根据《中华人民共和国地方各级人民代表大会和地方各级人民政府组织法》第五十五条"地方各级人民政府必须依法行使行政职权"，并分别对地方各级人民政府行使的职权作了详细规定。《就业促进法》中规定了促进就业工作的主体是地方各级人民政府，尤其对县级以上政府的职责进行了详细规定。另外，积极就业政策系列文件也详细规定了作为执行主体的各级政府的职能范围。辽宁省政府积极就业政策执行活动，既受中央政府的诱导与约束，同时又受其自身能力影响，因此有必要将辽宁省行政区划及政府层级状况交代清晰，便于理解积极就业政策执行的府际结构。

虽然绥中县和昌图县实施的是省管县的模式，但就业工作的管理、考核依然分别归葫芦岛市和铁岭市。由于绥中县和昌图县实行的是省直接管县的财政体制，相对其他县区级政府在财政能力上具有优越性，因此用于积极就业政策执行的财政资源相对充分。但是，在本研究中仍将其视为县级政府。

3.1.3 就业基本状况

3.1.3.1 就业矛盾

数据显示，近十几年间（2002～2015年），辽宁省就业工作取得了明显进展，但受地区经济发展水平、产业结构、劳动人口因素、教育文化程度等因素影响，就业矛盾在一段时期内还将十分突出。一是劳动力供大于求，城镇失业人员、乡村富余劳动力转移到城镇及被征地农民仍然面临就业难题。二是劳动力供求结构性矛盾，表现为经济结构转型过程中淘汰了大批专业水平较低的技术工人面临失业，同时新兴产业、行业所需技术创新型劳动者短缺。三是地区间就业不平衡。经济较发达的省会和沿海开放城市，高技术企业和服务业相对发达，第三产业就业率高，如沈阳、大连、营口；经济较落后的资源枯竭城市，服务业欠发达，第三产业就业率低，导致失业人员多，如抚顺、本溪、朝阳。四是统筹城乡就业面临繁重任务，城镇就业困难群体不减反增及新生代农民工的出现加剧了就业问题的复杂性。五是部分高校毕业生未就业先失业，加上毕业生数量逐年增加，就业压力逐年增大。因此，就业总量和就业结构的互相影响，带来就业问题的复杂性，导致辽宁省在未来一段时期内，就业矛盾依然是影响经济社会发展的主要瓶颈，实施就业优先战略、千方百计促进扩大就业、以创业带动就业仍然是改革发展的主要任务。

3.1.3.2 人口与劳动力

根据1%人口抽样调查推算，2015年末全省常住人口4382.4万人。其中，城镇人口2951.5万人，占67.35%；乡村人口1430.9万人，占32.65%。全年出生人口27.1万人，出生率6.17‰；死亡人口28.9万人，死亡率6.59‰；人口自

然增长率 –0.42‰。全省 0 ~ 15 周岁人口 490.6 万人，占 11.20%；16 ~ 59 周岁人口 2989.4 万人，占 68.21%；60 周岁及以上人口 902.4 万人，占 20.59%，其中，65 周岁及以上人口 561.9 万人，占 12.82%❶。

3.1.3.3　就业总量

2015 年，见图 3-4，全省从业人员达到 2555.2 万人，其中城镇 1333.2 万人，占 52.2%，乡村 1222.0 万人，占 42.8%。2004 年至 2015 年间，辽宁省从业人员从 2097.3 万人增加到 2555.2 万人，增加了 457.9 万人，平均每年新增 38.2 万人。

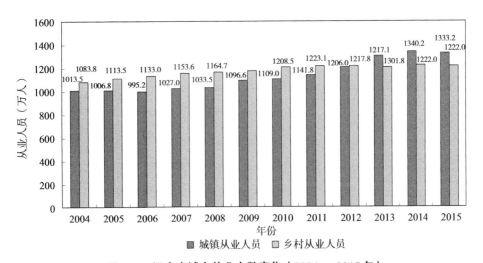

图 3-4　辽宁省城乡从业人数变化（2004 ~ 2015 年）

数据来源：《辽宁省统计年鉴（2005 ~ 2015）》和《辽宁省国民经济和社会发展统计公报（2015）》。

3.1.3.4　就业结构

从三次产业就业结构看，2004 ~ 2014 年年间，第三产业从业人员所占比重稳步增长，由 37.6% 提高到 45.4%，从业人员达到 1163.9 万人；第二产业从业人员所占比重较稳定，基本上在 28% 左右，从业人员达到 710.5 万人；第一产业从业人员所占比重由 34.4% 下降到 26.8%，从业人员为 687.9 万人。从图 3-5 和图 3-6 可知，第二产业就业人数比重基本没变，第一产业就业人数逐渐减少，

---

❶　数据来源：《辽宁省国民经济和社会发展统计公报（2015）》. 辽宁省人民政府网站 http://www.ln.gov.cn/zfxx/tjgb2/ln/201603/t20160316_2091290.html.

第三产业就业人数逐渐增加。

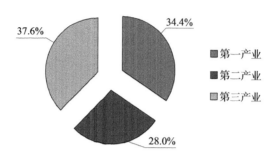

图 3–5 2004 年辽宁省第一、二、三产业就业结构

数据来源:《辽宁省统计年鉴（2005）》。

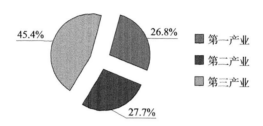

图 3–6 2014 年辽宁省第一、二、三产业就业结构

数据来源:《辽宁省统计年鉴（2015）》。

3.1.3.5 失业状况

伴随着经济结构调整和老工业基地转型，辽宁省大部分工业企业破产、重组甚至关闭，失业人员在 2002 年达到历史最高峰的 75.6 万人，城镇登记失业率为 6.8%，全国城镇登记失业率为 4%。同年，北京城镇登记失业人员为 6 万人，城镇登记失业率为 1.4%，两项指标均为全国最低。吉林省、黑龙江省城镇登记人员分别为 23.8 万人、41.6 万人，城镇登记失业率分别为 6.5%、3.6%。辽宁城镇登记失业人口数量是北京的 12.6 倍、吉林省的 3.18 倍、黑龙江省的 1.82 倍。辽宁省在 2002 年是全国范围内城镇登记失业人员最多、城镇登记失业率最高的省份，其就业压力之大可见一斑。通过图 3–7 可以看出，辽宁省城镇登记失业率从 2002 年的 6.8% 下降到 2015 年的 3.4%，自 2008 年辽宁省城镇登记失业率趋势线由原来高于全国水平变为低于全国水平，并且呈逐渐下降趋势，到 2015 年低于全国 0.65 个百分点，可以看出辽宁省就业形势基本稳定。

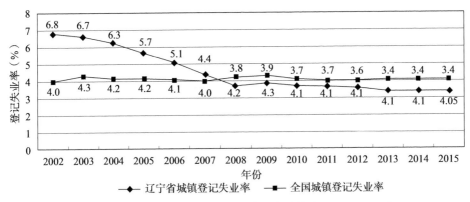

图3-7 辽宁省和全国城镇登记失业率趋势（2002～2015）

数据来源：《中国劳动统计年鉴（2003～2015）》《中华人民共和国2015年国民经济和社会发展统计公报》。

3.1.3.6 城乡居民收入

随着辽宁省经济总量的不断发展和各项就业政策的有效实施，城乡居民就业机会增多、收入不断增长。通过表3-4可以看出，2015年，辽宁省居民可支配收入上升为24576元，扣除价格因素后实际增长6.2%。其中，城镇居民可支配收入从2004年的8007元上升到31126元，是2004年的3.89倍；农村居民可支配收入从2004年的3307元上升到12057元，是2004年的3.65倍。与全国相比，辽宁省人均可支配收入高于全国水平2610元，城镇居民人均可支配收入低于全国水平69元，农村居民人均可支配收入高于全国水平635元，辽宁省人均可支配收入实际增长速度低于全国水平的1.2%❶。

表3-4 全国与辽宁省居民人均可支配收入对比（2015年）

	人均可支配收入（元）	实际增长*	城镇居民人均可支配收入（元）	实际增长	农村居民人均可支配收入（元）	实际增长
全国	21966	7.4%	31195	6.6%	11422	7.5%
辽宁	24576	6.2%	31126	5.6%	12057	6.3%

资料来源：《中华人民共和国2015年国民经济和社会发展统计公报》《辽宁省2015年国民经济和社会发展统计公报》。

* 此表中的实际增长速度指扣除价格因素后的增长速度。

---

❶ 此段数据根据《辽宁省国民经济和社会发展统计公报（2004～2015）》和《中华人民共和国2015年国民经济和社会发展统计公报》数据整理计算得出。

3.2 就业政策的形成与发展

辽宁省积极就业政策的形成与发展和国家积极就业政策的形成与发展是一脉相承的。积极就业政策始于2002年，发展至今经历了政策的形成框架、充实完善、形成发展、探索革新四个阶段，称为中国特色积极就业政策的1.0版、2.0版、3.0版和4.0版。据不完全统计，辽宁省根据中央政策实施的相关规定及省情，出台了约140个文件及规章制度，一部分直接执行中央的政策规定，另一部分对宏观的纲领性政策进行细化，出台了配套政策文件。积极就业政策是中国各级政府治理失业问题的理性回应，基本上解决下岗失业人员、零就业家庭人员、毕业未就业大学生、农民工、退役军人等就业困难群体的就业问题，并取得了可喜的成就。积极就业政策从政策工具、政策对象、具体措施、政策目标、施政理念等方面都可以体现出政策的逐步升级及完善。其在矛盾突出的复杂实践中不断探索、实践、革新而形成的。下面分别阐述辽宁省积极就业政策形成与发展的四个阶段。

3.2.1 积极就业政策1.0版：政策体系框架建构期

辽宁省是工业大省，面临经济深入改革和产业结构的重新调整升级，使高耗能、高污染、低附加值的企业逐步转为技术水平高、创新能力强的高附加值产品的企业，这一过程中重组、破产、兼并了一些企业，导致大量工人下岗，加上城镇新增劳动力和农村剩余劳动力，造成劳动力供求矛盾突出。2002年、2003年、2004年辽宁省城镇登记失业率连续三年为历史最高水平，城镇登记失业率分别达到6.8%、6.7%和6.3%，是中华人民共和国以来辽宁省失业人数全国最多、失业率最高、就业矛盾最复杂尖锐的时期。辽宁也是全国同期下岗失业人员最多的省份，2002年达到历史最高峰为75.6万人。2002年至2004年间，累计124万国有企业下岗职工与企业解除劳动关系，可见这一时期的就业矛盾在全国范围内相当突出。解决企业转型的工人就业是最大的民生问题，更是辽宁省政府当时最艰巨的任务。

辽宁省为解决就业再就业的突出矛盾问题，结合作为全国完善城镇社会保障体系试点工作的唯一省份，针对积极就业政策执行中的难点和面临的就业供求关系突出矛盾，通过实地调研，制定出台了一系列积极就业政策，进一步完善了小额担保贷款、主辅分离辅业改制、集体企业下岗失业人员再就业、大龄就业困难对象再就业援助、培训资金筹集和管理、公益性岗位分类补助等方面政策，使积极就业政策更加具有可操作性"。2003 年 2 月，辽宁省出台了积极就业政策的纲领性文件《关于进一步做好下岗失业人员再就业实施的意见》，同时配套出台了 8 个具体的配套政策文件及 4 个具体的可操作性办法。同年，为贯彻落实国务院《关于加快再就业工作的通知》，出台了《辽宁省人民政府关于进一步做好再就业工作的通知》及 6 个具体操作办法，相关政策详见表 3-5。

表 3-5　辽宁省积极就业相关政策（2002 ～ 2004 年）

时间	发布部门	政策名称	政策定位
2002 年	中共辽宁省委	关于进一步做好就业和再就业工作的意见	基本政策框架形成
2002 年	省委宣传部 劳社厅	关于转发中共中央宣传部、劳动和社会保障部《进一步做好下岗失业人员再就业工作宣传提纲》的通知	具体政策
2002 年	省政府	关于开发公益岗位安排 10 万个国有大龄下岗失业人员再就业的意见	具体政策
2003 年	省委 省政府	关于进一步做好下岗失业人员再就业实施的意见	基本政策
2003 年	省政府	关于进一步做好再就业工作的通知	基本政策
2003 年	省政府	关于贯彻落实下岗失业人员就业和再就业收费优惠政策的通知	具体政策
2003 年	经贸委	辽宁省国有大中型企业主辅分离辅业改制分流安置富余人员的实施办法	具体政策
2003 年	人民银行沈阳分行、财政厅、经贸厅等 4 部门	下岗失业人员小额担保贷款管理办法	具体政策

时间	发布部门	政策名称	政策定位
2003 年	省政府	关于贯彻落实下岗失业人员就业和再就业收费优惠政策的通知	具体政策
2003 年	省财政厅	辽宁省下岗失业人员小额贷款担保基金管理暂行办法	具体政策
2003 年	省工商管理局	关于促进下岗职工再就业工作实施方案	具体政策
2003 年	省政府	关于加快推进再就业工作的通知	基本政策
2003 年	财政厅 劳社厅	辽宁省促进下岗失业人员再就业资金筹集使用管理暂行办法	具体政策
2004 年	劳社厅	转发劳动和社会保障部关于进一步做好失业调控工作的意见	具体政策

通过表3-5可以看出，辽宁省积极就业政策的相关文件中明确了各级政府是积极就业政策的执行主体，解决国有企业下岗失业人员就业是当前主要政策目标，城镇下岗失业人员是政策目标群体，税收减免和财政补贴是政策工具，从积极创造就业岗位、扶持再就业、改进就业服务与完善社会保障四个方面促进就业。积极就业政策的执行主体、政策内容、政策目标、政策对象、政策工具等已明确定位，形成了积极就业政策体系的框架，将这一时期的积极就业政策称为1.0版。

3.2.2　积极就业政策2.0版：政策内容调整与完善期

2005年至2007年，辽宁省政府充分结合省情，继续强化各级政府作为积极就业政策执行的终极责任主体，解决体制转轨和社会转型过程中的特殊就业困难群体就业依然是省政府工作中的突出问题。辽宁省政府通过创新就业再就业政策体系、重点帮扶"零就业家庭"困难群体实现至少一人就业的扶持政策。通过建立了离岗失业人员的家庭状况以及就业、失业、培训、参保等数据库，实行就业人员实名制登记制度。对普惠制就业培训积极就业政策项目全面展开，将城镇集体企业下岗失业人员、城镇新成长劳动力中的登记失业人员、进城务工农民和其他劳动者全部纳入就业培训范围，并加大了对装备制造业后备技术工人和高技能人才的培训。2007 年，中央在辽宁召开全国促进零就业家庭就业经验交流会，并对辽宁省零就业家庭就业工作给予充分肯定和高度评价。

辽宁省政府在全国率先实施了对灵活就业的"4555"人员的社会保险补贴政策，对"零就业家庭"的特殊援助政策，普惠制就业培训政策，对创业带头人的挂牌保护政策，以及对有组织劳务输出的补贴政策等。2005 年以政府规章的形式出台了《辽宁省促进就业规定》。2006 年以一号文件发布了《关于进一步加强就业再就业工作的实施意见》，随后出台了 26 个配套文件，建立健全了积极就业政策体系，主要政策文件详见表 3-6。这些政策在对全省就业工作起到拉动效应的同时，也对完善全国就业扶持政策体系提供了借鉴。国务院《关于进一步加强就业再就业工作的通知》中出台的新一轮再就业政策，就借鉴和采用了辽宁省大部分的创新政策。

表 3-6　辽宁省积极就业相关政策（2005～2007）

年份	发布部门	政策名称	政策定位
2005	省政府	辽宁省促进就业规定	源政策：政府规章
2006	省政府	关于进一步加强就业再就业工作的实施意见	基本政策：配套出台四大类 26 个文件
2006	省政府	关于建立零就业家庭就业援助长效机制的意见	具体政策
2006	省委办公厅*	关于引导和鼓励高校毕业生面向基层就业的实施意见	具体政策
2006	省政府	关于建立零就业家庭就业援助长效机制的意见	政府规章：建立申报和预警制度
2007	省政府	关于做好棚户区回迁居民就业工作意见的通知	具体政策
2006	省政府公报	关于解决农民工问题的实施意见	具体政策
2006	省人社厅	转发劳动和社会保障部办公厅《关于印发再就业优惠证和企业吸纳下岗失业人员认定证明样式》的通知	具体政策
2006	省政府	关于调整残疾人就业保障资金征收标准的通知	具体政策

续表

年份	发布部门	政策名称	政策定位
2007	省政府	关于做好 2007 年全省普通高等学校毕业生就业工作的通知	具体政策

　　* 由于本研究对象是政府行为，不包括党委、人大、政协、群团组织等机构，但是政策文本中却出现了"省委办公厅"的字样，并不是混淆了党委和政府的区别。因为此文件是按照国家《中共中央办公厅、国务院办公厅印发〈关于引导和鼓励高校毕业生面向基层就业的意见〉的通知》（中办发〔2005〕18 号）的精神而制定的本省文件，所以发文单位是省委办公厅。发文单位虽是辽宁省委办公厅，但具体政策执行依然是省级、市级政府，在此特做说明。

　　通过表 3-6 可以看出，这一时期针对不同的就业困难群体分门别类地出台了大量的系统的配套政策。如，针对下岗失业人员和"4050"人员出台了社会保险补贴和公益性岗位政策；针对技工人员和农民工出台了职业介绍和职业培训政策；针对有一定专长和技能的就业困难人员出台了小额担保贷款补贴、大学生职业技能提升和大学生创业孵化政策，通过扶持公共就业服务强化促进就业。依据《就业促进法》的精神，辽宁省结合省情，制定了一系列配套文件。以上这些文件对政策 1.0 版进行了延续、拓展、充实，完善了积极就业政策体系，形成了积极就业政策的 2.0 版。

3.2.3　积极就业政策 3.0 版：政策体系形成与发展期

　　2008 年全球金融危机爆发，辽宁省为应对金融危机，在全省范围内较早制定并实施了一系列稳定和扩大就业的措施，稳定了全省就业形势。省政府为减轻企业负担，对全省 3000 余户企业和 180 多万职工就业情况进行月监测分析，引导企业尽量不裁员、少裁员，对面临破产、生产经营困难企业实施"五缓、四降、三补、两协商、一缓调"❶ 的政策；对矛盾突出的高校毕业生、农民工、

---

　　❶　"五缓、四降、三补、两协商、一缓调"在人力资源和社会保障部、财政部、国家税务总局《关于采取积极措施减轻企业负担稳定就业局势有关问题的通知》（人社部发〔2008〕117 号）中提出。"五缓"是指对暂时无力缴纳社会保险费的困难企业，在一定条件下允许缓缴养老、医疗、工伤、失业、生育五项社会保险费；"四减"是指阶段性降低除养老保险外的四项保险费率；"三补"是指使用失业保险基金为困难企业稳定岗位支付社会保险补贴和岗位补贴，以及使用就业资金对困难企业开展职工在岗培训给予补贴；"两协商"是指困难企业不得不进行经济性裁员时，对确实无力一次性支付经济补偿金的，在企业与工会或职工双方依法平等协商一致的基础上，可签订分期支付或以其他方式支付经济补偿协议。支持困难企业职工通过集体协商，采取缩短工时、调整工资等措施，共同应对困难，稳定劳动关系。

城镇失业人员进行就业帮扶、培训及就业援助；通过创业活动、创业孵化基地建设、扶持创业带头人等措施强化积极就业政策执行，稳定就业局势。

以 2008 年 1 月 1 日《就业促进法》的正式实施为标志，国家将就业政策上升到法律层面。面对全球金融危机，辽宁省按照《就业促进法》的规定和国家相关就业政策要求，本着应对金融危机的原则结合本地特点，出台了《辽宁省就业促进条例》，将积极就业政策上升到法律高度，同时也为积极就业政策提供法律依据和保障。以辽宁省政府下发的《关于进一步做好促进就业工作的通知》为综合性、纲领性政策，以其各厅局委办下发的关于大学生就业、农民工就业、创业带动就业、特别培训计划、就业服务系列活动、减轻企业负担等文件为配套，形成了应对金融危机的新就业政策体系，相关政策文件详见表 3-7。

表 3-7　辽宁省积极就业相关政策（2008 ～ 2014）

年份	发布部门	政策名称	政策定位
2008	省政府	关于进一步做好促进就业工作的通知	基本政策：延续、补充、完善政策体系
2008	省劳社厅、发改委、教育厅等 12 部门	关于做好促进创业带动就业工作实施意见	具体政策
2009	省政府	关于切实做好稳定就业促进就业工作的通知	基本政策
2009	省政府	关于切实做好当前农民工工作的通知	具体政策
2009	省政府	关于印发《辽宁省高校毕业生千企万岗就业见习计划实施方案》的通知	具体政策
2009	省劳社厅、省财政厅、省国税局等 6 部门	关于印发受金融危机影响履行社会责任困难企业享受扶持政策有关问题的通知	具体政策
2009	省政府	关于做好 2009 年全省普通高校毕业生就业工作的通知	具体政策
2009	省人社厅、财政厅、教育厅	辽宁省高校毕业生千企万岗就业见习计划实施方案	具体政策
2009	省就业工作领导小组	转发《辽宁省高校毕业生千企万岗就业见习计划实施方案》的通知	具体政策：加强执行力度
2009	省就业工作领导小组	关于印发《见习补贴财政补助资金申请审核程序》的通知	具体政策：加强执行力度

续表

年份	发布部门	政策名称	政策定位
2010	省人社厅	关于印发《辽宁省就业登记和失业登记管理暂行办法》的通知	具体政策
2011	省人社厅	关于开展辽宁省优秀"三支一扶"计划大学生评选工作的通知	具体政策
2011	省政府	关于加强职业培训促进就业的实施意见	具体政策
2011	省人社厅	关于印发《2011年辽宁省高校毕业生"三支一扶"计划实施方案》	具体政策
2012	省政府	关于进一步做好普通高等学校毕业生就业工作的通知	具体政策
2012	省十一届人代会第三十二次会议	辽宁省就业促进条例	地方性法规
2012	省人社厅	关于印发《2012年辽宁省高校毕业生"三支一扶"计划实施方案》的通知	具体政策
2013	省政府	关于促进高校毕业生就业的有关政策的通知	具体政策
2014	省政府	关于进一步促进高校毕业生就业创业的通知	具体政策
2014	省人社厅	关于实施辽宁省大学生创业引领计划的通知	具体政策
2014	省十二届人代会第十二次会议	辽宁省就业促进条例（2014修正）	地方性法规

通过表3-7可以看出，2008年至2014年为积极就业政策体系的丰富发展期，也是积极就业政策深入实施的时期，城镇登记失业率全部低于全国同期水平，保持在3.9%以内。这一时期出台的政策，无论在政策内容、政策工具、政策目标及具体措施方面都比较成熟，丰富发展了积极就业政策2.0版的政策体系，较好解决了各类就业群体的基本就业生存问题。通过辽宁省各级政府对积极就业政策的有效执行，就业法制体系建设取得重大进展，高校毕业生就业取得良好效果，困难群体就业援助工作稳步开展，以创业带动就业工作成效显著，职业能力建设工作统筹发展，公共就业服务水平逐步提升，因此将这一时期的积极就业政策称为3.0版。

3.2.4　积极就业政策 4.0 版：政策探索革新时期

2015 年以来，为探索大众创业、万众创新、就业和创业相结合的新举措，辽宁省政府出台了《关于进一步做好新形势下就业创业工作的实施意见》的纲领性文件政策，将就业和创业相结合、创业带动就业为政策目标，在政策 3.0 版基础上更加强调万众创业和提升就业质量精神，所以将这个文件称为积极就业政策的 4.0 版。此举标志着积极就业政策向提高就业质量、以创业带动就业的理念发展，标志着积极就业政策由解决下岗转轨失业人员、城镇就业困难人员、农民工、高校毕业生就业转向所有大众共同创业、以创业带动就业的新时期。这一时期辽宁省出台的主要政策详见表 3-8。

表 3-8　辽宁省积极就业相关政策（2015 年至今）

年份	发布部门	政策名称	政策定位
2015	省政府	关于进一步做好新形势下就业创业工作的实施意见	基本政策：政策体系升级
2015	省人社厅、财政厅	关于做好 2015 年全省离校未就业高校毕业生专业转换及技能提升培训工作的通知	具体政策
2015	省人社厅	关于做好 2015 年高校毕业生"三支一扶"计划实施工作的通知	具体政策
2015	省人社厅	辽宁省公共就业服务标准化体系建设方案（试行）	具体政策
2015	省人社厅	辽宁省就业工作绩效评估体系方案（试行）	具体政策
2015	省政府	关于印发《辽宁省深化普通高等学校创新创业教育改革实施方案》的通知	具体政策
2016	省政府	关于促进高等院校创新创业工作的实施意见	具体政策
2016	人社厅、财政厅	关于印发《2016 年辽宁省职业培训（普惠制就业技能培训）政府补贴专业省级指导目录》的通知	具体政策
2016	辽宁省人民政府办公厅	关于进一步促进就业再就业工作的指导意见	基本政策

通过表 3-8 可以看出，辽宁省积极就业政策 4.0 版在注重就业的同时，更加鼓励就业和创业并存，创业带动就业，关注就业质量。辽宁省为全面做好新常态、新形势下的公共就业服务工作，提高服务质量，实现公共就业服务工作

科学化、规范化、制度化和专业化，出台了《辽宁省公共就业服务标准化体系建设方案》和《辽宁省就业工作绩效评估体系》等文件，通过制度建设强化政策执行效果。

3.3　就业政策构成要素

辽宁省积极就业政策是在中央政府实施积极就业政策框架指导下实施的。按照中央政府的要求，根据省经济水平、财政能力、就业矛盾及本级政府的实际需要，制定和执行积极就业政策。辽宁省积极就业的政策主体、政策问题、政策目标、政策工具及政策类别与国家大体一致，但也有其特殊性。下面就专门针对积极就业政策作总体概述，为后续分析提供素材和依据。

3.3.1　政策主体

政策主体也称为政策行动者，"可以被简单界定为直接或间接地参与政策制定过程的个人、团体或组织"[180]。辽宁省积极就业政策主体包含行政决策机关、社会组织❶、执政党❷、立法机关❸四大类。其中，行政机关包括辽宁省政府、人力资源和社会保障厅、财政厅、发改委、教育厅、人民银行沈阳分行、经贸厅、工商管理局、国税局、环保厅、公安厅等部门及就业工作领导小组❹；社会组织包括省工会、妇联、残联、共青团。但是在本研究中，辽宁省积极就

---

❶　由于《就业促进法》中第九条有规定"工会、共产主义青年团、妇女联合会、残疾人联合会以及其他社会组织，协助人民政府开展促进就业工作，依法维护劳动者的劳动权利"，因此这些社会组织理应成为政策主体。

❷　为高度重视、强化推进政策实施，通常采取省委和省政府联合出台政策，因此省委也是辽宁省积极就业政策主体。例如：在2002年7月20日中国共产党辽宁省第九届委员会第四次全体会议通过的《中共辽宁省委关于进一步做好就业和再就业工作的意见》中，可以看出中共辽宁省委是积极就业政策主体。

❸　为将积极就业政策执行上升到法律高度，辽宁省十一届人代会第三十二次会议通过《辽宁省促进就业条例》，可以看出省人大也是积极就业政策主体。

❹　辽宁省就业工作领导小组的成员是由政府部门组成的，为与执行实践保持一致，因此将就业工作领导小组放在政府部门讨论。

业政策执行主体是行政机关，负责政策的再制定及修正、执行活动、过程监控和效果评估。

3.3.2 政策问题

"公共政策以公共政策问题为客体，通过对问题的有效解决，进而维护社会公众的公共利益"[181]。政策问题是公共政策制定和实施的缘由及逻辑起点，具有高度的复杂性和动态性，因此有必须厘清政策问题。美国著名政治学者托马斯·戴伊（Thomas Dye）认为，决定哪些问题成为政策问题甚至比决定这些问题的解决办法更为重要[182]。政策问题的产生是由政治制度环境和经济社会条件发展变化而产生的一系列需要政府治理和回应的公共问题。积极就业政策问题属于再分配政策，与政府高压手段接近的程度较高。

辽宁省积极就业政策问题就是政府如何解决就业困难群体就业、解决就业矛盾。辽宁省就业矛盾主要由于企业改革重组导致大批量企业转轨工人，就业结构调整带来下岗失业人员，城镇化过程中产生的大量失地农民、大学毕业生以及新就业形势导致的未就业人员构成。主要表现在以下五个方面：一是劳动力问题供大于求的基本格局短期内难以改变。二是劳动力供求结构性矛盾突出。一方面，经济结构转型过程中出现了大量下岗失业人员，其中能力较强的大都在前两年实现了再就业，余下的基本上是就业困难人员，就业援助难度较大；另一方面，新兴的产业、行业所需要的技术性劳动者供不应求。三是各市、区、县间就业不平衡。经济相对落后、老工业基地、资源枯竭城市较多以及关闭破产企业集中的地区，就业困难人员多，岗位供应不足。四是统筹城乡就业面临繁重任务。农村富余劳动力需要向城镇和非农产业转移就业，被征地农民的就业问题越来越突出，改善农民就业环境，维护他们的合法权益仍需做大量的工作。五是高校毕业生群体的就业压力逐年增大、就业人数逐年上升。

如何解决和促进所辖区域内就业困难人员就业是最根本的政策问题，这些就业困难群体是否能够就业直接关系其最基本生存状况。就业问题解决不好会激化社会矛盾，影响社会稳定。可见，解决和促进就业困难群体就业是积极就业政策问题。

3.3.3　政策对象

政策对象也称为政策客体，指政策执行的具体目标对象，是政策的标的团体或目标群体。我国积极就业政策对象就是指可充分享受积极就业政策扶持的所有就业困难人员 ❶ 和失业人员。辽宁省积极就业政策对象主要由以下几类群体构成：产业转轨工人、下岗失业再就业人员、未就业大学毕业生、城镇失业人员、农村劳动力、残疾人、农村妇女、退役军人等。

3.3.4　政策目标

政策目标是政策主体为解决政策问题所提出的要求和期望达到的目的，是检验政策成败的标准。从经济学角度讲，政策目的就是想通过改变社会中原有的均衡，以达到一定的合意的均衡和社会目标[183]。辽宁省积极就业政策的目标是安置、解决、促进企业转轨产业工人、下岗失业再就业人员、城镇失业人员、农民工、未就业大学生、零就业家庭人员、残疾人（具备劳动能力）就业。政策目标是否实现可通过两方面反映，一方面，政府是否通过购买公益性岗位、职业介绍、职业培训、税费减免、扶持公共就业服务机构、支持创业带动就业等措施使就业困难群体实现就业，并为其提供岗位补贴、社保补贴、培训补贴、就业服务补贴、贷款及贷款贴息；另一方面，每个项目执行后的结果或达到的水平，即开发岗位的数量（安置就业困难人员的数量）、用于岗位补贴和社保补贴的公共财政支出、职业介绍人次、职业培训人次、贷款数额、贴息数额、失业率，此项受不同时期的社会经济发展水平影响。也就是说，积极就业政策的目标各年度并不是完全一致的，更不会是规律性的逐年递增或递减，因为政策目标会伴随就业矛盾变化而变化。如，2003 年辽宁省政府拟安排 1.34 亿元用于开发 10 万个公益性岗位，主要解决产业结构调整中的"4050"下岗失业人员就

---

❶ 《促进就业法》中第五十二条明确规定"就业困难人员是指因身体状况、技能水平、家庭因素、失去土地等原因难以实现就业，以及连续失业一定时间仍未能实现就业的人员"。

业。但到目前为止，对下岗失业人员的援助性的就业措施开始逐步转向解决农民工就业和大学生就业。积极就业政策的实施过程以年度为一个计算周期，如当年失业率、公共财政支出数额／年、开发的岗位数量／年、安置零就业家庭就业人数／年、培训人次／年、创业担保贷款支出／年、创业担保贷款贴息支出／年等，以"年"作为积极就业政策实施周期为分目标时限。随着就业矛盾的变化和政策的发展革新，积极就业政策侧重点也逐渐由保护性就业政策转向市场性就业政策和战略性就业政策，强调就业质量和就业效率，鼓励创业带动就业的总体战略目标。

3.3.5　政策工具

"政策工具可以被看作为了影响某些行为领域而有意设计的制度规则的不同组合"[184]。可见，政策工具是指公共政策主体为实现公共政策目标所能采用的各种手段的总称，是政府推行具体政策的手段，是联系政策目标和政策执行之间的桥梁。我国积极就业政策的政策工具包括财税金融工具、劳动力市场工具和行政性工具三类❶。"财税金融工具包括税收工具、行政性收费工具、金融工具、财政补贴工具、社会保障工具等；劳动力市场工具包括培训工具、职业介绍、职业指导、就业见习、岗位援助工具、生活补贴工具等；行政性工具包括行政性就业安置和特殊项目等"[185]。财税金融工具是积极就业政策中具体措施得以落实的基础，否则积极就业政策将成为空谈。我国政府将就业支出列为财政预算的专项投入，以保证积极就业政策的实施。

积极就业政策是政府治理失业、促进就业的有力措施，表现为作为政策执行主体的政府与作为政策对象的就业困难群体之间进行产品与服务的直接提供和补贴。《就业促进法》的第十五条明确规定，"就业专项资金用于职业介绍、职业培训、公益性岗位、职业技能鉴定、特定就业政策和社会保险等的补贴，

---

❶　20 世纪 90 年代各国政府用于劳动力就业上的支出总额占 GDP 比重一般在 2% 以上，政府投入主要用于劳动力市场建设、失业保险金补助、失业救济、失业培训、财政优惠鼓励创造就业机会、税费减免、低息贷款等。世界各国也普遍采用这三类政策工具促进就业，可见这三类政策工具是世界各国普遍采用的政策工具。

小额贷款担保基金和微利项目的小额担保贷款贴息，以及扶持公共就业服务等。就业专项资金的使用管理办法由国务院财政部门和劳动行政部门规定"。政府通过直接购买岗位、减免税费补贴、创业贷款补贴、职业介绍补贴、职业培训补贴、扶持公共就业服务机构等具体工具来解决失业问题，就业资金来源于政府的公共财政预算。可以看出，辽宁省积极就业政策工具为财税金融工具、劳动力市场工具和行政性工具。

第 4 章

就业政策执行现状

本章开始部分讨论辽宁省积极就业政策执行的主体是县级以上人民政府，并规定各级政府在促进就业中的主要职责，在积极就业政策执行活动时处于不同层级的执行主体所担负职责的相同性和差异性。接着交代了政策执行的程序，辽宁省政府首先要根据中央政府的政策重新设计本省的政策，其次配备和投入执行资源，最后督促检查所辖市县政府的执行结果。本章中间部分归纳出辽宁省积极就业政策执行的五种模式，分别为高层推动模式、领导小组模式、联席会议模式、签订责任状模式和特色活动推动模式；总结了辽宁省积极就业政策执行效果显著，缓解了就业压力，城镇登记失业率处于合理运行区间并呈下降趋势，就业配套财政资金扶持力度大，使全省就业局势总体稳定。本章的最后部分总结了辽宁省政府在积极就业政策执行过程中除了取得一定成效外，还存在的一些诸如象征性执行、选择执行、过度执行、变通执行、迟缓执行、欺上瞒下执行、目标替代执行等现象。下面分别展开论述。

4.1 执行主体与程序

4.1.1 执行主体：省级政府及其部门

我国《就业促进法》中明确规定，政府是积极就业政策主体，并规定了县级以上政府在促进就业中的职责❶。在纵向府际关系层面，辽宁省积极就业政策主体即辽宁省各级政府，如辽宁省及其各市县级政府；在横向府际关系层面，执行主体即辽宁省所属行政部门，如财政、人社、教育、税务、金融等。

辽宁省政府及其部门既是中央政府及其部门的次级代理机构，又是所辖市县政府及其部门的领导机构，处于中央政府和市、县政府的中间层，既要服从中央政府及其部门的领导，又要领导市、县级政府及其部门。辽宁省政府及其部门在积极就业政策执行中的职责。辽宁省政府是积极就业政策再制定再决策的主体，依据中央政府积极就业政策的宏观内容和执行要求，结合辽宁省的经济环境、就业结构、失业缘由、就业困难对象特征、财政能力等实际因素制定出本省的积极就业政策内容、政策目标和执行办法，建立积极就业政策执行工作协调机制，协调本行政区域治理失业工作中的重大问题。

需要说明的是，工会、共青团、妇联、残联等组织在积极就业政策执行过程中为配合政府完成执行任务，发挥了政策执行主体的作用❷，但不是本研究范畴。这些组织有时会出现在与省政府某行政部门联合出台的文件中，但不再本研究的范围内。

4.1.2 执行程序：政策输出、投入执行资源和监督检查

从纵向府际关系上看，积极就业政策执行首先是自上而下的下级政府代理上级政府的执行模式，并且下级政府将执行中存在的问题和经验逐级反馈到上级政府，实际上是府际沟通的执行模式；横向上，政府各行政部门通

---

❶ 我国《就业促进法》总则第二条规定：国家把扩大就业放在经济社会发展的突出位置，实施积极的就业政策，坚持劳动者自主择业、市场调节就业、政府促进就业的方针，多渠道扩大就业；第四条指出：县级以上人民政府把扩大就业作为经济和社会发展的重要目标，纳入国民经济和社会发展规划，并制定促进就业的中长期规划和年度工作计划"。第五条指出：县级以上人民政府通过发展经济和调整产业结构、规范人力资源市场、完善就业服务、加强职业教育和培训、提供就业援助等措施，创造就业条件，扩大就业。

❷ 由于《就业促进法》第九条规定"工会、共产主义青年团、妇女联合会、残疾人联合会以及其他社会组织，协助人民政府开展促进就业工作，依法维护劳动者的劳动权利"，所以在政府出台的文件中有时会出现这些社会组织，他们参与到积极就业政策执行活动中，协助政府完成执行任务。

过本级政府或上级政府制定的政策内容和要求，按照执行方案和任务完成政策目标。实践中通常的做法是，各部门间要沟通协商共同完成任务，确保政策目标的有效实现。可见，政策执行程序的合理规划不仅能够提高公共管理的效率，更能有效提高公共服务水平和推动政府治理能力现代化。省级政府处于积极就业政策执行的中间层，既要执行中央政府出台的政策，又要根据省情重新设计中央政府政府政策、配备和投入执行资源，还要指导市县政府执行积极就业政策。那么，辽宁省积极就业政策执行程序如图 4-1 所示。

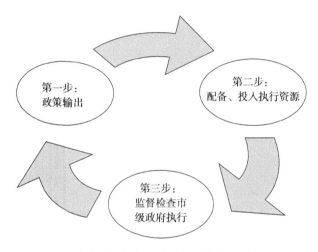

图 4-1 辽宁省积极就业政策执行程序

4.1.2.1 政策输出：根据中央政府的政策重新设计本省执行政策

中央政府出台的政策大多是宏观层面的，具有引导性、纲领性和战略性，详细、具体的做法一般不做相关说明，大多数政策都并不能直接进入执行环节。辽宁省需要根据省情将中央政府制定的积极就业政策进行细化、补充、调整、完善等，重新设计中央制定的宏观政策，制定执行细则，以便在全省范围内执行。在政策执行过程中，辽宁省政府强调中央政策的指导性和基础性地位，努力寻找条件甚至创造条件来保障中央政府政策的执行，尽可能减少以区域经济差异性、社会矛盾突出，或时机不成熟等理由为借口，因为一旦离开中央政策的制度规范，容易造成执行偏差或执行效果打折扣。

另外，在积极就业政策的重新设计环节，辽宁省政府也不能一刀切，既要充分考虑这些因素对中央政策执行效果制约，又要充分考虑执行环境影响执行行为和执行效果的因素。因此，辽宁省级政府需要根据本省政策执行环境对中央政策进行一定程度的细化、补充和完善，重新设计出本省的政策。当然，如果重新设计的政策对本省适用，就能够促进政策执行；如偏离客观事实，就会阻滞政策执行。不难看出，辽宁省政府的政策在设计强调政策文本转化的能力，在遵从中央政府政策内容的基础上，为政策内容寻找在政策执行过程中对应现实的能力，也就是为中央政策的执行设定一系列具体的政策目标、政策对象、政策方案、政策工具等政策执行全过程的能力，这个能力直接影响政策执行的结果与效率。详见前文中的表3-5、表3-6、表3-7和表3-8中所列的相关政策。这些政策体现了辽宁省政策输出能力。

4.1.2.2　配备和投入执行资源

辽宁省政府重新制定本省积极就业政策后，进入到政策执行资源配备与投入环节。执行资源包括执行机构、执行人员和配套财政资金投入。首先，辽宁省政府根据政策内容、政策对象特征和行政部门职能，确定执行机构，如人社、财政、教育、税务、工商、环保、公安、人民银行等部门，这些部门按其职能划分承担相应的积极就业政策执行任务。执行人员即执行机构的行政人员，一般选择执行能力强、公共意识强及政策理解能力强的人。通常每个执行机构中有专人负责积极就业政策执行任务。配套的财政资金是积极就业政策执行的根本保障，积极就业政策工具就是财政补贴，需要省、市、县级政府配套中央政府用于积极就业政策执行的专项资金。对于老工业基地和中西部地区，中央财政在原有企业下岗职工基本生活保障专项转移支付资金项目下，增加再就业补助资金，支持地方促进再就业工作，并规定严禁挪作他用。中央财政增加的再就业补助资金，主要用于3项补助：一是创业担保贷款贴息项目的全部资金；二是社会保险补贴项目的部分资金；三是职业培训职业介绍项目的部分资金。辽宁省政府的积极就业政策执行资金除了来源于中央专项资金外，要想实现本省积极就业政策目标，需要加大财政投入力度，使其有充足的经费得以保障政策执行。

4.1.2.3　监督检查市级政府执行

辽宁省积极就业政策出台和执行资源配套投入后，具体的执行任务由辽宁省所辖各市政府完成。那么，如何确保各市政府能够按照本省的政策要求、不偏离政策目标、顺利完成执行任务呢？这需要省政府通过对各市政府的监督检查约束积极就业政策执行行为，促进政策目标的实现。辽宁省政府通过使用法律法规规范执行主体的行为，通过任务指标分解、签订责任状的形式向执行主体施压确保执行任务完成，通过行政问责约束执行主体的执行行为。辽宁省对各市政府积极就业政策执行情况进行督促检查，督促检查的形式和内容见表4-1。

表4-1　辽宁省积极就业政策执行的监督检查

形式	督促检查内容
听取汇报	五大类：就业任务完成情况、就业政策落实情况、就业专项资金筹集使用情况、公共就业服务情况及基础建设； 27项指标（具体指标略）
实地抽查	数据库和台账：实名制就业、普惠制培训、小额担保贷款发放、财政配套资金落实、困难家庭高校毕业生就业援助、公益性岗位及"4050"补贴发放情况、创业孵化基地建设、企业联盟发展等
政策对象座谈会	参加人员：零就业家庭成员、创业带头人、公益性岗位和享受"4050"社保补贴政策人员以及困难家庭高校毕业生等就业困难群体

资料来源：对辽宁省人力资源和社会保障厅和辽宁省就业和人才服务局的调研资料。

4.2　执行模式

辽宁省政府在积极就业政策执行过程中，由于既受中央政府和省政府、又有省政府与市县政府间的博弈、同级行政部门间的竞合影响，所以为确保积极就业政策目标能够实现，其采取的主要执行模式如表4-2。

表 4-2　辽宁省积极就业政策执行模式

	高层推动模式
	领导小组模式
执行模式	联席会议模式
	签订责任状模式
	特色活动推动模式

4.2.1　高层推动模式

在实施某项具体政策时，尤其是涉及代理层级多、执行机构多、利益群体多样化、执行过程较复杂的政策，中央政府会发布约束性的命令，采取自上而下的执行模式，通常将此种执行模式称为高层推动模式。在辽宁省积极就业政策执行中，高层推动模式体现在两个方面。一方面，横向府际推动是由本级政府的首长，如省长、市长、县（区）长或主管就业工作的副省长、副市长、副县（区）长。首长是各级政府最高权威的代表，负责整个区域内的所有行政事务，在积极就业政策执行过程中协调政策执行过程中的各部门，使他们能成"合力"，减少部门间推诿扯皮等阻碍执行的因素。辽宁省积极就业政策执行采取了"副省长挂帅"的高层推动方模式，督促每个辖区内每年召开就业工作座谈会，并且还会针对不同的就业对象召开会议，如：辽宁省普通高校毕业生就业创业工作会议、辽宁省农民工促进就业工作会议等。通常情况下主管就业工作的副省长参加会议并做重要讲话，强力推进积极就业政策执行。另一方面，从纵向府际关系看，省、市、县区各级政府的积极就业政策执行完全是按照上级政府的要求完成本级政府的执行任务，从政府层级上看，也是上级政府推动下级政府执行，反映了高层推动的模式。

4.2.2　领导小组模式

据《辽宁省人民政府关于进一步做好促进就业工作的通知》（辽政发〔2008〕16号），政府为了推进某个领域内的重大政策而成立就业工作领导小组。辽宁省积极就业政策执行过程中，各级政府将其作为最首要的民生大事来抓，只有精心组织、协调和策划才能确保成效。通常采取成立省、市、县就业工作领导小组的机制，这种"工作小组"属于任务型的编组。目的是为了使积极就业政策执行更加细致、周全，也使多个政府部门相互配合、协调共同执行政策，有利于推动政策的有效实施。

辽宁省政府要求各市、县（区）政府根据工作需要，成立就业工作领导小组，协调解决本行政区域就业工作中的重大问题，并在文件中对小组的组织架构进行了详细规定。辽宁省及其政府基本上都成立了就业工作领导小组，各级政府的主管就业的行政首长为组长，就业和人才服务、民政、财政、教育等行政部门负责人担任副组长。领导小组办公室设在就业和人才服务部门，办公室主任由各级政府的就业部门主管基层就业的负责人兼任，负责与各部门的沟通与联络。为推进和确保积极就业政策的执行成效，在遇到紧急重要决策和复杂矛盾时，各级政府的就业领导小组通常会召开领导小组会议讨论并形成会议纪要，或者以领导小组的名义发文。例如，为解决普通高校毕业未就业大学生就业，辽宁省 2003 年成立了"辽宁省普通高校毕业生就业工作领导小组"，副省长为组长，省政府副秘书长、教育厅长为副组长，省计委副主任、教育厅副厅长、省公安厅副厅长、省就业和人才服务局局长等为成员。还有辽宁省再就业工作领导小组，后更名为辽宁省就业工作领导小组。同时，各市、县政府同样成立相应的就业工作领导小组。

4.2.3 联席会议模式

据《辽宁省促进就业规定》第十条，辽宁省政府要求，"省、市、县人民政府建立促进就业工作联席会议制度，协调本级人民政府促进就业工作的重要问题"。积极就业政策执行过程中，通常不是单一执行主体可以完成的，需要多执行主体参与共同协商完成，各级政府一般采取联席会议模式。联席会议模式通常是指由同级政府横向部门间为有效完成积极就业政策执行而召开的会议，各部门通过联席会议提出执行中存在的困难或问题，经过沟通协调后解决。本级政府也通过联席会议形式布置安排任务，执行主体根据部门职责承担相应的执行任务。辽宁省在对积极就业政策的再制定、审核、检查、监管、扶持的各个环节，并不是一个行政部门可以独立完成，通常需要各相关部门沟通、协调共同完成。经过联席会议研究讨论通过后，各部门会签文件，下发执行。例如积极就业政策体系中的公益性岗位项目，在岗位开发、岗位管理、资金使用、调整公益性岗位人员岗位补贴和社保补贴标准等都是由人社、财政、公安、交通、环保、大学生就业指导中心、残疾人联合会等相关部门通过联合会议的模式研究决定；人社、民政、财政召开联席会议，研究讨论制定关于新增居家养老服务公益性岗位人员及建设示范性日间照料站的事宜；由人社局、财政局、民政局、残疾人联合会及各区县（市）主管领导参加的"居家养残公益性岗位人员工作会议"的联席会议，安置残疾人从事公益性岗位。创业担保贷款项目也是如此，由人社、财政、人民银行、房产、教育等部门通过联合会议的模式研究创业担保贷款或创业担保贴息的具体执行方案。联席会议制度内容包括工作职责、成员单位、工作规则、工作要求及成员名单。2016 年，辽宁省召开的大众创业、万众创新的联席会议，是辽宁省贯彻执行中央政府积极就业政策的表现。

4.2.4　签订责任状模式

签订责任状模式是指为确保下级政府完成积极就业政策执行任务和政策目标，采取将任务分解、并与下级政府签订责任状的执行方式。自 2003 年积极就业政策实施以来，辽宁省将促进就业、确保就业困难群体就业作为一项重要的民生工作。为保证积极就业政策能够得到有效贯彻执行，确保就业困难对象就业，使城镇登记失业率保持在合理区间，保证经济社会发展所需要的稳定环境，辽宁省政府通过各级政府间签订责任状的模式强力推进积极就业政策执行。所以，辽宁省政府把就业工作纳入目标责任考核体系，将就业工作指标列在省政府对各市政府工作考核指标的第一位，并建立了严格的责任状考核制度。辽宁省及其市县级政府通过逐级签订责任状的模式强力推进下级政府执行积极就业政策，并逐步形成了一把手亲自抓、总负责的执行机制。同时，辽宁省区域内，上级政府对下级政府实行就业工作考核一票否决制，如积极就业政策执行中出现问题责任在一把手，各级政府考核不合格会直接影响一把手的政绩。所以，各级政府一把手十分重视所辖区内积极就业政策执行工作。为强力贯彻执行积极就业政策，辽宁省实行政府通过层层签订责任状的执行模式，确保积极就业政策被顺利执行。各级政府责任状的具体任务有差别，省政府考核市政府通常以市政府上报给省政府的计划为准，无特殊情况不做任务指标调整。此种做法有利于市政府根据本级政府执行能力和就业矛盾复杂性决定任务量，从而有利于保证积极就业政策执行的质量。笔者访谈的××市负责就业方面的工作人员认为，积极就业政策能够取得良好成绩的原因之一就是通过逐级签订责任状推进执行。可以看出，上级政府通过逐级签订责任状的模式要求下级政府强力推进积极就业政策执行并非最理想的执行模式，但确实为积极就业政策能够顺利执行提供保障❶。

目前，在积极就业政策执行中，辽宁省政府采取的签订责任状的执行模式可谓相对完善。辽宁省政府要求各市县（省管县）政府将就业工作纳入绩效考核体系，细化积极就业政策执行工作目标任务、各类政策落实、就业创业服务能力及水平、资金投入、群众满意度等指标，层层分解，督促落实。同时，辽宁省对在就业创业工作中取得显著成绩的单位和个人，按规定予以表彰奖励；而不履行就业创业职责、完不成就业任务指标、造成恶劣社会影响的，对相关市政府负责人及具体责任人实行问责。这些在《辽宁省人民政府关于进一步做好新形势下就业创业工作的实施意见》（辽政发〔2015〕17号）中有相应规定。

4.2.5 特色活动推动模式

自2003年以来，辽宁省通过开展各类特色活动推动积极就业政策的执行，如"高校毕业生就业服务月""就业毕业生就业服务周""春风行动""春播行动""春暖行动""阳光之家"（阳光家园）、"就业援助活动月""再就业援助活动周""慈爱儿康行动""四包一帮""百日攻坚""创建百家社区就业示范基地""培养千名社区就业带头人""'我的创业故事'创业明星讲堂""省级示范型城市创建"等特色活动，同时还进行"就业创业工作先进单位和个人""创业明星""创

---

❶ 来源于笔者在2015年3月份在各市财政局和就业局的访谈资料。

业带头人""充分就业示范社区"评选等。特色活动推动模式不仅推进政策执行主体主动执行政策，而且使政策对象能够通过活动开展更加了解政策，有利于实现积极就业政策目标的实现。辽宁省积极就业政策的执行贯穿于这些特色活动中，并使积极就业政策各类项目相互促进，共同达到就业困难群体就业的政策目的，最终实现积极就业政策的整体目标。同时，这些特色活动既有国家层面为促进就业而开展的活动，也有辽宁省根据区域特征和就业环境开发的特色活动。这些活动主题鲜明，目标明确，实施到位，效果明显，已经形成常态化的运行机制。如：2004 年，沈阳市启动了"再就业援助活动启动周"，将"辽宁省暨沈阳市再就业援助专场招聘洽谈会"作为启动式，通过送政策、送岗位、送技能、送服务援助下岗失业人员，同年通过开展就业援助活动开发了 2.07 万个公益性岗位；2006 年，开发了 1 万个公益性岗位安排就业困难对象，目标为消除零就业家庭；2012 年，由沈阳市政府主办的"就业援助活动月"启动仪式，主题为帮扶到人、岗位到手、政策到位、服务到家，对象为符合认定条件的就业困难人员，目标为辖区内符合就业困难的每一位都能够领取就业失业登记证、纳入实名制就业监控管理、提供岗位信息介绍、符合条件的安置在公益性岗位上、享受相关政策待遇；"阳光之家"活动是为帮助残疾人就业而开发的公益性岗位。2015 年 10 月 19 日，"辽宁·沈阳大众创业万众创新活动周"在沈阳市和平区三好街启动，主要通过推广沈阳"双创"活动推动积极就业政策执行。

4.3 执行效果

李克强总理在 2015 年 5 月 19 日全国就业创业工作电视电话会议上指出："就业是民生之本，就业稳则心定、家宁、国安。近年来，各地区各部门积极作为，在经济下行压力加大的情况下实现了就业的持续增加，成绩来之不易"。那么，辽宁省积极就业政策实施以来，经历了应对产业工人下岗再就业、大学逐年扩招带来的毕业生逐年增加、城镇化过程中失地农民就业难，再加上金融危机等一系列困难的情况下，能够使就业结构不断优化，新增就业持续增加，可见执行成绩显著。辽宁省沈阳市被国务院授予"全国再就业先进工作单位"称号。

4.3.1 城镇登记失业率处于合理区间

辽宁省积极就业政策实施以来，为促进就业、缓解就业压力、维护社会稳定发挥了重要作用。从 2002 年至 2014 年，辽宁省新增就业人数和实名制就业人数按计划逐年超额完成，具体详见表 4-3。辽宁省城镇登记失业率较稳定，一直控制在合理区间，并且自 2008 年以来至今，都低于全国城镇登记失业率。

表 4-3　辽宁省就业情况表 ❶（2002 ～ 2014 年）

年份	计划完成就业人数（万人）	实名制就业人数（万人）	完成全年计划百分比（%）	城镇登记失业率（%）
2002	70	102.8	146.9	6.8
2003	90	96.6	107.3	6.7
2004	100	111.0	111.0	6.3
2005	115	119.8	104.2	5.7
2006	115	120.4	104.7	5.0
2007	120	122.4	102.0	4.4
2008	100	112.6	112.6	3.8
2009	100	114.7	114.7	3.9
2010	100	115.6	115.6	3.7
2011	100	105.4	105.4	3.7
2012	100	103.7	103.7	3.6
2013	100	102.2	102.2	3.4
2014	100	101.7	101.7	3.4

数据来源：根据《中国劳动和社会保障年鉴（2003 ～ 2008）》与《中国人力资源和社会保障年鉴（2009 ～ 2015）》整理绘制。

---

❶ 2015 年辽宁省新增就业超过 40 万人，城镇登记失业率为 3.4%，低于控制目标 0.9 个百分点；辽宁省对就业指标进行了调整，将实名制就业计划人数由 100 万人调整到 80 万人，但由于实名制就业人数数据未公开，因此 2015 年基本就业情况未统计在此表内。参见：《2015 年辽宁省国民经济和社会发展统计公报》，截至日期 2016 年 3 月 30 日。

4.3.2 扶持困难群体就业人数规模大

辽宁省积极就业政策的实施，解决了大批下岗失业人员、产业转轨工人、失地农民、零就业家族人员、毕业未就业大学生、低保户、残疾人等就业困难群体的就业，使其通过各类积极就业政策项目实现就业，从而维持基本生活。辽宁省积极就业政策执行通过社会保险补贴、职业培训、职业介绍、公益性岗位和创业担保贷款贴息五个项目所扶持的就业人数反映其取得的成效。此部分通过 2007 年至 2015 年的数据说明，详见表 4-4、表 4-5、表 4-6、表 4-7 和表 4-8 [1]。

表 4-4　扶持社会保险补贴人数（2007～2014 年）　（单位：人）

地区	年份							
	2007	2008	2009	2010	2011	2012	2013	2014
辽宁省	1159730	1210752	1195380	989174	903916	831957	672399	581165
沈阳	227663	223474	201733	161624	157286	129456	111161	97053
大连	144078	147535	176829	173935	159739	179122	108447	77174
鞍山	42314	42597	98275	61855	54503	53699	47697	48220
抚顺	102200	101087	113274	98576	66940	64291	53146	44654
本溪	84810	128401	65814	47866	40378	43191	26110	29345
丹东	80363	77418	80795	65706	52994	50202	45704	41697
锦州	59851	59657	57314	52176	47615	43705	37777	28903
营口	63941	56026	51089	45962	41972	39406	39338	32920
阜新	93847	98717	105555	46375	62035	52844	46496	45732
辽阳	42503	48946	33464	32794	58287	36430	29277	24391
盘锦	64055	89319	56441	47711	42436	28528	26860	20775
铁岭	80380	82944	81414	82931	68269	62344	55707	45637
朝阳	25451	19369	28881	28491	15683	21257	16277	18951
葫芦岛	48274	35262	44502	43172	35779	27482	28402	25713

数据来源：根据在辽宁省财政厅调研数据整理绘制。

---

[1]　表 4-4～4-8 中，绥中县和昌图县实行的是省管县，为使数据对比方便，葫芦岛市包含绥中县的数据，铁岭市包含昌图县的数据。绥中县和昌图县分别于 2010 年和 2012 年实行省管县的模式，但行政级别依然是县级政府，所以本研究中不做区分，将其视为葫芦岛市和铁岭市所辖县级政府。另外，由于省本级支持的就业人数并不是每年都有，所以表中没有将省本级支持的人数单独列出，但辽宁省总人数中包含省本级数据。所以，在有的年份中，14 个市的扶持就业人数加总数不等于辽宁省总扶持人数总和的原因。

表4-5 扶持职业培训补贴人数（2007～2014年） （单位：人）

地区	年份							
	2007	2008	2009	2010	2011	2012	2013	2014
辽宁省	630619	674035	669784	501923	360296	278146	213944	212741
沈阳	112522	84962	122961	97136	44072	26303	22198	20456
大连	27901	34823	28154	52763	26739	21015	15421	21341
鞍山	27699	23401	28701	22594	16000	7592	2106	9339
抚顺	25892	25879	20555	6546	7842	9528	8679	7895
本溪	58817	66828	55200	20440	19492	9112	14878	9721
丹东	20896	27554	24209	13671	14843	12438	12313	7571
锦州	46224	31059	32836	18633	34167	17754	12879	6906
营口	24057	17240	7126	5104	8584	9939	10198	12051
阜新	56627	73333	113995	47549	40520	9112	14711	26953
辽阳	67494	34456	39575	37380	35465	32295	27095	26225
盘锦	54854	41529	41783	34205	39321	25961	18953	17234
铁岭	62748	81574	51299	63595	37163	70489	39590	29788
朝阳	28863	24468	72725	57094	11964	10033	6384	10766
葫芦岛	16025	30929	30665	25213	24124	13568	6742	2611

数据来源：根据对辽宁省财政厅调研数据整理绘制。

表4-6 扶持职业介绍补贴人数（2007～2014年） （单位：人）

地区	年份							
	2007	2008	2009	2010	2011	2012	2013	2014
辽宁省	453314	452035	376016	450409	393778	256620	161619	131746
沈阳	17249	9820	10531	13434	4278	5307	2630	3206
大连	3018	2446	2320	667	0	2305	580	678
鞍山	13494	8702	15501	72000	109400	500	0	0
抚顺	26644	23177	20159	15304	12527	14212	14229	10094
本溪	35484	61572	25994	32784	39127	18411	13000	11288
丹东	7079	6078	14395	2667	6707	5326	3358	11753
锦州	22911	14365	32984	31003	33932	31051	36655	26347
营口	10027	19400	4889	5701	3501	11422	9500	11290

续表

地区	年份							
	2007	2008	2009	2010	2011	2012	2013	2014
阜新	85727	85395	52139	45753	40000	800	0	20010
辽阳	17500	13500	10000	20820	24200	28521	25231	2526
盘锦	16051	61563	23559	35490	44183	25274	8228	12359
铁岭	102290	104297	105559	84629	59482	86534	24101	14821
朝阳	25897	15280	30636	42227	7604	6218	5700	1870
葫芦岛	41943	26440	27350	47930	8837	17739	18407	5504

资料来源：根据对辽宁省财政厅调研数据整理绘制。

表4-7 扶持公益性岗位人数（2007～2014年） （单位：人）

地区	年份							
	2007	2008	2009	2010	2011	2012	2013	2014
辽宁省	397215	347552	338084	259985	240769	223688	221147	210410
沈阳	32358	34283	30800	29535	27583	26684	23638	21769
大连	38084	35662	35692	34019	31424	29267	25937	20623
鞍山	93022	13718	26065	14345	16081	9279	14811	15052
抚顺	28866	30715	39988	21360	18294	17418	16895	16600
本溪	43477	70410	35418	27352	29626	24877	25916	25330
丹东	8449	8397	7175	3855	4887	5011	6741	5499
锦州	4957	3054	5351	4111	5701	7071	7942	8173
营口	7459	8459	5433	6854	4509	3989	6791	5116
阜新	37623	41915	51882	37324	26352	22290	21430	20666
辽阳	14416	25808	30539	15127	16531	16627	10885	9846
盘锦	13762	12994	10367	8236	6205	4469	4475	4282
铁岭	36989	33354	25249	22759	23805	24044	23881	27081
朝阳	17868	18150	18712	20158	17197	19107	18052	16653
葫芦岛	19885	10633	15413	14950	12574	13555	13753	13720

数据来源：对辽宁省财政厅调研数据。

表 4-8 支持创业担保贷款及贴息人数（2007～2014 年） （单位：人）

地区	年份							
	2007	2008	2009	2010	2011	2012	2013	2014
辽宁省	18918	15714	16383	13052	11297	18125	30932	53990
沈阳	83	948	2045	2165	2100	2438	2000	2100
大连	8706	5539	5712	5267	1604	1976	2327	3371
鞍山	1400	713	203	336	498	335	572	851
抚顺	882	125	116	328	1299	6304	16070	24846
本溪	402	885	1110	880	193	274	0	933
丹东	408	281	1942	695	443	936	1118	2278
锦州	604	1300	401	401	594	753	977	374
营口	2246	3360	1333	1130	2407	786	2003	1116
阜新	0	345	0	151	113	362	844	8311
辽阳	328	333	1374	423	389	393	242	1233
盘锦	2252	802	1151	192	1004	1434	1527	2458
铁岭	697	0	0	335	0	1795	2488	3612
朝阳	495	384	512	234	255	217	263	1164
葫芦岛	415	699	484	515	398	122	501	1343

数据来源：对辽宁省财政厅调研数据。

通过表 4-4 可以看出，辽宁省通过社会保险补贴扶持的就业人数基本上处于逐年递减的趋势，但每年扶持的总量依然很大。由于受 2008 年世界金融危机影响，辽宁省为应对金融危机采取稳定就业的执行方式，引导企业不裁员、不减员，对生产经营困难企业实施"五缓、四降、三补、两协商、一缓调"的政策，通过社会保险补贴的方式减免企业保险费，使困难就业对象不失业，再加上灵活就业人员、"4050"人员、就业困难大学生等，使当年社会保险补贴人数达到峰值 121 万人。另外，由于社会保险补贴的主要对象为"4050"及下岗失业人员，随着这些人员的退休等自然减少，补贴人数自然也就减少，已经由 2007 年的 115 万多人减少到 2014 年的约 58 万人。另外，也可以看出目前辽宁省政府也在鼓励创业、通过创业带动就业的战略性积极就业政策，如创业担保贷款项目。不过，社会保险补贴项目确实为积极就业政策执行发挥了"兜底就业"的功能，解决困难就业对象数量最多，功不可没。

职业培训补贴人数是通过职业培训后获得培训证书的人数。表4-5显示，全省职业培训的人数2007年、2008年和2009年每年为60多万人，2010年50多万人，2013年和2014年约为20多万人。这部分就业困难对象通过参与职业培训项目提升专业技能或学习到新的职业技能，从而找到就业岗位。根据《2008年人力资源和社会保障部年鉴》得知，辽宁省仅2007年就通过整合职业培训机构，建立254个培训基地，并打造出125个培训品牌，创办了就业培训信息发布平台，同时还创建了"辽宁省再就业培训管理系统"的网站。可见，辽宁省扶持就业培训人数规模较大。

从表4-6中可以看出，辽宁省通过积极就业政策的职业介绍服务项目解决了大批就业困难人员就业，其中，2007、2008和2010三年职业介绍人数分别达到45万人，2009年和2011年近40万人，自2012年至2014年逐年减少到13万人。由于受金融危机影响，需要加大积极就业政策执行力度，因此2007年至2010年通过职业介绍促进就业困难对象就业人数较多。

通过表4-7可以看出，辽宁省安置公益性岗位就业困难对象逐年减少，14个市也基本一样，总体趋势缩减，不再开发新的岗位，基本上处于维持原有规模。原因为全省在公益性岗位项目上采取自动缩减的模式，公益性岗位当年安置的多是产业转轨公人和下岗失业人员，岗位也随着就业困难群体的自然退出和缩减。但是，公益性岗位总体规模依然很大，2007年解决了近40万人就业，最少的2014年也解决了21万人就业。

创业担保贷款是积极就业政策中的战略性就业政策，目的在于通过创业带动就业，1个人创业至少可带动6个人就业，待企业发展壮大后可以增加区域税收、解决所安置就业人员的社会保险等福利，真正起到"就业蓄水池"的作用。表4-8的数据显示，创业担保贷款及贴息人数自2007年的18918人增加到2014年的53990人，如果按照扶持1人带动6人就业计算，2014年创业担保贷款及贴息项目促进30多万人就业。与社会保险补贴人数、职业介绍人数、职业培训人数、公益性岗位人数相比，创业担保贷款就业人数逐年增长，而其他四个项目逐年递减，这是由积极就业政策对象的群体特征、区域就业环境及中央政府积极就业政策总体战略目标决定的。

综上所述，通过辽宁省在社会保险、公益性岗位、职业介绍、职业培训和创业担保贷款等项目扶持就业人数及变化发现，辽宁省积极就业政策执行取得了一定成效。

4.3.3 就业配套财政资金扶持力度大

财政就业支出是我国积极财政政策的重要组成部分，更是实现积极就业政策的主要手段。就业配套财政资金包括社会保险补贴、公益性岗位补贴、职业培训补贴、职业介绍补贴和公共就业服务支出❶等。因此，可以通过积极就业政策支出看出积极就业政策执行力度和解决就业困难群体就业的决心。通过表4-9可以看出，辽宁省自2007年至2014年间，用于积极就业政策执行的配套资金支出增长迅速，2012年达到600多亿元，接近2007年的2倍。本研究通过辽宁省用于积极就业政策执行的总支出、社会保险补贴支出、职业培训补贴支出、职业介绍补贴支出、公益性岗位补贴支出和扶持公共就业服务支出反应执行投入力度和执行效果，详见表4-9、表4-10、表4-11、表4-12、表4-13和表4-14❷。

表4-9 辽宁省财政就业资金支出明细（2007～2014年）　　（单位：万元）

地区	年份							
	2007	2008	2009	2010	2011	2012	2013	2014
辽宁省	391250	452193	538811	607687	611199	661596	630661	590564
沈阳	99887	117305	119506	124513	130227	131540	121341	102267
大连	65519	74236	98293	115943	124079	149203	112930	85296

❶ 名类补贴说明：社会保险补贴是指对各类服务型企业（包括商贸、餐饮、服务业企业，国家限制的行业除外）新增岗位新招用国有企业下岗失业人员，并与之签订3年以上劳动合同的，以及在社区开发公益性岗位安排原属国有企业大龄就业困难对象的企业（单位），按其为符合规定条件的国有企业下岗失业下岗失业人员实缴缴纳的基本养老保险费和失业保险费支出的社会保险补贴数额。公益性岗位补贴是指对各级政府开发的公益性岗位用于安排符合公益性岗位条件的就业困难对象就业实际支付的岗位补贴数额。职业培训补贴是指对具备资质条件的各类培训机构，按经其培训后实际就业人数支付的职业培训补贴数额。职业介绍补贴是指对具备资质条件的各类职业介绍机构，按经其职业指导和职业介绍后实际就业人数支付的职业介绍补贴数额。公共就业服务支出也即劳动力市场建设费，是指用于劳动力市场信息网络及相关设施建设等方面的费用。参见：劳动和社会保障部.关于开展下岗失业人员再就业统计的通知（劳社厅发〔2003〕4号），2003-02-25.

❷ 另外，由于省财政用于本级支出扶持积极就业政策项目并不是每年都有，所以表中没有将省本级支持的数额单独列出，但辽宁省总支出中包含省本级数据。所以，在有的年份中，14个市的就业资金支出加总数不等于辽宁省总支出数据。

续表

地区	年份							
	2007	2008	2009	2010	2011	2012	2013	2014
鞍山	19131	28111	34452	35028	39422	33941	37445	41679
抚顺	29000	29963	33504	45632	42787	48905	52761	51556
本溪	24110	27198	29383	34394	30951	32501	30498	25327
丹东	19014	22846	27005	32694	31407	28484	29373	29659
锦州	17463	11175	22220	21997	19305	30118	29775	28531
营口	15854	16559	20455	24009	23704	24817	27842	28446
阜新	17691	18143	33153	35376	31219	26125	32720	31969
辽阳	14817	18095	20930	24405	28984	32084	30030	30321
盘锦	16842	24564	17712	24491	22195	23024	24282	22962
铁岭	18848	27075	29187	33488	36573	39347	39781	45236
朝阳	14177	14303	21842	26889	21991	29126	28452	34269
葫芦岛	14026	14507	19306	24264	25749	25649	27968	27654

数据来源：对辽宁省财政厅调研数据。

表 4-10　社会保险补贴支出（2007～2014 年）　　　（单位：万元）

地区	年份							
	2007	2008	2009	2010	2011	2012	2013	2014
辽宁省	225628	252799	336870	363521	352669	409656	349539	303617
沈阳	74285	87898	88878	91815	94955	95381	77673	64893
大连	36377	48142	73815	77404	80576	113799	82188	55112
鞍山	10606	17160	23805	19054	20325	23533	22354	23375
抚顺	15062	15055	20776	27810	25763	29983	30057	26413
本溪	12976	13729	15295	17295	15042	17223	12008	11547
丹东	14225	12276	19717	25214	20651	21333	20210	20622
锦州	12055	5919	14738	14024	8978	18017	16477	15028
营口	12204	10683	15326	17466	17778	18390	16730	16962
阜新	5462	5861	15529	10846	10343	9370	8474	10544
辽阳	7893	9958	11035	13866	15791	16740	15470	14160
盘锦	7568	8311	12341	19067	14211	15161	16420	12030
铁岭	6617	8653	11394	13162	13815	14580	15918	15924
朝阳	4357	3627	6539	8357	4558	7147	5654	9177
葫芦岛	5940	5527	7682	8141	9883	8997	9907	15907

数据来源：对辽宁省财政厅调研数据。

表 4-11　职业培训补贴支出（2007～2014 年）　　（单位：万元）

地区	年份							
	2007	2008	2009	2010	2011	2012	2013	2014
辽宁省	25709	36577	30106	38243	30765	20721	21632	23916
沈阳	2704	2019	2816	3765	1804	1372	1483	1724
大连	698	637	829	8054	4607	1095	1688	2260
鞍山	1421	1335	1474	3026	2602	196	253	1868
抚顺	1608	1115	1288	912	907	1126	1379	1590
本溪	2568	5029	2552	3146	1242	686	866	549
丹东	1553	2555	2315	1829	1970	1699	1717	1500
锦州	2248	3050	3724	2679	4208	2014	2140	1087
营口	1027	1723	1069	777	1096	1562	1536	1808
阜新	2450	1211	3668	2486	2654	523	672	1236
辽阳	1186	1946	1693	1958	1373	1396	1162	1417
盘锦	3879	6010	1702	1293	2469	2275	2432	2376
铁岭	2717	3632	3131	3599	2521	2862	2147	2864
朝阳	829	829	1877	2736	914	614	379	5130
葫芦岛	820	1678	1967	1983	2343	1366	894	390

数据来源：对辽宁省财政厅调研数据。

表 4-12　职业介绍补贴支出（2007～2014 年）　　（单位：万元）

地区	年份							
	2007	2008	2009	2010	2011	2012	2013	2014
辽宁省	6146	5131	5351	6732	6548	3351	2487	2086
沈阳	324	99	140	175	53	56	23	25
大连	40	32	157	11	0	14	10	10
鞍山	270	150	310	1440	2188	10	0	0
抚顺	364	327	289	214	179	195	193	135
本溪	681	756	395	546	638	368	252	207
丹东	90	75	204	29	104	92	34	118
锦州	240	161	495	374	383	274	475	311
营口	201	388	98	114	70	228	190	226

续表

地区	年份							
	2007	2008	2009	2010	2011	2012	2013	2014
阜新	416	643	360	350	350	8	0	400
辽阳	350	100	200	421	514	570	586	51
盘锦	248	278	374	511	775	378	148	286
铁岭	1523	1575	1495	1527	1120	794	373	225
朝阳	231	103	324	522	76	62	57	19
葫芦岛	436	443	510	497	98	300	147	75

数据来源：对辽宁省财政厅调研数据。

表 4-13　公益性岗位补贴支出（2007～2014 年）　（单位：万元）

地区	年份							
	2007	2008	2009	2010	2011	2012	2013	2014
辽宁省	98325	116379	135369	164470	180607	193378	214416	219681
沈阳	19646	24691	24592	25807	31409	32710	32380	32057
大连	15121	17129	19033	22267	25296	27825	24837	23171
鞍山	4599	6258	7457	8354	11020	7013	12573	11985
抚顺	10649	12248	10315	12566	14893	15867	16703	17562
本溪	7218	6648	10643	12958	12992	12628	13408	11669
丹东	2322	2632	3792	2671	3995	4600	6491	5840
锦州	1220	1063	1817	2556	3556	6487	7888	9631
营口	1631	2262	3781	5470	3793	4308	8361	875
阜新	9363	9695	13324	21594	17207	15347	21419	17661
辽阳	4626	5901	7172	6706	8955	10297	10569	11783
盘锦	2272	2428	2465	3108	3585	3729	3577	5212
铁岭	6902	9563	9959	12932	16000	17913	18953	23289
朝阳	8315	9318	12844	15033	15790	20427	21331	22786
葫芦岛	4442	6544	8174	12450	12113	14246	15926	18289

数据来源：对辽宁省财政厅调研数据。

表 4-14　公共就业服务支出（2007～2014 年）　　（单位：万元）

地区	年份							
	2007	2008	2009	2010	2011	2012	2013	2014
辽宁省	8507	9653	9067	10359	13034	5653	3472	4819
沈阳	1515	2163	1611	1610	525	256	70	138
大连	1779	1135	595	4258	6864	844	637	701
鞍山	580	490	100	0	0	0	0	0
抚顺	1245	1181	743	992	603	315	10	186
本溪	402	133	0	127	373	255	162	508
丹东	238	344	0	7	147	7	22	21
锦州	200	202	514	116	239	1381	395	645
营口	120	300	0	0	345	0	198	287
阜新	0	108	210	0	0	0	0	300
辽阳	79	150	813	241	14	278	14	22
盘锦	825	440	641	151	244	512	347	688
铁岭	1032	2257	2983	1735	2587	1100	885	861
朝阳	20	253	31	71	126	42	35	161
葫芦岛	222	98	826	1050	967	663	698	299

数据来源：对辽宁省财政厅调研数据。

从表 4-9 可以看出，辽宁省用于配套中央政府就业专项资金的比例逐年增长，从 2007 年的 39 亿元增长到 2012 年的 66 亿元，2013 年和 2014 年分别比 2012 年减少了 3 亿元和 7 亿元，但仍保持在 60 亿元的水平。辽宁省每年用于社会保障和就业支出占全省 GDP 的 3% 左右，占公共财政支出的 23% 至 16%，占有相当重要的份额。通过以上分析不难看出，辽宁省政府在积极就业政策执行中的财政投入，反映出其积极就业政策执行的力度，财政资金投入越大，执行力度越大。

社会保险补贴的功能主要体现在两方面，一方面，通过支付给企业社会保险补贴减轻企业用工负担，企业可以少交或免交一部分职工社会保险，这样企业可以吸纳或稳定一些技能水平低、年龄大的职工就业；另一方面，为鼓励就业困难对象灵活就业，减轻其以个人身份缴纳社会保险费用的压力，对其个人事先缴纳的社会保险给予一定的补贴。通过表4-8和表4-9中的数据对比发现，辽宁省用于社会保险补贴的财政支出比重较大，约占就业总支出的一半。社会保险补贴越大，说明积极就业政策执行力度越大，扶持的就业困难对象越多。因此，辽宁省要求市、县、区政府通过发放社会保险补贴的方式解决其就业的力度，力争促进这些就业困难对象实现就业。

职业培训补贴是省政府通过配套中央政府和上级政府的配套资金、用于为参加职业培训的再就业优惠人员、城镇登记失业人员和进城务工的农民提供的专项补贴。通常以培训结业证书作为补贴条件，未获得培训证书者不能享受补贴，也有的市政府以培训人员签订就业合同为准报销培训费用。2007年至2014年，辽宁省每年公共财政用于培训补贴资金保持在2亿至3亿元左右，可见投入的执行资源较大。

职业介绍补贴主要是政府将给予为失业人员提供免费职业介绍服务的民办职业中介机构补贴，通常情况下，根据职业介绍服务后的实际就业人数为支付标准。2007年至2011年支出规模在6000万左右，2012年至2014年在3000万左右。相对积极就业政策的其他项目，职业介绍补贴支出规模较小，但也发挥了促进就业的作用。

通过表4-13可以看出，用于公益性岗位的财政支出规模依然很大。一方面，虽然"4050"下岗失业人员逐渐退出，但公益性岗位安置对象也逐步扩大到未就业大学生、残疾人、零就业家庭人员等各类需要援助的就业困难对象。另一方面，公益性岗位工资及补贴逐年增高，与各市平均工资增幅保持一致，公益性岗位工资水平与市平均工资水平一致。通过加大对公益性岗位的财政投入，可补充社会公益服务需求，开发闲置人力资源。辽宁省公益性岗位安置了大量的闲置人力资源，极大补充了社会公益服务的需求，弥补了因公益性职能人员不足而造成公共服务短缺的不足。从辽宁省公益性岗位建设的实际情况来看，除了保洁、保绿、保安、交通协管、治安等岗位类型，各级政府不同程度地增加了公共就业管理、社区统计、司法矫正、残疾人康复训练等公益服务的种类与范围，满足了社会发展对公共服务的需求，不仅推动了本省公共服务的发展，而且解决了这些从业人员就业难的问题。

公共就业服务支出主要是用于公共劳动力市场建设，主要指各级政府的劳动力市场和人才服务中心。由于涉及用工场地建设、运行与维护、信息系统、计算机系统等软硬件设备的投入并不是年平均投入，投入一次可以运行几年，所以各年投入不一致，未形成规模效应。通过表 4-14 中的数据可以看出，沈阳、大连、抚顺、铁岭四个市用于公共就业服务建设的财政支出比其他 10 个市竞争大。2008 年国家主席胡锦涛在视察辽宁省积极就业工作时肯定了沈阳市人力资源市场建设取得的成绩。加大对公共就业服务机构的建设，可以为就业困难人员常年提供招聘信息，为企业提供招聘会场地，实现企业和应聘人员信息的双向互动，增强就业效果。

需要指出的是，为什么用于就业的财政支出逐年增长，而扶持的就业人数却呈下降趋势，这源于补贴数额逐年调整增加和失业人数相对减少的原因。

通过以上数据显示，辽宁省各市用于积极就业政策执行的公共财政支出可以反映出其执行成绩显著。支持积极就业政策的资金来源于中央政府的就业专项资金、地方财政和社会保险基金三个方面，要求地方财政按一定比例配套中央就业专项资金，社会保险基金只能用于积极就业政策中的社会保险补贴项目。中央政府的就业专项资金不能独立使用，必须由地方政府财政配套，这说明地方财政资金支出规模越大，积极就业政策执行得越好。否则，中央政府的就业专项资金只能以"结余"形式存在地方政府账户上。说到底，辽宁省积极就业政策执行效果还取决于其所辖市县区政策的财政能力。

4.3.4　就业局势总体稳定

积极就业政策的实施最终目标是通过解决就业困难群体就业，通过稳定就业局势维护地区的社会稳定，为区域内各方面事业的平稳发展提供了良好的政治与社会环境。辽宁省是东北老工业基地振兴的主要区域，更是下岗失业人员总数多、同期规模大、就业困难对象复杂、就业矛盾突出的老工业基地转型地区。这样一个庞大的复杂群体如连最基本的生存都难以解决，可想而知，会引发群体性事件，增加社会的犯罪率，影响政治、经济、社会、生态、文化的全面发展。如果解决不好就业问题就会给公众、国家乃至整个社会带来严重的安全隐患。

辽宁省积极就业政策执行中的"零就业家庭"项目自2005年起实施至今，实现了始终为"零"的良好就业目标，2005年当年完成14.3万户"零就业家庭"至少保证一人就业的任务。也在同年，辽宁省在积极就业政策执行过程中，创新实行实名制就业登记制度，并建立了数据库，成为我国在积极就业政策执行过程中较早实现大数据管理平台的省份。截止到2015年，辽宁省与国内其他省、自治区、直辖市相比，城镇登记失业率降幅最快，从2005年的5.6%降到2015年的3.4%，并且自2008年以来低于全国城镇登记失业率。辽宁省2005年城镇登记失业人数为60.4万人，到2014年底降到41万人。截至2015年底，辽宁省新增就业超过40万人，城镇登记失业率3.4%，低于控制目标0.9个百分点。可见，辽宁省就业工作取得可喜成果，积极就业政策执行效果显著。

另外，辽宁省把各级政府作为就业工作的组织主体，认真履行政府组织就业、组织援助、组织创业、组织培训的职责；结合省情不断拓展积极就业政策的惠及范围；在全国率先开展了零就业家庭就业援助工作，建立了一整套完善的政策体系、帮扶措施、动态管理、监督机制，并建立了长效机制；提出了普惠制就业培训，将培训对象扩展到城镇新增劳动力、零就业家庭子女、进城务工农民，形成了政策导向、资金扶持、品牌引领、基地依托的普惠制就业培训体系。可以看出，辽宁省积极就业政策执行成效显著，为老工业基地振兴做出了积极贡献，也为全国积极就业政策执行提供借鉴。

4.4　执行中的问题

无论多么完美的政策，都不会完全达到理想的预期效果，这实际上是政策研究的逻辑起点，打破了"政策一经制定就会得到官僚机构的完美执行"这一教条化的固有思维模式。因此，在积极就业政策执行的实践中，辽宁省各级政府通过努力，实现了一部分积极就业政策目标，取得了可喜成果，但在执行过程中尚存在一些不足有待完善，直接影响积极就业政策目标最大化效益的实现。

在执行实践中，政策执行失灵、梗阻是政府失灵的表现情形之一，政策执行有效、畅通是检验政府是否科学运行的手段。政策执行失灵的假设前提是政策本身是有效的，是由于政策在政府内部系统运行过程中的执行失灵，导致中央政府或上级政府积极就业政策无法达到预期效果。中央政府积极就业政策通过文本形态或话语体系的形态呈现给省级政府，理想的政策议程在转化为现实的政策目标过程中经历着政策细化或再规则的过程。在政府治理能力现代化过程中，中央政府在实施积极就业政策过程中，会根据地域环境、经济水平、社会发展程度及就业矛盾等宏观和微观差异，通常会给省级政府留有一定的政策执行空间和政策执行灵活性。辽宁省积极就业政策执行取得了一定的成绩，达到了一定的目标，效果可谓显著，但也正是具备了积极就业政策执行的空间性和灵活性，导致了执行过程中存在的一系列问题，如象征性执行、选择执行、变通执行、过度执行、迟缓执行、目标替代执行、欺上瞒下执行以及政策标的群体外溢等。

4.4.1 象征执行或目标替代执行

（1）象征执行。执行主体在执行对本级政府和行政人员利益关系不大或没有实质性利益的上级政策时，如上级政府没有特别明确硬性考核时，往往会选择应付上级政府的方式，采取"说一套、做一套"的象征性执行策略。例如：针对积极就业政策执行中的职业培训和职业介绍项目，政府通过媒体大力宣传，通过职业培训开班典礼照片、培训名单、职业介绍名单等方式留有政策执行的痕迹，即便是"就业实名制"制度实施以后，也会依然存在将不符合标准的人员纳入政策对象范围，针对诸如此类的现象，监督部门很难做到对职业介绍和培训对象的逐个审查。这种执行行为一方面未达到积极就业政策目标，另一方面套取了国家公共财政资金。相比较而言，象征性政策执行的危害性更大。由于下级政府的积极就业政策执行是虚假的、象征性的行为，难以被上级政府及社会公众察觉和监督，导致了其违规本质具有一定的迷惑性，因此受到问责和处罚的概率较小。上级政府误认为政策效果不理想的原因出在政策议程设置或其他方面上，殊不知是由于象征性执行所导致，可见象征性政策执行危害性带来的隐患更大。

（2）目标替代执行。目标替代执行表现为政府及其部门在积极就业政策执行中，受到就业环境等不确定性以及其他主客观因素的影响，有意或无意地忽略原政策目标，或悄然违背原政策目标，从而使政策执行效果偏离原政策目标的行为。省政府与各市县政府的政策目标可能会存在冲突，这时各市县级政府会在执行中央政策的过程中会扩大自我利益。当中央政府出台的是宏观政策，要求省级政府根据实地情况执行政策时，省级政府会选择更有利于其自身的、与中央政府不一致的政策目标。为提高就业治理的效率，中央政府和省级政府通过考核和激励的工具分别约束与诱导省级政府和市级政府加大对积极就业政策的执行力度。比如对就业指标的考核实行了"一票否决制"和"末位淘汰制"，受这些条件的规制，省级政府和市县级政府不得不采取目标替代执行的方式完成"就业任务"，使政策执行结果符合政策预设目标，以应付监督检查和政绩考核。但考核体系与激励机制如果不科学或者与政府利益相冲突，上级政府的宏观政策目标会被局部利益目标所替代。例如，积极就业政策中的职业培训项目，政策目标是通过职业培训的手段提升就业困难对象的职业技能水平，从而获得就业岗位。而在政策执行过程中，是以具体的"培训人次"作为衡量指标。可见"通过提升技能水平获得就业岗位"与"培训人次"是两回事，但又因为政府绩效考核体系的指标为"培训人次"，所以省级政府执行此项政策的目的是"培训人次"目标，而并不是"通过培训而就业的人数"目标。再如，省级政府在积极就业政策中的公益性岗位项目时，重视开发岗位安置人员，导致工作效果不理想和公共资源的浪费。打着执行中央大力开发公益性岗位安置就业困难人员的旗号，谋求政府利益和个人私利。更为严重的是，以上两种行为不仅不会受到上级政府的惩罚，反而会得到上级政府的表扬，更有可能作为典型在全国或全省范围内推广。长此以往，这种行为的恶果会扭曲上级政府制定政策的初衷，损害政府形象和威信，削弱政府在公众中的权威性与合法性基础。

4.4.2 选择执行或变通执行

（1）选择执行。下级政府对上级政府的政策不完全执行，从内容层面上看是只执行全部政策的某部分，其余部分被割裂，导致政策内容残缺不全，从执行力度上看较小，后果是弱化了上级政府的政策效果。处于中间层的辽宁省政府具有双重身份，既是中央政府的考核对象，又是其所辖各市政府的考核者。在应对中央政府的考核与激励中，省政府与市政府是一个利益共同体，一荣俱荣，一损俱损。因此，对中央政府的政策目标的细化与再规划过程中，他们会突出与自己利益相关程度最高的指标，通过夸大或缩小地方实际情况进行政策敷衍、政策曲解与政策附加等。按照中央政府的政策要求，用于积极就业政策支出的资金由各级政府共同筹集，以地方政府为主，中央财政要么按比例，要么对于特别困难的地方可给予适当的补助。可见，辽宁省政府会根据自身的财政资源与施政理念执行积极就业政策，即便在政策执行的实践中似乎严格按照中央政府的政策要求执行，他们还会"选择那些他们认为比较容易执行、可以做出亮点和特色的指标来执行，而有意地去忽略那些他们认为几乎没有办法执行、或者说很难执行的指标"[186]。例如 ×× 项目，辽宁省政府采取了过度干预的行为，但也有的积极就业政策中的援助项目本应当自己承担，却将责任推卸给市场或社会。这种选择性执行行为使政府忽略了以公民本位、责任型政府、法治型政府和服务型政府的自身特征，导致公共政策执行的偏差，扰乱了政府与社会间的秩序。

（2）变通执行。当上级政府的政策有损于下级政府局部利益或者限制了下级政府官员的利益攫取，下级政府会选择不执行或消极执行的策略；如果上级政府采取硬性的考核措施时，下级政府会选择假装执行或变通执行的策略。表面看是积极贯彻执行上级政府的政策，实际上并没有按照上级政府政策意图真正执行。以创业担保贷款项目为例，中央政府的政策目标是通过创业带动就业的措施促进全面就业。一个政府官员说："创业担保贷款项目在中央政府层面是收紧的，但是我们在实际执行过程中是扩大的，原因是这笔资金不用也是浪费，即便对促进就业效果不好，但是使用创业担保贷款的企业可以增加本级政府的税收，从增加税收这个角度讲还是有益的"❶。这说明了创业担保贷款及贴息项目在具体执行过程中出现了一些不符合政策标准的企业或个人享受了该项政策，违背了政策意图。创业担保贷款的政策目标是促进就业和增加就业人数，而实际执行过程中政策目标变成了增加本级政府的税收。税收是公共财政预算收入的主要来源，而增加本级政府公共预算收入实现了政府利益和行政官员利益，因为公共财政收入是考核政府绩效的指标之一❷。可见，创业担保贷款的政策议程设置标准与政策执行结果是相悖的。执行主体采取了变通执行的方式，为本级政府创造了政府利益和个人利益。再如，审计署驻沈阳特派办对辽宁省财政就业补助资金审计时发现财政就业资金被违规套取、虚列就业支出等问题❸。这种违规行为，根本原因是由于政策变通执行造成的后果。

4.4.3　过度执行或迟缓执行

（1）过度执行是指当某项具体政策执行能够给本级政府或行政官员带来政府利益或个人利益时，本级政府会积极迎合上级政府政策，由于过度迎合上级政府的口味，会使政策过度执行。辽宁省政府在积极就业政策执行过程中，也有类似的现象。如对就业资金支出缺乏基本的科学规划和监管，造成了就业专项资金的挪用、流失与浪费，进而导致了原本投入不足的积极就业专项资金不能充分发挥应有的科学效能。在2003年，辽宁省政府投入公共财政资

---

❶　根据笔者2015年1月的访谈资料整理。

❷　2014年度辽宁省政府对各市政府绩效考评指标体系中将"公共财政预算收入"作为三级指标考核市级政府的"经济建设能力"，而"创业就业"作为三级指标考核市级政府的"社会建设"，可以看出，即便是没有完成"创业就业"指标，但可以完成"公共财政预算收入"指标，这是政府变通执行政策的原因。

❸　2011年11月至2012年3月，审计署驻沈阳特派办对辽宁省财政就业补助资金进行了审计，揭示了财政就业资金被违规套取、虚列就业支出等问题，针对审计报告反映的虚报冒领、扩大范围使用财政就业补助资金问题，辽宁省追回资金1200余万元，相关责任人分别被行政警告和逮捕。为彻底查处问题，辽宁省人社厅、财政厅联合下发了《关于开展就业扶持政策落实情况清理整顿工作的通知》，在全省范围内对就业扶持政策落实情况开展为期3个月的清理整顿工作。针对审计中发现的部分就业工作人员业务水平较低、责任心不强问题，辽宁省组织开展了就业政策、财务核算、报表统计、信息化等方面的业务培训。进一步加强就业和人力资源信息系统建设，建立了多部门协同工作机制，完善了就业相关数据信息共享平台，定期开展数据分析对比，杜绝各种弄虚作假的执行行为。参见：《辽宁省全面检查落实财政就业扶持政策》. 中国审计报，2011年11月29日。

金 1.34 亿元，开发 10 万个公益性岗位解决"4050"人员再就业问题。表面上看，就业援助力度大，解决就业困难群体就业人数多。但实质上看，就业专项资金是否真正发挥了应有的效率？投入产出比是多少？问题就出在为配合中央政府的政策，以安排就业人数为指标的考核体系，迎合了"新增就业人数越多，就业工作绩效越高"的政绩观。再如，2012 年，全省发放创业担保贷款和劳动密集型小企业贷款贴息 7.5 万元，完成计划的 156.8%，迎合了中央政府"以创业带动就业"的政策目标，但现实中创业贷款基金及贴息是否真正起了作用？究竟能带动多大的就业量？就业资金支出绩效如何？以上这些，都属于执行主体过度执行行为，当然也与上级政府对下级政府的过度考核相关。

（2）迟缓执行表现为积极就业政策没有按政策要求的时间按时完成。比如：本级政府的财政补贴应当与上级政府的财政补贴同时到位，但往往是上级政府的财政补贴先到账，而本级政府财政到账时间无法保证。这种情况的发生，政府层级越低越明显。××市××县××乡的一名工作人员指出，自毕业以来一直在此县工作，负责本县的人事、就业、社保、工资的管理及统计工作。县政府的财政基本上靠自己，能给公务员发出工资的就是经济发展较好的政府。至于本县政府筹集的就业资金基本上很少，需要扶持的人员又多，这样资金有时很难按时到位，有时是今年补去年的钱。有时遇到特殊原因，对于就业补贴的发放也存在间隔几个月不发或积攒到几个月一起发的情况❶。迟缓执行的问题大多数情况存在于层级较低的县区政府。受府际关系的影响，如果积极就业政策的出资者是中央政府和省级政府，那么一般情况下会得到较好的执行，在执行过程中会出现执行过度或者政策外溢的现象，如基层政府对谎报培训人次数、重复申报等行为的默许。相反，如果由具体执行的基层政府出资，就会出现供给不足的现象，如：农民工职业培训项目。由于财政能力的限制，基层政府采取延缓执行的方式。

---

❶　来源于笔者 2015 年 10 月 17 日对辽宁省 ×× 县的调研资料。

4.4.4　欺上瞒下执行或标的群体外溢执行

（1）欺上瞒下执行。在压力型体制下，下级政府为赢得"政治锦标赛"的胜利，不得不为完成就业考核指标和获得晋升奖励而虚报数字。下级政府为"讨好"并获得上级政府的认可编造了数据；同样，上级政府将下级政府上报的虚假数据加总后上报。在绩效考核的压力下，应加强监管，杜绝积极就业政策执行存在的欺上瞒下行为。

（2）政策标的群体外溢执行。从个人视角看，充分享受积极就业政策补贴意味着受益，尽管政策标的群体是就业困难对象，但其他社会群体也会有强大的动机来共同分享政府"白给的蛋糕"，尤其是有点儿社会关系和政府资源的群体。而政策目标的模糊性、资格审查的随意性，再加上为完成就业目标的互相默许，为不符合政府标的群体的人创造了分享利益的空间。而事实上，由于一大部分真正的就业困难群体缺乏积极就业政策的信息，更缺乏为自己"捍卫"利益的机会和能力，便使一些不符合政策标的群体享受了积极就业政策。而那些拥有社会关系和政府资源的群体充分发挥手中关系和信息等优势资源，为自己或亲属利用政策执行过程中的盲点和漏洞，谋取额外的利益。政策收益外溢到政策标的群体以外的人群，结果导致理应解决的就业困难群体就业问题没解决，反而富裕了其他有岗位的人群，"人情社保""人情岗位""套取资金"等政策外溢现象普遍存在。长期发展下去，不仅政策目标没实现反而恶化了政府在公众中的合法性和权威性基础，增加公众之间、政府公众之间的矛盾。可见，上级政府或牵头部门可能知道数据造假并没有制止，主要源于"数据出官""政绩出官"的政府间利益驱动机制。这一制度导致了积极就业政策执行效果偏离了政策目标。更重要的是，辽宁省政府在信息资源上的绝对垄断与控制地位的有利条件，如监督机制不健全，欺上瞒下的执行行为成为可能。另外，政绩考核指标体系的设计只强调结果，而未涉及过程考核的内容，这也为欺上瞒下的执行行为创造了有利环境。相反，如果各级政府绩效考核不合格，就会面临末位淘汰和行政问责的风险，部门领导或政府首长就面临着降职、免职或被政治边缘化。以上这些，使省级政府或市级政府在强大的政治压力下执行积极就业政策，它们为了完成政策目标，只有通过欺上瞒下的共谋造假来实现。

积极就业政策属于再分配政策，涉及公共财富的转移，在转移的过程中产生出巨大的利益空间和不同方面的寻租行为。无论是象征性执行、选择执行、变通执行、过度执行，迟缓执行还是目标替代执行，都说明在积极就业政策执行过程中的"政令不畅通"的表现。这些执行问题的直接后果是，再好的制度设计都难以达到政策目标，间接后果是损害了政策的权威性，纵容了违法违纪行为，阻碍区域经济社会有序发展。

第 5 章

就业政策执行的推动因素

辽宁省积极就业政策执行即是一个动态过程，更是一个复杂的、微妙的系统工程。其采取的执行策略及执行行为，一方面会严格按照中央政府的要求执行达到政策目标，但另一方面也时常与中央政府政策要求存在偏差。偏差的存在，不仅使中央的宏观社会调控失去控制，而且还会导致促进就业的服务及产品提供不到位。政策执行效果不佳不仅导致政策目标未实现、政策目标扭曲，还会削弱中央政府的权威性，增加社会不稳定因素。令人迷惑的是，是什么原因使辽宁省积极就业政策能够顺利或被阻滞执行？省政府为什么又能容忍所辖市县级政府的执行行为？那么省级政府的执行策略到底是何种因素决定的，既能够完成中央政府的政策，又能诱导和约束市县政府执行政策？本章依据第二章构建的积极就业政策执行分析框架，从诱导变量、约束变量、能力变量三个维度剖析辽宁省积极就业政策执行的推动性原因。

5.1　诱导变量维度

诱导要素是积极就业政策执行的内在动力和外在驱力。诱导，英文为 induced，是劝诱、引导的意思，物理学上指感应；生理学上指大脑皮层中兴奋过程引起抑制，或者引起兴奋过程的加强；在管理学领域，诱导引申为一类组织与另一类组织的相互作用。在公共政策执行的实践层面，指上级政府劝诱、引导下级政府执行政策的手段，同级政府在执行政策中的竞争与合作手段。毫无疑问，诱导要素是辽宁省积极就业政策执行的动力源泉。本节通过解析诱导变量的权力结构、利益结构、激励机制和资源配置四个二级指标在府际作用机理下如何推动了辽宁省积极就业政策执行。

5.1.1 权力结构：府际纵向分权使下级政府执行上级政府政策

我国政府是国家权力机关的执行机关，是国家的行政机关。权力指"政治上的强制力量，职责范围内的支配力量"[187]。"作为支配的权力是那种限制他们选择的能力，它通过阻止他人以他们自己的本性和判断所指示的方式生活来强制他们或者获得他们的服从"。[188] "政府权力既不是公民理性的执行形式，也不是全体人民的普遍联合意志，而是统治阶级为维护自身阶级利益，赋予公共机构及其工作人员管理公共事务的强制力、影响力，它具有权威性、强制性、公共性和服务性"。[189]

5.1.1.1 府际纵向分权促进辽宁省积极就业政策执行

我国宪法明确规定，中央政府对于地方政府拥有"统一领导权""职权划分权"及"改变撤销权"，表明中央政府与地方政府间的权力关系。正是这种权力关系影响着中国政府的运行体系，主要表现为最先的权力规定和最后的权力裁决。最先的权力规定在行政层面上体现为中央政府给予地方政府的优惠政策，如经济特区；在法律层面体现为国家给予地方政府"自治""授权""变通"的权力。最后的权力裁决体现为责任层层分解制，上一级政府将指标分解到下一级政府，逐级完成，实行目标责任制，如经济指标、维稳截访数量等。中央政府与省级政府分权，省级政府与市级政府分权，上级政府将权力逐级放权到下级政府❶，形成了权力逐级向上集中、向下代理的权力结构。从理论层面分析，我国是单一制的政治体系，权力来源于中央政府，并由中央政府逐级将权力下放到省、市、县政府。各级政府的权力最终是由中央政府所

---

❶ 关于分权与放权，这里不做详细讨论，因为政府在政策执行过程中，无论是分权还是放权，并不影响中央政府向省政府、省政府向市级政府下放权力和利益，以诱导下级政府执行上级政策规划。

赋予，地方各级政府只是中央政府的派出机构和权力执行机构。积极就业政策执行是中央政府委托省政府，省政府委托市、县政府的逐级委托路径，是中央政府权力逐级下放的过程。因此，中央政府在实施积极就业政策时，地方政府服从中央政府、下级政府服从上级政府的政策要求，并严格服从遵照上级政府的意图执行。辽宁省积极就业政策执行过程中的权力结构如图5-1所示。

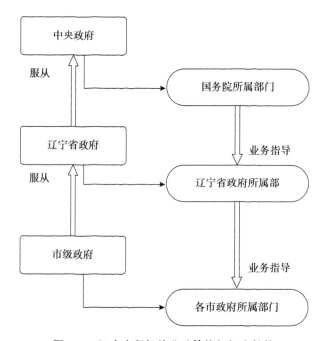

图5-1 辽宁省积极就业政策执行权力结构

通过图5-1可以看出，下级政府服从上级政府的行政命令，完成上级政府分配的执行任务，接受上级政府所属部门的业务指导。辽宁省积极就业政策执行中的权力结构表现为执行主体间通过权力配置促使公共政策执行，执行主体所处于府际关系中的层级与不同职能部门决定其被赋予权力的大小和多寡，从而影响和决定其执行行为。

那么，通过辽宁省积极就业政策执行成效与执行模式可以看出纵向府际分权推动下级政府按照上级政府要求执行积极就业政策（见表5-1）。

表 5-1 纵向分权促进辽宁省积极就业政策执行

项目	内容	简要说明
执行成效	就业局势稳定	促进各类就业困难群体就业，实现零就业家庭动态为零，实行实名制就业登记制度，国内较早建立数据库的省份，社会稳定
	就业结构优化	自 2004 年以来，从业人员逐步从第一产业过渡到第三产业，第二产业就业人数比重基本没变，第一产业就业人数逐渐减少，第三产业就业人数逐渐增加
	新增就业平稳增长	就业总量逐年提高，2004 年至 2015 年间，辽宁省从业人员从 2097.3 万人增加到 2555.2 万人，共增加从业人员 457.9 万人，平均每年新增 38.2 万人
	城镇登记失业率控制在合理区间	辽宁省城镇登记失业率较稳定，一直控制在合理区间，自 2008 年以来控制在 3.8% 至 3.4% 区间，都低于全国城镇登记失业率，城镇登记失业率全国降幅最快
执行模式	高层推动模式	中央政府发布积极就业政策执行命令，采取自上而下的高层推动的执行模式，下级政府按上级政府要求完成积极就业政策执行任务
	特色活动推动模式	中央政府文件中明确规定，各级政府要通过开展各类活动促进就业，如省、市、县各级政府按中央政府或上级政府要求开展"就业援助月""就高校毕业生就业服务月""就业毕业生就业服务周""春风行动""春播行动""创业明星""创业带头人"等活动
	领导小组模式	领导小组组长由行政领导担任，副组长由主管就业工作的行政领导担任，成员由积极就业政策执行的职能部门负责人担任，有利于推动积极就业政策执行

可以看出，府际纵向分权促进了辽宁省积极就业政策执行，无论是取得的成效，还是采取的执行模式源于府际纵向权力结构。科层制的政府层级设置与纵向分权使上级政府始终占据主导位置，尽管下级政府可以与上级政府进行商量，但还是处于上级政府的次级。上级政府也正是通过府际纵向分权赋予下级政府执行积极就业政策。那么，辽宁省积极就业政策取得的成效、采取的执行模式推动了积极就业政策执行，实际上是上级政府相对集权、下级政府完成上级政府积极就业政策执行任务的必然结果。

5.1.1.2 高层重视与参与促进辽宁省积极就业政策执行

在自上而下的政策执行过程中，高层领导代表本级政府行使行政权力，从而也即被赋予上级政府的权力。由于我国"上行下效"的行政生态环境，辽宁省政府各部门的领导会时刻关注、寻找本地区行政首长的"口味"、施政理念及行为方式，以引起上级领导对自己的注意、认可及信任，以此换取晋升机会或政治利益，所以高层领导的地位、声望、对积极就业政策问题的关注、责任感及参与程度都会不同程度影响执行效果。那么，可以通过辽宁省积极就业政策执行的高层推动模式和领导小组模式的分析中剖析，高层领导重视与参与为何能够推动辽宁省积极就业政策执行，见表 5-2。

表 5-2　辽宁省积极就业政策执行中的高层重视与参与

项目	内容	具体说明
执行模式	高层推动模式	高层领导重视，下级政府为获得上级政府领导认可，会主动执行，下级政府主动按照上级政府的要求完成本级政府的执行任务
	领导小组模式	组长通常为主管就业工作的副省长、副市长、副县（区）长等，成员单位为本级政府执行积极就业政策的人社、财政、教育、税务、环保、公安、人民银行、金融、担保中心等部门，各成员单位为取得组长的肯定与认可，显然会主动完成执行任务

从表 5-2 可以看出，主管辽宁省积极就业政策执行的行政首长，是积极就业政策执行活动中的指挥者，具有组织、指挥、命令、监督等权力，在整体上掌握着本行政辖区内就业矛盾及对突出问题的处理能力，拥有执行资源的调配权力以及对现存政策的执行经验。辽宁省各级政府在治理失业中，高层领导重视，自然会将其重视问题突出摆上重要议事日程，领导参与更提高对下级政府的督促。那么，高层领导的权力、权威及对下级政府的号召力和影响力同样源于府际纵向的权力结构。所以，在辽宁省积极就业政策执行过程中，高层推动模式有利于督促下级政府按上级政府的要求完成本级政府执行任务，领导小组模式有利于各成员单位在组长（主管就业工作的行政首长）统一指导协调、命令监督下完成自身积极就业政策执行任务。所以，高层领导重视与参与可以促进辽宁省积极就业政策执行。

5.1.2　利益结构：府际利益关联促进积极就业政策执行

政府利益是指政府及其工作人员在管理国家，履行政府职能，行使公共权力的过程中对满足自身生存和发展的各种资源的占有与需要。在政府政策执行过程中所反应的利益与权力高度相关。权力反映的是主体间非平衡的相互作用关系，利益是连接执行主体行动和关系结构的中介。政府在执行公共政策过程中，会呈现出公共利益、政府利益、官僚利益、部门利益和集团利益。由于政府利益、官僚利益、部门利益是在政府关系作用下的公共政策执行过程中形成或完成，因此从府际关系的角度进行阐释利益结构对积极就业政策执行的影响至关重要。府际关系下政策执行过程中的利益比较详见表5-3。

表 5-3　政策执行中的利益结构

利益	利益具有主体需要和实现主体需要的社会关系结构的二元特征	
	主体需要	社会关系
公共利益	公众共识和享有的非排他性和非竞争性	利益表达和利益聚合机制
官僚利益	官僚制（个人行为和组织运作机制）	政治、官僚和社会的制度结构
政府利益	政府中的个人、机构和层次	国家与社会、政府与市场的关系
集团利益	集团	社会结构和政治结构

资料来源：曹堂哲.《公共行政执行的中层理论——政府执行力研究》. 光明日报出版社，2010 年版。

利益关联指政策执行主体直接或间接涉入政策执行活动过程中所形成的彼此间利益程度关系，其影响政策执行效果。通常情况下，在公共资源投入的公共政策执行中，往往是能够为政策执行主体获取利益的项目更容易被执行。这意味着其他项目获得公共资源支持的机会减少或失去，这就是利益关联主体间相对损失的一方。通常情况下，各级政府会主动构建某种策略性的利益结构关系，因此中央政府为使辽宁省政府能够有效执行政策，需要主动建构与辽宁省政府间的策略性的利益关联，调整与辽宁省政府间的利益结构，以促使辽宁省政府有效执行中央政府的政策。同样，辽宁省政府也会与其所辖各市县建立策略性的利益关系，以促使其所辖市县政府有效执行积极就业政策。那么，府际利益关联不仅能够促进积极就业政策执行，而且府际利益关联度越强，越能够促进执行效果。

表 5-4　辽宁省积极就业政策执行中的利益关联

利益关联	纵向关系	横向关系
利益关联主体	中央政府、辽宁省政府、辽宁省所辖各市级政府间关系	辽宁省及其所辖市级政府所属的人社、财政、发改、教育、公安、环保、人民银行、税务等部门间关系
利益关联目的	积极就业政策执行采取自上而下、逐级完成的过程，任何一级政府未完成都影响自身和上级政府利益，所以上级政府通过调整府际利益，建立利益共同体，推动下级政府执行	共同完成就业工作任务，实现本级政府利益最大化，任何一个部门都不能独立完成执行活动，需要与其他部门合作，利益关联使执行主体间一损俱损、一荣俱荣，促进合作

可见，府际利益结构主要表现为纵向中央政府与地方政府、地方政府上下级之间和横向政府部门间所呈现出的利益关联，执行主体受利益结构诱导而形成利益关联，通过府际合作提高执行效率。通过表 5-4 可以看出，辽宁省积极就业政策执行过程中，府际利益关联结构使执行主体间利益共同体，各执行主体为利益共同体中的成员。由于利益共同体中的成员能够在共同的参与目标或利益作用下形成一致性的群体归属意识，所以在积极就业政策执行活动中能够互动合作，自觉形成公共政策执行的参与群体，促进成员间的合作，推动积极就业政策执行。从纵向上看，中央、辽宁省及其所辖市县政府由于逐级代理执行任务而形成利益共同体；从横向上看，辽宁省政府执行积极就业政策的行政部门间同样会由于共同实现本级政府的政策目标而合作。辽宁省及其各市县成立的就业工作领导小组、就业工作会议及联席会议的执行模式，这些执行组织与执行活动都促进了积极就业政策执行，与府际利益关联分不开。因此，在府际利益结构作用下形成的执行主体间利益关联促进了辽宁省积极就业政策执行，是辽宁省积极就业政策执行取得成效的原因之一。

5.1.3　激励机制：府际积极就业政策执行的内在动力

激励是指使用有效的工具或方法，激发人的行为的内在动力，使其向组织目标努力，释放其潜在的能力和激情，完成组织的任务。美国管理学家贝雷尔森（Berelson）和斯坦尼尔（Steiner）给激励下了如下定义：："一切内心要争取的条件、希望、愿望、动力都构成了对人的激励。——它是人类活动的一种内心状态"。积极就业政策执行主体将政策内容付诸实践的过程中，会基于一定的相关利益考虑，形成动态的激励结构关系。在激励结构中，积极就业政策执行主体不断地将公共目标分解为执行主体的目标，使执行主体的目标逐渐指向公共目标并最终与公共目标趋同。那么，执行主体是政府及其部门，执行主体间激励结构实际上就是政府间的激励结构。无论政策议程和执行程序设计得多么完美，如果政策执行主体不能最大限度地发挥自己的能力和潜力，就达不到理想的政策执行效果，更不会提高政策执行效率。因此，激励机制是通过系统的制度设计反映激励主体与激励客体相互作用的方式与互动的过程，优化的激励机制会促进辽宁省积极就业政策执行。

5.1.3.1　充分的激励要素促进下级政府执行积极就业政策

通过辽宁省积极就业政策执行过程可以发现，激励结构为中央政府激励辽宁省政府、辽宁省政府激励市县政府，辽宁省政府既是激励主体又是激励客体，但无论是激励主体还是激励客体都离不开激励结构在府际作用方式和作用关系。中央、省、市、县政府是政策执行的行动者，他们之间的互动关系呈现出复杂化的特征。在分析多个行动者之间的互动关系方面，米提尼尔（Mitnick）和贝克奥夫（Bachoff）还构建了一种基于政策执行的激励关系模型，认为这种激励关系模型特别适合于网络环境下的政策执行分析。在他们看来，政策执行应该被理解为一种试图建立激励关系或者实现激励关系系统的随时间而演变的活动。无论以哪种视角分析激励结构，其都深刻影响政策执行主体的行为策略，执行成功可视为激励结构有效，执行失败可视为激励结构失灵。

激励要素包括物质层面和精神层面两类，物质层面如奖金、职位晋升等，精神层面如荣誉、被尊重、自我实现等。行为科学家唐纳德·怀特认为，激励是一个人的需求和它所引起的行为以及这种行为希望所达到目标之间的相互作用关系。激励要素激发执行主体的动机，支配执行主体的行为。可见，激励不仅影响执行结果动机和行为，更影响政策目标的实现程度。无论是作为执行主体的行政部门还是具体行政人员，其政策执行过程实际上就是通过各种诱因来满足执行主体需要的过程。那么这个诱因即激励要素，激励要素如果不能有效发挥其功能，那么执行效果必然受到影响。再者，由于积极就业政策的目标群体是就业困难对象，加之他们大多没有社会地位、资源及关系等原因，执行主体在帮助就业困难对象实现就业的过程中，基本很难赚取到为己所用的价值，这使执行主体丧失执行动机。因为激励因素总是在执行主体被满足的过程中被发生。当执行主体的某种需要通过一定的行为得到满足时，以后当类似的需求再出现时，该主体通常会按原有行为方式执行政策。并且这种行为模式还会得到其他执行主体的认同和复制。然而，当执行主体的需求得不到满足时，就会寻求"其他途径"来满足自我需求。那么在采取"其他路径"的过程中，执行主体的行为基本上偏离了积极就业政策的目标，显然政策执行结果一旦偏离政策目标也即失去了执行的意义。不难判断，当激励要素充足并能够满足积极就业政策执行主体的需要、关注和期望值时，执行主体会主动完成执行任务，并向政策终极目标努力。激励要素作用于执行主体的过程如图 5-2 所示。

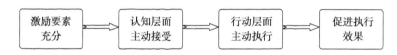

图 5-2　激励要素促进执行主体行为的过程

可以发现，当其他影响积极就业政策执行效果的因素不变时，充分的激励要素促进执行效果。府际激励机制是激发辽宁省积极就业政策执行主体动机和行为的内在动力。因此，积极就业政策执行中的激励结构研究的核心问题是激励结构要素如何使执行主体间达成政策目标的一致性，并促使政策目标最大限度地实现。

5.1.3.2　上级政府通过表彰激励下级政府执行

《就业促进法》第十条规定，"各级人民政府和有关部门对在促进就业工作中做出显著成绩的单位和个人，给予表彰奖励"，可见我国将激励机制促进积极就业政策执行提高到法律层面。《辽宁省就业促进方案》中指出对各市和各部门主要领导政绩考核的重要内容，对优秀的奖励。例如，沈阳市针对积极就业政策体系中的小额贷款项目执行，建立了贷款发放和还贷激励机制。那么，辽宁省如何使用激励手段促进积极就业政策执行，可以通过选取的部分就业工作表彰体现激励机制对积极就业政策执行的促进要素，见表5-5。

表5-5 辽宁省积极就业政策执行中的表彰情况

年份	名称	内容
2003	辽宁省人民政府关于表彰辽宁省社保试点和就业工作先进个人的决定	部门：全省各市就业、人社、财政、民政、税务等部门或部门负责人，各级政府主管就业工作领导
2004	国务院关于表彰全国再就业工作先进单位的决定	其中，辽宁省的沈阳市政府、大连市政府、财政厅、劳社厅就业处、锦州市工商行政管理局、朝阳市国家税务局直属一分局获得表彰
2005	辽宁省关于表彰普通高校毕业生就业工作先进集体、优秀工笔者的决定	授予各相关单位"辽宁省普通高校毕业生就业工作突出贡献奖""辽宁省普通高校毕业生就业工作先进集体"称号
2006	辽宁省残疾人就业工作总结表彰会	沈阳市和大连市获得"就业工作先进单位"称号，抚顺市等七城市获"就业安置先进单位"称号，鞍山市等七城市获"职业技能培训先进单位"称号，全省各市同时获得"保障金征收先进单位"荣誉称号
2008	辽宁省残疾人就业工作总结表彰会	沈阳市和大连市获得"就业工作先进单位"称号，抚顺市等七城市获"就业安置先进单位"称号，鞍山市等七城市获"职业技能培训先进单位"称号
2009	辽宁省普通高校毕业生就业工作先进集体及优秀工笔者	大连大学等获得高校毕业生就业工作先进集体，王一波、马荣霞、江彩霞等获得高校毕业生就业优秀工笔者
2010	辽宁省人民政府关于表彰政府工作取得突出成绩的市政府	大连市、沈阳市、辽阳市、朝阳市、葫芦岛市、鞍山市获得"就业创业重点工作优胜奖"

年份	名称	内容
2011	辽宁省本溪市召开失业动态监测工作总结表彰会议	表彰全市 30 个先进集体、38 名先进个人
2012	辽宁省人民政府关于表彰全省就业创业工作先进集体和先进个人的决定	授予沈阳市财政局社会保障处等 92 个集体"全省就业先进工作单位"称号，授予刘跃成等 97 人"全省就业先进工笔者"称号，授予沈阳新松机器人自动化股份有限公司等 52 家企业"全省就业先进企业"称号，授予解紫达等 78 人"全省就业创业优秀个人"称号
2013	辽宁省人民政府关于表彰年度政府工作取得突出成绩的市政府	辽阳市、大连市、沈阳市、营口市、葫芦岛市获得就业创业重点工作优胜奖

从表 5-5 中选取较有代表性的关于积极就业政策执行受表彰或奖励的案例，反映了辽宁省积极就业政策执行的激励措施。可以看出，上级政府采取授予荣誉称号表彰的激励方式促进下级政府执行积极就业政策。

5.1.3.3 府际隐性激励契约激励代理人实现委托人的意愿

政治过程就好似一连串独立的委托人与代理人关系，所以积极就业政策执行中的激励结构的形成，可以从委托代理理论的委托人和代理人之间的关系分析。积极就业政策执行过程所呈现的是委托人和代理人的关系，即中央政府委托省级政府完成中央政府的决策和政治意愿，而省级政府代理中央政府执行其决策和政治意愿，省政府与其所辖市县政府同样呈现出委托人和代理人之间的关系。积极就业政策执行效果受委托人和代理人之间信息不对称（信息多寡）和目标冲突的影响，所以代理人能否实现委托人的决策和政治意愿某种程度上取决于委托人的激励。因此，政策效果受执行主体行为的影响，执行主体行为受激励要素的影响，可以推出激励要素是代理人实现委托人意愿的内核动力。

那么何为隐性的激励契约呢？激励契约来自于经济学的激励理论，指委托人诱导代理人更加努力工作的约定，与支付给代理人的薪酬与代理人的工作努力程度和业绩相关联，如果假定其他影响代理人产出的条件不变，代理人业绩与其努力程度正相关。委托人和代理人除了签署能够被第三方验证的显性契约外，还有隐性的激励契约。隐性的激励契约是指委托人给予代理人的激励不是正式的可检验的激励契约，双方没有正式约定只是存在于彼此"默认"的情境下，代理人会尽量去完成委托人的工作任务。辽宁省政府积极就业政策执行过程中存在的形成隐性激励契约，包括中央政府与辽宁省政府、辽宁省政府与所辖市县政府。府际隐性激励契约具体表现在财政转移支付和个人获得政治资源优先权等方面。如果下级政府积极就业政策执行效果好，各项就业工作考核指标高于其他同级政府或部门，通常在下一年会提前收到或增加上级政府转移支付额度，并作为典型在一定范围内宣传，从而使本级政府及执行人员获得上级领导的认可，为进一步的发展奠定基础。因此，辽宁省及其所辖市、县政府正是在隐性的激励契约下而努力完成委托人的积极就业政策执行任务。

5.1.4 资源配置：积极就业政策执行的根本保障

任何一项政策付诸实践都离不开执行资源的投入，区别在于资源投入的形式和多寡而已。积极就业政策是国家治理失业的有力措施。中央政府通过财政补贴和税收减免的财政资源配置实现。资源在经济学上的概念主要指投入生产活动的生产要素的新品种，资本、劳动力、技术、自然资源等。在行政管理领域，资源既包括作为支配政治体系的物质工具的物质资源及其在生产过程中可以利用的自然力等配置资源，还包括作为政治体系对人类自身活动行使支配手段的诸如权力、合法性和有效性等权威性资源。一切经济学派将资源稀缺性作为假定前提，认为资源是稀缺的，并总是稀缺的，并且资源的稀缺不会随着科学技术的发展而得以缓解，因为作为社会的人的新需求与社会的发展会激发出对资源的新需求。稀缺性是资源的本质属性，通常解决资源稀缺性问题的途径主要是通过公共政策的制定和实施来实现。资源的稀缺可能刺激执行主体的需求动机，而当需求动机得不到满足时会改变原有需求动机，也可能会由稀缺创造出新的冲突、妥协或合作的关系。积极就业政策执行中的最主要资源为公共财政投入；离开公共投入，积极就业政策将无法付诸实践，可见公共财政资源是辽宁省积极就业政策执行的根本保障。因此府际资源配置的多寡成为影响各级政府和部门积极就业政策执行的核心要素。

5.1.4.1 上级政府通过就业专项资金资源配置促进下级政府执行

政策资源是实现政策执行的基本前提，直接决定政策议程是否能够付诸实践。林水波和张世贤主张，影响政策执行要素中的政策资源包括：经费、人员、资讯和权威。俗话说，掌握了"财政大权"即掌握了"主动权"，将财政资源和公共政策执行力联系起来的概念是财政汲取能力、财政运用、财政分配和财政监控能力。在积极就业政策执行中，中央、辽宁省及其市、县政府都是执行同一政策，但是各级政府的政策目标并不完全一致，而是都有其独立的政策目标。这些目标都依赖于各级政府的具体执行。在辽宁省积极就业政策执行过程中，为了整体性政策结果和效率，上级政府通过资源交换和资源配置，围绕对资源占有和控制的多寡而展开竞争、谈判与妥协。所以上级政府通过资源配置结构诱导下级政府执行。如果政策资源短缺或不充分，无法到达政策执行环节，便谈不上政策执行效果。

上级政府通过财政资源的配置诱导下级政府执行积极就业政策，中央政府将就业专项补助资金下达到辽宁省政府。辽宁省政府根据中央下达的专项资金直接或按比例配套后再下达到各市、县级政府。各市级政府以同样的模式将省政府下达的就业专项资金配置到各区县。中央政府通过专项财政资金的配置诱导省级政府、辽宁省政府通过专项财政资金的配置诱导其所辖市县政府执行积极就业政策，如图5-3和5.5所示。

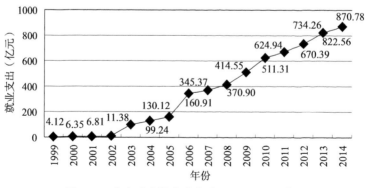

图5-3 中央政府就业支出（1999～2014年）

数据来源：《中国财政年鉴（2000～2015）》。

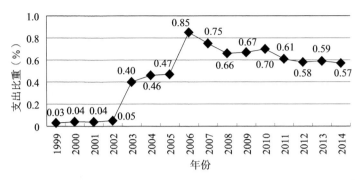

图 5-4　中央政府就业补助资金占公共财政支出比重（1999 ～ 2014 年）
数据来源：《中国财政年鉴（2000 ～ 2015）》。

通过图 5-3 可以发现，中央政府自 1999 年以来，就业专项补助逐年提高，尤其是积极就业政策实施的第一年 ❶，就业专项补助从 2002 年的 11.38 亿元大幅增长到 2003 年的 99.24 亿元，增长了 87.86 亿元，分别是 1999 年的 21.3 倍、2002 年的 8.7 倍。2006 年再次大幅增长，达到 345.37 亿元，是 2005 年的 2.15 倍。2014 年，中央就业专项资金达到 870.78 亿元，是 2003 年的 8.8 倍。通过图 5-4 可以看出，中央政府就业补助资金占公共财政总支出总体呈上升趋势。其中，2006 年达到峰值，占总公共财政支出的 0.85%；2008 年至 2014 年间，分别占总公共财政支出的 0.6% 左右。由于中央财政通过转移支付方式补助地方政府，并对各级政府资金结余进行监控，如果结余多说明享受积极就业政策扶持的对象少，从而可以推断出执行力度不佳。同时，辽宁省政府要治理本省失业问题、降低失业率、稳定本省就业局势，也需要中央政府的就业补助资金，辽宁省政府自然会主动多争取中央就业专项资金。那么，辽宁省政府争取到的资金越多，其积极就业政策执行结果相对越好。如果各省积极就业执行到位，那么中央政府也基本实现积极就业政策目的，因此中央政府通过就业专项资金配置促进各省级政府执行积极就业政策。

如图 5-5 所示，辽宁省就业专项资金支出总体呈增长趋势，并于 2012 年

---

❶　我国积极就业政策正式实施于 2002 年，由于公共财政预算提前一年完成，2002 年中央就业专项资金是 2001 年底的预算，2003 年中央就业专项资金是 2002 年底预算，所以 2003 年是积极就业政策实施后的第一年预算，所以产生了预算规模大幅度提高。

达到峰值，为 66.16 亿元，接近于 2007 年的 2 倍。2013 年和 2014 有小幅回落，原因是辽宁省积极就业政策中的公益性岗位从业人员、"4050" 和 "4555" 享受社会保险补贴失业人员的自动退出和自然减少，随之就业专项支出也相对减少。另外，辽宁省转移支付就业资金与各级政府的就业工作业绩挂钩。辽宁省在分配就业转移支付资金时，与各市级政府实际安排的就业人数、职业培训与职业介绍人数、公益性岗位开发数量、创业担保贷款情况等因素挂钩，对没能完成辽宁省政府下达资金筹集任务和资金使用过程中存在违规的市、县，相应减少省转移支付资金数额❶。另外，中央财政也对地方的再就业补助与地方财政实际投入和再就业工作实绩等因素挂钩❷。

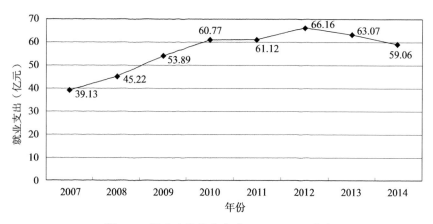

图 5-5　辽宁省就业支出（2007～2014 年）
资料来源：《辽宁统计年鉴（2008～2015）》。

辽宁省积极就业政策目标根据就业困难对象特征，由政府托底就业逐步转向市场引导就业、创业带动就业的高质量就业战略，所以即便辽宁省就业支出轻微减少，也不会影响积极就业政策的执行效果。辽宁省政府也像中央政府一样，将中央就业专项资金转移支付所辖市、县（省管县）政府，同样通过就业专项资金分配比例诱导市、县政府执行积极就业政策。综上所述，上级政府通过

---

❶　资料来源于辽宁省在全国就业系统工作座谈会议汇报材料《充分发挥资金使用效益，促进再就业扶持政策全面落实》。

❷　资料来源于《财政部、劳动部和社会保障部关于促进下岗失业人员再就业资金管理有关问题的通知》（财社〔2002〕107 号），2002 年 12 月 3 日。

财政资源配置推进了下级政府的积极就业政策执行。

5.1.4.2　下级政府获取执行资源的能力

下级政府资源获取能力越强，获得积极就业政策执行的资源越多，就越能够促进积极就业政策执行。理查德·马特兰德（Richard Matland）说："成功的执行要么取决于拥有足够的权力将自己的意志强加于其他参与者，要么取决于拥有足够的资源，要么取决于通过讨价还价达成手段的一致"。[190]辽宁省积极就业政策执行中，一方面，上级政府通过对执行资源的垄断控制下级政府政策执行；另一方面，下级政府使用自身资源配置的主导能力及与上级政府讨价还价来完成本级目标。不难发现，下级政府并不是完全受制于中央政府的绝对控制，其可以使用与上级政府契约中的权力、地位、资源与上级政府进行讨价还价。即便上级政府所拥有的权力、资源等大于下级政府，但下级政府依然可以充分调动本级政府的资源拒绝或部分拒绝执行上级政府的政策。各级政府在相互妥协的过程中，会选择一个最佳均衡点执行政策，上级政府对下级政府的行为会采取默许的态度。一定程度上，下级政府对省级政府的约束行为具备合法性基础，在执行活动中具备了与上级政府讨价还价的能力，诱导上级政府自愿为其配置资源。但从整体上看还是推进了辽宁省积极就业政策执行。

辽宁省积极就业政策执行过程中，中央政府将就业补助资金通过中央转移支付下达到辽宁省，辽宁省政府将其配置到所辖各市县级政府❶。辽宁省及其各市政府根据本级财政和执行力度配套中央转移支付资金。其中，沈阳、大连基本按 1∶1 配套中央就业专项资金，而辽宁省西部部分市县还是难以做到资金完全配套，其就业资金基本主要来源于中央转移支付❷。这主要有两方面原因，一方面，各市要根据辽宁省政策出台的积极就业政策制定本市的政策，要达到政策执行目的，必须配套专项资金扶持；另一方面，各市公

---

❶　辽宁省在将中央就业专项资金下达到各市、县（省管县）级政府时，通常不配套专项资金，直接将中央就业专项资金按比例下达到各市县（省管县），当辽宁省政府出台特殊政策、促进某类群体就业时会配套就业专项资金。例如，《辽宁省人民政府关于开发公益性岗位安排 10 万个国有大龄下岗失业人员再就业的意见》中规定："开发公益性岗位由省、市政府给予补贴。2003 年到 2004 年，在社区开发公益性岗位安排大龄就业困难对象的企业（单位），省财政视各市就业工作实绩和就业扶持资金预算安排情况，按每人每月当地最低工资标准的 40% 给予补助（具体办法由省财政厅、省劳动保障厅另行制定）。"

❷　资料来源于 2015 年 11 月份辽宁省 ×× 市工作人员。

共财政水平不同，财政资源较充分的沈阳、大连有财政能力配套，而辽宁西部的部分市政府财政资源较紧张，用于就业支出的财政资金比例也相对较小或没有。可以看出，本级政府财政资源充分程度影响积极就业政策执行，因为财政资源是积极就业政策执行的根本保障。通过分析辽宁省各市财政资金筹集情况，可以发现下级政府如何通过资源获取促进积极就业政策执行，见表5-6。

表5-6　辽宁省积极就业政策执行情况（2014年）

城市	筹集就业资金（万元）	失业人数（万人）	城镇登记失业率（%）
沈阳	99525	9.5	3.0
大连	81120	9.1	2.7
鞍山	38609	2.8	2.7
抚顺	52407	2.1	2.8
本溪	30778	2.8	2.9
丹东	29128	1.6	2.9
锦州	25467	2.2	3.5
营口	28446	1.6	2.5
阜新	32958	1.6	3.4
辽阳	31365	1.1	2.5
盘锦	28426	1.9	2.8
铁岭	39525	1.3	3.2
朝阳	30169	1.4	3.1
葫芦岛	25444	1.5	3.2

资料来源：根据辽宁省财政厅调研数据整理绘制，2015年3月6日。

通过表5-6可以看出，辽宁省各市筹集的积极就业资金与失业人数、失业率较相匹配，失业人数较多，需要的扶持资金理应增加。由于配置到各市的中央就业专项转移支付数额不变，各市要促进失业人员就业就要想方设法筹集就业资金，筹集的资金越多，扶持的失业人员越大。2014年，沈阳市失业人数最多，达到9.5万人，但筹集的就业资金也最多，达到99525万元，城镇登记失业率为 3.0%；辽阳市失业人员为 1.1 万人，而筹集的就业资金为 31365 万元，高于失业人数多、筹集就业资金数额少的丹东、锦州、营口、盘锦、朝阳和葫芦岛，其城镇登记失业率为 2.5%，处于省较低水平。如果辽宁省所辖各市政府获取财政资源能力不足，难以有效地执行积极就业政策。所以，下级政府获取资源的能力越强，越能够促进积极就业政策执行效果。

5.2 约束变量维度

约束要素是辽宁省积极就业政策执行的外在压力，府际通过约束要素的制度规约、绩效考试、监督检查、行政问责四个二级指标促进积极就业政策执行。在积极就业政策执行领域，约束指中央政府使地方政府或上级政府使下级政府按照约定条件和政策要求、并使其在约定和要求的框架下完成执行活动的手段和措施。辽宁省积极就业政策取得的成效，一方面源于中央政府的约束，另一方面源于对其所辖市县政府的约束。

5.2.1 制度规约：府际积极就业政策执行的规制与安排

道格拉斯·C.诺思（Douglass C. North）指出，"制度是一个社会的游戏规则，更规范地说，它们是为决定人们的相互关系而人为设定的一些制约"[191]。政策规约是制度的表现形式之一，通过约束执行主体的执行动机和行为而影响执行结果。在执行政策时，政策规约用于约束政府行为，使执行主体始终在限制的范围内参与执行活动，如超出范围或边界，会面临法制规约的惩罚。那么，中央政府通过政策规约和工作制度安排促进辽宁省及其市县积极就业政策的执行，下面分别进行论述。

5.2.1.1 中央政府的政策规约推进辽宁省及其市县政府执行

辽宁省政府在中央政府出台的积极就业政策规章约束下完成执行任务，其所辖市县政府同样在辽宁省出台的政府规章约束下完成执行任务。国务院及其部门出台的关于积极就业政策中已对下级政府的执行活动详细约束，详见表 5-7。

表 5-7   中国积极就业政策一览表（2002～2015 年）

年份	发布部门	法规名称	政策定位
2002	中共中央、国务院	关于做好下岗失业人员再就业工作的通知	纲领性政策、标志性文件、框架确定
2002	人民银行、财政部、经贸委等 4 部门	下岗失业人员小额担保贷款管理办法	配套措施
2003	财政部、劳动保障部、税务总局	关于促进下岗失业人员再就业税收优惠及其他相关政策的补充通知	配套措施
2003	国务院	关于加快推进再就业工作的通知	进一步重视和推进
2003	劳社部	关于进一步推动再就业培训和创业培训工作的通知	配套措施
2004	劳社部	关于进一步做好失业调控工作的意见	配套措施
2005	国务院	关于进一步加强就业再就业工作的通知	纲领性政策，标志性文件延续、调整和充实
2005	劳社部	贯彻落实中共中央办公厅国务院办公厅引导鼓励高校毕业生面向基层就业意见的通知	配套措施
2006	国务院	关于解决农民工问题的若干意见	配套措施
2007	国务院	残疾人就业条例	将残疾人就业提高到国家法规高度
2007	劳社部	关于全面推进零就业家庭就业援助工作的通知	配套措施
2007	劳社部、民政部、财政部	关于进一步落实部分军队退役人员劳动保障政策的通知	配套措施
2007	第十届全国人民代表大会	中华人民共和国就业促进法	第一部专门针对就业的全国性法规
2008	国务院	关于做好促进就业工作的通知	纲领性政策、标志性文件
2008	劳动保障部	就业服务与就业管理规定	配套措施
2008	人社部、发改委等 11 部委	关于促进以创业带动就业工作的指导意见	配套措施
2008	国务院	关于切实做好当前农民工工作的通知	配套措施

续表

年份	发布部门	法规名称	政策定位
2008	人社部、财政部、税务总局	关于采取积极措施减轻企业负担稳定就业局势有关问题的通知	配套措施
2009	国务院	关于加强普通高等学校毕业生就业工作的通知	配套措施
2009	人社部、发改委、财政部	关于实施特别职业培训计划的通知	配套措施
2010	人社部、发改委、财政部	关于进一步实施特别职业培训计划的通知	配套措施
2014	国务院	关于做好 2014 年全国普通高等学校毕业生就业创业工作的通知	配套措施
2015	财政部、税务总局、人社部、教育部	关于支持和促进重点群体创业就业税收政策有关问题的补充通知	配套措施
2015	人社部	关于做好 2015 年全国高校毕业生就业创业工作的通知	配套措施
2015	国税总局、财政部、人社部等 5 部委	关于支持和促进重点群体创业就业有关税收政策具体实施问题的补充公告	配套措施
2015	国务院	关于进一步做好新形势下就业创业工作的意见	纲领性政策、标志性文件

通过表 5-7 可以看出，中央政府将制约地方政府执行积极就业政策的具体措施写入积极就业政策的相关文件中。辽宁省政府效仿和采纳中央政府的做法，同样将约束其所辖市县政府执行积极就业政策的手段写入辽宁省出台的积极就业政策文件中。虽然通过政策文件对下级政府的约束力相对较小，不像法律所具有的强制性威慑力，但是也确实约束了下级政府努力完成执行任务，并取得了一定成效，推进了辽宁省积极就业政策执行。

5.2.1.2　中央政府的工作制度安排约束辽宁省及其市县政府执行

上级政府通常情况下在政策议程设置中约束下级政府执行的工作制度。辽宁省积极就业政策执行包括两个层面：一是中央政府约束省政府执行的工作制度，详见表 5-8。二是辽宁省政府约束市县政府的执行的工作制度，详见表 5-9。

表 5-8 中央政府约束省政府的工作制度

名称	目的
成立就业工作领导机构制度	强力推动、约束积极就业政策执行
督查制度	中央政府督促和检查各省积极就业政策执行情况
就业工作会议制度	分析当前就业矛盾、安排制定执行方案、部署执行工作、推动执行，使执行结果达到政策目标
不同类别就业成果会议制度	通过建立会议制度约束政策执行

数据来源：《中国劳动和社会保障年鉴（2003～2008）》和《中国人力资源和社会保障年鉴（2009～2015）》。

表 5-9 辽宁省政府约束市县政府的工作制度

名称	目的
成立就业工作领导机构制度	强力推动、约束积极就业政策执行
督查制度	省就业工作领导巡视小组督查各市县积极就业政策执行情况和执行结果
就业工作优先汇报制度	就业工作优先汇报、就业问题优先解决、就业措施优先落实、就业目标优先考核
就业工作会议制度	分析当前就业矛盾、安排制定执行方案、部署执行工作、推动执行活动
不同类别就业成果会议制度	通过建立会议制度约束政策执行
零就业家庭就业登记申报制度	保证每个家庭实现至少一人就业
预警预报制度	时刻动态把握矛盾变化
20 日帮助上岗制度	帮扶失业人员短时间内实现就业
实名制数据库管理制度	时刻动态掌握政策执行情况和失业群体特征

数据来源：《中国劳动和社会保障年鉴（2003～2008）》和《中国人力资源和社会保障年鉴（2009～2015）》。

通过表 5-8、表 5-9 不难看出，上级政府约束下级政府的工作制度安排促使下级政府完成执行任务。无论是上级政府的积极就业工作领导机构制度、监督制度、会议制度或管理制度，目的都是约束下级政府有效执行积极就业政策。

5.2.2 绩效考核：上级政府约束下级政府完成积极就业政策执行任务的手段

行政首长负责本辖区所有行政工作，决定本辖区积极就业政策的制定和执行，那么行政首长的施政偏好决定本级政府的策略选择和行为方式。其中，行政首长的施政偏好和目标行为是由政绩考核指标和领导干部选拔任用制度决定的。荣敬本等认为，"中国政府的行政管理表述为一种压力型体制，并有两点较为关键：一是数量化分解上级的任务指标，二是指标与物质化的评价体系关联"[192]。那么，积极就业政策执行也正是上级政府通过绩效考核约束下级政府完成执行任务。

5.2.2.1　中央政府考核省级政府积极就业政策执行

《就业促进法》第五十八条规定，"各级人民政府和有关部门应当建立促进就业的目标责任制度。县级以上人民政府按照促进就业目标责任制的要求，对所属的有关部门和下一级人民政府进行考核和监督"❶。可以看出，目标责任制考核是在压力型体制下，中央政府或上级政府将任务分解并逐级发包到下一级政府的过程，每级政府根据职责承担相应的积极就业政策执行任务。中央政府或上级政府除了在财政方面分权有效控制省级政府或下级政府行为，还使用政治集权、奖惩制度、激励约束机制等有效控制省级政府或下级政府行为。中央通过人事任免与职位升迁来实现对地方政府行为的控制，其评价标准是地方官员的政绩。省级政府也同样使用此方式约束市县政府执行积极就业政策。目前，中央政府考核地方政府官员的政绩则包括经济增长、财政收入、就业安排、社会稳定、法治水平、环境保护等多个方面[193]。省政府也以这几个指标考核市县政府。通常情况下，中央政府在解决经济、社会、生态问题时，会将自己的政策意图转化对省级政府的绩效考核；省级政府会转化成对市县政府的绩效考核。有些考核甚至实行"一票否决制"的考核体系，为政绩合法性营造氛围。省级政府为什么会有动力执行中央政府的政策？原因之一是目标责任制考核❷。

---

❶ 《中华人民共和国就业促进法》由第十届全国人大常委会第 29 次会议于 2007 年 8 月 30 日通过，自 2008 年 1 月 1 日起施行。

❷ 《国家公务员暂行条例》第五章专门对公务员考核的主体、内容、方式、程序等作了详细的规定。例如，第二十三条规定了实施考核的主体，"国家行政机关在年度考核时设立非常设性的考核委员会或者考核小组，在部门负责人的领导下负责国家公务员年度考核工作。"《中华人民共和国公务员法》（2006 年 1 月 1 日实施）第五章针对公务员考核的权限、内容、方式、结果安排等作了法律规定。需要指出的是，积极就业政策执行实践中采取上级政府目标责任制考核约束下级政府执行的方式。

中央政府通过目标责任制考核省级政府，见表 5-10。

表 5-10 中央政府考核省政府

责任考核	考核指标
"一把手"责任制	净增就业岗位
	落实再就业政策
	强化再就业服务
	加大再就业资金投入
	帮助困难群体就业

资料来源：《国务院办公厅关于加快推进再就业工作的通知》（国办发〔2003〕40号），2003 年 5 月 12 日。

通过表 5-10 发现，中央政府通过绩效考核约束辽宁省政策执行积极就业政策。其中，就业安排就是对积极就业政策执行情况、是否达到政策目标的考核。所以，政绩考核成为中央政府考核地方政府、地方上级政府考核下级政府积极就业政策执行的重要措施。况且一把手责任制的客观约束要求下级政府必须完成上级政府的执行任务。明确要求省政府必须完成就业工作任务，通过"净增就业岗位、落实再就业政策、强化再就业服务、加大再就业资金投入和帮助困难群体就业"五个指标测量其执行效果。

5.2.2.2 辽宁省通过目标责任制促进各市县政府积极就业政策执行

辽宁省政府一方面积极有效执行中央制定的积极就业政策，另一方面根据省情细化制定本省的政策，同时要求各市级政府按照政策目标严格有效执行。2002 年辽宁省政府建立严格的政府绩效考核制度，不仅将就业工作作为各市级政府的目标考核指标，并且将"城镇就业和再就业"作为首位的考核指标，实行就业工作一票否决制。2003 年，辽宁省政府对所辖 14 个市级政府的考核指标中，就业工作指标下"就业人数"的一项指标增加为六项指标。六项测量指标为：再就业资金的筹集和使用、公益性岗位开发、街道和再就业优惠政策落实、社区劳动保障工作平台建设、劳动力市场建设、再就业培训任务完成。同时，辽宁省政府通过建立月调度、季通报、年终考核的制度，实行动态管理，督促市级政府执行政策。2004 年，辽宁省政府将就业再就业工作摆在经济社会发展最重要最优先的位置，通过召开两次全省就业工作会议执行积极就业政策，提出了"4 个优先"的原则 ❶，通过约束和强化作为执行主体的市级政府责任，推进积极就业政策的有效执行。

辽宁省要求"县级以上人民政府要建立就业工作目标责任制，制定本行政区域内促进就业的中长期规划和年度工作计划，把城镇新增就业、失业人员再就业、就业困难人员就业、因就业而退出低保人数和控制城镇登记失业率等指标纳入政府考核目标，继续实行就业工作月通报、季调度工作制度，依法加强监督考核"。辽宁省政府就业工作目标责任制考核见表 5-11。

表 5-11　辽宁省就业工作目标责任制考核内容

项目	内容
目标责任人	各级政府及其部门明确规定一把手是第一责任人
就业工作权重	各市及其部门主要领导政绩考核的重要内容
考核主体	辽宁省政府及其部门
考核对象	各市县政府及其部门
考核办法	汇报、动态监督和实地检查
考核结果处理	优秀：奖励 不达标：批评 连续两年不达标：批评并追究主要领导责任

资料来源：《辽宁省促进就业工作方案》（辽政发〔2001〕23 号），2001 年 7 月 6 日；《辽宁省促进就业规定》（辽宁省人民第 185 号政府令），2005 年 8 月 15 日。

通过辽宁省政府考核市县政府积极就业政策执行的目标责任考核情况变化可以看出，辽宁省政府通过逐步完善目标考核体系及制度建设约束市、县政府完成积极就业政策执行工作。从表 5-12 中发现，辽宁省通过目标责任考核约束下级政府执行，从开始纳入考核、细化丰富具体考核指标、完善考核体系到建立目标考核责任制度经历了四个阶段。

❶　"4 个优先"原则在 2004 年由辽宁省政府推动就业政策执行过程中提出的，包括就业工作优先汇报、就业问题优先解决、就业措施优先落实和就业目标优先考核。

表5-12 辽宁省政府考核市政府（2002～2015年）

阶段	考核内容
第一阶段	就业工作纳入目标责任考核体系，并列在省政府各项工作考核指标的第一位，只考核就业人数1项指标
第二阶段	将就业工作指标作为考核各市、县政府41项指标中的第一项，具体细分为6项指标，并确定详细考核内容与评分办法
第三阶段	一是强化各级政府的责任主体地位，注重发挥各级政府在组织就业、组织创业、组织培训方面的优势，把积极就业政策执行的终极责任主体由街道、乡镇、社区、村委会转移到省、市、县区三级政府，提高积极就业政策执行的组织化程度；二是完善目标考核责任体系，将增加就业岗位、强化公共就业服务机构、加大就业扶持投入和帮助就业困难群体就业作为政府工作的基本目标，纳入考核指标
第四阶段	建立目标考核责任制度，将目标考核责任上升到制度层面，采取省直有关单位分市包干的方式约束下级政府执行，考核指标更加详细完善，按各类项目、具体人数、增加岗位数、资金支出等几大类别考核

资料来源：《辽宁省政府工作报告（2003～2015）》、《中国劳动和社会保障年鉴（2003～2008）》、《中国人力资源和社会保障年鉴（2009～2015）》。

另外，辽宁省除了对各市县政府整体积极就业政策执行进行绩效考核外，还对各类积极就业政策具体项目进行绩效考核（见表5-13、表5-14）。

表5-13 辽宁省目标责任考核情况表

项目	内容
考核目的	完成省政府下达的就业工作计划
考核项目	就业指标、劳务输出、促进就业优惠政策落实、就业资金筹集使用、就业服务机构建设、劳动力市场建设、就业培训、就业统计
考核标准	完成加分、未完成减分
考核方式	以各市为单位，各市自查与省统一考核相结合
考核主体	省政府组织的考核小组
考核途径	查验原始资料、实地考察、召开座谈会、调查走访

资料来源：《关于考核2002年就业指标完成情况有关问题的通知》（辽再办发〔2002〕8号），2002年11月20日。

表 5-14 辽宁省职业培训绩效考核

考核主体	辽宁省职业培训工作领导小组办公室
考核对象	辽宁省各市及所辖县（市、区）人力资源和社会保障部门
考核指标	1. 国家、省下达的年度重点任务完成情况； 2. 市场清理整顿情况； 3. 政府补贴项目开展情况； 4. 承接省厅下放的职能权限落实情况； 5. 职业技能鉴定管理； 6. 高技能人才队伍建设
考核方式	1. 自评（各单位报材料）； 2. 省职业工作领导小组（查验原始资料、实地考察、如开座谈会、调查走访）
考核评价结果等次	1. 总分大于 85%，优秀； 2. 总分 71% ～ 84%，良好； 3. 60% ～ 70%，合格； 4. 59% 以下，不合格
考核结果使用	1. 工作表彰依据； 2. "一先三优"评选依据； 3. 下一年度重大政策资金项目评审依据

资料来源：辽宁省《关于职业培训工作开展绩效考核的通知》（辽职培办〔2014〕2号）。

通过对表 5-14 的分析发现，辽宁省职业培训项目执行的绩效考核，明确了考核主体、考核对象、考核指标、考核方式、考核评价结果等次和考核结果使用。各市县政府要严格按照绩效考核标准完成执行任务。

从表对 5.10、5.11、5.12、5.13 和 5.14 的分析中可以看出，就业工作是中央政府对省级政府政绩考核的一项重要指标，实行"一票否决"制❶。就业工作的评价标准是积极就业政策目标的实现程度。积极就业政策目标的实现程度取决于积极就业政策执行效果如何，可见积极就业政策执行好坏决定本级政府绩效考核的成败。辽宁省政府与各市县政府签订就业工作目标责任状，通过签订责任状模式促进辽宁省积极就业政策执行。所以，上级政府通过绩效考核方式约束下级政府积极就业政策执行效果显著。

---

❶ 需要指出的是，相对于一般性指标而言，"一票否决制"指标初衷是为了突出一些工作的重要性。

5.2.3 监督检查：积极就业政策执行的外在压力

《就业促进法》第五十八条规定"县级以上人民政府按照促进就业目标责任制的要求，对所属的有关部门和下一级人民政府进行考核和监督"；第六十条规定"劳动行政部门应当对本法实施情况进行监督检查，建立举报制度，受理对违反本法行为的举报，并及时予以核实处理"。上级政府的监督检查对下级政府积极就业政策执行形成外在压力；下级政府执行行为失范或结果失效都将面临上级政府或法律规约的惩罚。实际上，监督机制包括政府的内部监督和外部监督。政府内部监督包括政府上级对下级、下级对上级、平级之间及政府内部不同部门间的监督；政府外部监督包括立法、司法、公众、媒体等监督体系。但在本研究中，不探讨哪一种监督方式更有利于政策实施、为公众利益代言的监督机制，而是探讨政府执行积极就业政策的府际监督体系，剖析监督检查如何推进辽宁省积极就业政策执行。

5.2.3.1 监督检查促进积极就业政策执行

在辽宁省积极就业政策执行中，监督检查通过约束执行主体行为促进了辽宁省所辖各级政府执行，取得了一定成效。一方面，中央政府采取就业资金专项转移支付的分配方式，按季拨付，年底全面考核评价，全年重点跟踪检查的办法促进各省级政府积极就业政策执行❶。辽宁省也以同样方式采取督促检查的措施促进其所辖市县级政府执行。同时，中央政府对辽宁省的督查也促进了辽宁省积极就业政策❷。另一方面，辽宁省政府同样监督检查各级政府及相关部门执行积极就业政策情况。为说明辽宁省如何通过监督检查促进积极就业政策执行，这里选取不同地区、不同类别的积极就业政策项目加以说明，详见表5-15。

---

❶ 《财政部、劳动和社会保障部关于促进下岗失业人员再就业资金管理有关问题的通知》（财社〔2002〕107号），2002年12月3日。

❷ 例如，2013年7月17日，国务院就业工作部际联席会议督查组到辽宁省督查，实地考察了辽宁省高校毕业生创业孵化基地、沈阳市人才市场，召开了部分高校负责人、用人单位和应届毕业生座谈会，听取了辽宁省高校毕业生就业工作情况汇报，对辽宁省取得的阶段性成果给予了充分肯定，并希望再接再厉做好高校毕业生就业工作。

表 5-15 辽宁省积极就业政策执行中的监督检查

检查主体	检查内容	检查目的	检查方式
辽宁省政府督查室	就业援助工作	推动零就业家庭、棚户区失业人员政策落实	省直有关单位分市包干、专项检查
辽宁省职业培训领导小组	依据专项检查和绩效考核手册,逐条考核职业培训项目管理、资金使用专项检查	积极就业政策执行成效	自检报告、专项检查对照表、2013 年职业培训工作绩效考核指标总表,形成检查考评意见书面材料
辽宁省职业培训领导小组办公室	职业培训工作指标完成情况	督促职业培训项目执行,听取各地区基层对省职业培训工作意见	查验有关文件、档案资料、实地考察
东港市就业局	44 家使用公益性岗位人员的单位、435 个公益性岗位从业人员	规范公益性岗位人员的使用及管理,真正发挥该政策兜底功能	现场检查公益性岗位上岗及工作完成情况
葫芦岛连山区就业管理局	公共就业服务平台的服务能力	提升工作人员工作意识和业务水平、发挥考核机制的有效作用	自检自查与监督考核相结合、综合评定
丹东市就业局	建立市本级公益性岗位各用人单位工作情况,规范从业人员上岗审批流程	援助新产生的就业困难对象	全面检查
沈阳市春风行动领导小组	检查指导活动主题、活动规模、活动内容、政策对象收益多少、活动成效	扎实推进此项行动的开展,确保取得预期就业成效	现场查看,照片等佐证材料,各县区汇报
丹东市就业创业领导小组	就业工作考评指标及数据、自评报告	全市三县五区检查考核就业指标任务落实情况	汇报、查看资料、现场

检查主体	检查内容	检查目的	检查方式
沈阳市由金融、劳动保障、财政等部门组成的督查小组	小额担保贷款政策执行情况，将完成情况纳入干部政绩考核体系，实行一票否决制	确保小额担保贷款政策落实到位	定期深入区县督查指导，对小额担保贷款进展情况实行日统计、日分析、周通报、月调度制度
大连市由金融、财政组成的协调小组	小额担保贷款数额、贴息数额、支持创业就业人数	确保小额担保贷款政策顺利实施	公布小额担保贷款政策执行的责任部门、责任人及监督电话
本溪市审计局	就业资金使用情况	防止就业资金流失，提高就业资金绩效	不定期检查

通过表 5-15 中的案例分析，辽宁省积极就业政策执行的监督检查主体是由同级政府部门组成的领导小组，属于府际内部和上级政府对下级政府的监督检查。正是府际监督检查促进了辽宁省积极就业政策执行行为，从而推动了积极就业政策执行。

5.2.3.2 就业专项资金审计促进辽宁省积极就业政策执行

积极就业政策执行过程中的审计是以执行情况为对象进行的审计。目的在于通过审计发现积极就业政策执行过程中的问题，提出整改建议，确保政策有效执行，提高政策绩效。辽宁省通过积极就业政策专项资金审计推动积极就业政策执行，选取几个典型案例说明，见表 5-16。

表 5-16 辽宁省积极就业政策执行中的就业资金审计

年份	审计主体	审计对象	审计效果
2010	抚顺市审计局	全市就业资金管理和使用	通过检查，发现个别单位就业资金监管缺失、虚报公益性岗位、个别培训机构虚假办班骗取财政资金等问题，全市共清理辞退不符合规定的公益性岗位人员 480 人，每年可节约财政资金 542 万元
2011	审计署驻沈阳特派办	辽宁省财政就业补助资金在使用、管理等方面存在的一些问题	常务副省长许卫国批示，要求有关市及部门高度重视存在的问题，认真采纳审计建议，抓好整改；辽宁省财政厅会同省直有关部门和相关市政府对照审计报告中反映的问题，认真进行整改，促进执行效果

续表

年份	审计主体	审计对象	审计效果
2011	本溪市审计局	本市就业资金筹集、管理及使用	发现就业资金年末闲置过大，要求及时足额拨付应拨付各种社保补贴，保障低保群体的利益，加强结余资金管理，防止就业资金流失
2011	审计署沈阳特派办	沈阳市就业资金使用与管理	规范就业资金使用，提高促进就业绩效
2011	大连市审计局	全市就业补助资金审计和延伸审计	重点核查是否存在违规扩大支出范围、提高支出标准以及虚报冒领、套取、挪用资金等问题，通过延伸有关街道财政所、环卫处、职业培训学校等单位，对专项资金使用情况进行审计，提高资金绩效
2013	锦州市审计局	2011～2012年度就业专项资金审计调查	将就业资金用到实处，促进就业专项资金各项制度进一步完善和管理水平提高
2015	辽宁省审计厅	利用数字化审计平台审计全省14个市残疾人就业补助资金	提高就业资金扶持残疾人就业的效率
2016	大连市审计局	再就业资金使用情况	摸清底数，及时发现问题，提出有针对性的意见和建议，切实提高再就业资金使用效益

通过表 5-16 可以发现，辽宁省积极就业政策执行的审计主体是各级政府及其审计部门，并且属于政府内部审计。实际上，辽宁省积极就业政策对应的就业资金审计或审计调查的实质是对该项政策执行情况的检查、改进和提升。通过审计对象和审计效果的分析发现，对就业资金的筹集、监督管理、使用范围、使用程序、扶持对象等问题进行审计，目的在于通过审计就业专项资金的约束手段推动辽宁省及其市县政府积极就业政策的贯彻执行。

5.2.4　行政问责：约束执行主体承担执行责任

所谓行政问责，是指一级政府对现任该级政府负责人、该级政府所属各工作部门和下级政府主要负责人在所管辖的部门和工作范围内由于故意或者过失，不履行或者未正确履行法定职责，以致影响行政秩序和行政效率，贻误行政工作，或者损害行政管理相对人的合法权益，给行政机关造成不良影响和后果的行为，进行内部监督和责任追究。各级政府和行政人员在积极就业政策执行中，由于其承担一定的执行职务，相应地被赋予一定的职责和任务，如果积极就业政策执行主体的执行行为与积极就业政策目标要求冲突或相悖将面临行政问责。国务院总理李克强 2016 年 5 月 6 日在人社部考察时，强调要全方位落实好现行各项积极就业政策，进一步优化流程、精简凭证、提高效率，加强工作调度、督查问责、第三方评估等，确保政策落实见效。可见，强化府际行政问责是确保积极就业各项政策落实见效的重要措施。

政治学家道格拉斯·诺思认为，"制度是一系列被制定出来的规则、守法程度和行为的首先伦理规范"[194]。可见，制度规范着人的行为，是主体行为的参照标准。借用孟德斯鸠的话，"一切有权力的人都容易滥用权力，而且他们使用权力一直到遇有界限的地方才休止。防止权力滥用的办法，就是用权力来制约权力。权力不受制约必然产生腐败"[195]，对任何权力都要有限制。因此，通过建立问责制度约束积极就业政策执行主体，使其在积极就业政策要求范围内执行。辽宁省积极就业政策执行中，上级政府通过问责制度约束各级政府按照政策要求执行积极就业政策，并且对下级政府积极就业政策执行任务的完成情况及绩效情况问责，完成的给予奖励，未完成的给予通报批评。积极就业政策执行中的行政问责，纵向上，府际上级政府逐级向下级政府问责；横向上，同级政府向其所属相关行政部门问责（见图 5-6）。

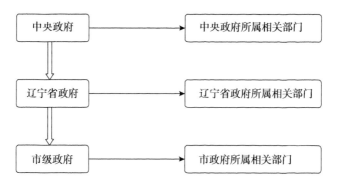

图 5-6 辽宁省积极就业政策执行过程中府际行政问责关系

通过图 5-6 可以看出，中央政府通过建立健全问责制度，约束辽宁省积极就业政策执行任务，以此推动了辽宁省政府执行积极就业政策。如：中央政府要求各地加强对再就业专项计划执行情况的检查评估，定期检查、总结和通报就业再就业计划执行进展情况。那么，辽宁省及所辖市县政府也通过问责机制和问责制度推进下级政府完成的本级政府制定积极就业政策目标，见表 5-17。

表 5-17　问责制度促进辽宁省积极就业政策执行

问责对象	问责内容	问责结果
各级财政、劳动保障等部门	自觉接受监察、审计部门对就业专项资金拨付、使用、管理的检查监督	对违规使用就业资金的各级政府及部门按有关规定严肃处理
劳动行政部门及其工作人员	积极就业政策执行过程中执行主体滥用职权、玩忽职守、徇私舞弊的行为	对直接负责的主管人员和其他直接责任人员依法给予处分
地方各级人民政府和有关部门	举办经营性职业中介机构、从事经营性活动、向劳动者收取费用的情况	上级主管机关责令限期整改，对直接负责的主管人员和其他直接责任人员依法给予处分
辽宁省所辖各级政府或部门	通过提高积极就业政策执行的组织化程度促进执行效果	对未完成目标责任考核任务的各级政府或相关部门给予批评
辽宁省所辖各级政府或部门	对职业培训自评工作不认真、弄虚作假的	从考评组认定的部分中扣除该项分数，并通报批评
辽宁省所辖各级政府或部门	健全分级负责的责任体系，明确各级政府及相关部门各主体职责	说明原因，严重的书面检查
鞍山市所辖各级政府及部门	建立目标责任制度、细化目标任务，落实负责单位，将就业工作纳入全市经济发展目标责任管理体系	作为各级政府领导班子和领导干部考核的一项重要内容
沈阳市所辖各级政府及部门	通过强化责任主体推进小额担保贷款政策执行，各级政府作为责任主体	未完成目标的给予扣分、批评

通过上表可以看出，辽宁省积极就业政策执行过程中的问责对象是辽宁省各级政府及其相关业务部门。问责内容包括两大类，一类是关于积极就业专项资金的使用是否规范、合法，对违规使用的各级政府及部门按有关规定依法严肃处理，严重的给予行政处罚；另一类是关于执行主体是否完成积极就业政策

执行任务，对完不成、打折扣的要进行批评、扣分、书面检查、依法处分等方式给予行政问责。因此，辽宁省及其市县政府为确保下级政府积极就业政策执行过程中能够按政策要求、保质保量完成执行任务，通常采取行政问责的手段促进下级政府执行，并约束他们能够在政策要求的范围内完成就业工作任务指标。那么，只要各级政府及部门分解的就业任务完成，也即完成了全省的积极就业政策任务。所以，行政问责推动了辽宁省积极就业政策执行。

5.3 能力变量维度

能力是完成一项目标或者任务所体现出来的素质，是辽宁省政府完成积极就业政策执行任务的根本基础和必备条件。中国是由三十多个省级行政区组成的国家，每个省份都有其自身特征。中央政府不可能制定全国统一并适用于所有地区的政策，通常是出台一个宏观的概括性指导方针，确定总体目标，而省级政府在基于经验的基础上完成具体的政策细则和政策执行。通常情况下，即便各省级政府采取了"因地制宜"的方针，有时执行结果会稍微与中央政策目标不完全一致，但只要在中央政府可"容忍"范围内，中央政府对省级政府的行动和结果会妥协。因此，各省级政府在政策执行过程中，有着关键的话语权，其政策执行的效果除了受府际诱导和约束变量的影响，还受自身能力要素的影响。府际诱导和约束变量除了直接作用于辽宁省政府积极就业政策执行外，还通过辽宁省政府的组织协调、信息反馈和政策输出能力要素影响自身执行效果。

5.3.1 组织协调：设立组织结构及强化沟通协调

"组织制定及执行战略决策的过程是个充满斗争、矛盾、冲突和挫折的博弈过程"[196]。那么，辽宁省政府在积极就业政策执行过程中必须提高其组织能力，有效配置资源，将组织间的斗争、矛盾、冲突协调好，促进政策执行，实现政策目标。辽宁省政府的组织协调能力是积极就业政策能否有效执行的重要因素，受组织结构和组织间沟通协调能力的影响。

5.3.1.1　执行主体的组织结构

作为一个集体的政府，要建立能使行政人员为实现政府目标、官僚目标或部门目标而履行职责的体制，即组织结构。"组织结构的政治和经济基础是权力和资源结构，它是关乎法定权力、财政资源、政治支持和信息资源在各级政府之间分配。这个互动结构包含：个人态度、行动战略、制度中的行为者利益和目标。这些共同整合在集体行动中；组织范式包括了游戏规则和制度化的思想结构，为协调和管理个人行为提供原则"[197]。

所有公共政策执行都离不开政府行政机关的组织有序实施，没有组织作为执行依托，政策目标只能停留在政策议程阶段。"任何一项化观念为行动的作为都涉及某种简化工作，而组织机构正是从事这种简化工作的主体，是它们把问题解剖成具体可以管理的工作项目，再将这些项目分配给专业化的机构去执行。"[198]那么，组织结构是指根据政策目标的要求对执行中的各项具体任务进行分组、分工、协调与合作。辽宁省政府将相对分散的行政部门组织起来，针对同一问题，共同谋划、设计、解决这个问题。组织结构是政府各行政部门在政策执行过程中的排列顺序、空间位置、聚散状态和各要素之间关系的呈现，是政策执行过程的基本构架。

组织学派认为，政策执行本身就是一个组织过程，组织结构优化程度影响政策执行效果。辽宁省政府执行积极就业政策成功要素一方面取决于各行政部门的组织能力及其表现，另一方面取决于由各部门间形成的组织结构及其沟通协调技能。辽宁省政府的组织能力，从集体层面讲，指辽宁省政府为提高积极就业政策执行效率，达到更高质量的政策效果与实现政策目标，充分调动各要素及资源并将其转化为公共产品或公共服务的能力；从个人层面讲，指辽宁省政府分管就业工作的主要领导及其相关部门领导为有效实现积极就业政策目标，组织整合各方力量和有效调动协调资源的能力。组织能力贯穿于辽宁省积极就业政策执行的全过程，能够充分反应辽宁省政府处理公共事务的能力及行政绩效。可以看出，辽宁省政府组织能力的强弱程度，影响自身积极就业政策执行效果。

辽宁省积极就业政策执行主体由各级政府的多个行政部门共同承担和完成。各部门之间的关系、排序、位置、职责等构成了积极就业政策执行中的组织结构。辽宁省政府在各级就业政策执行中的组织结构可以通过积极就业政策执行中的各类领导小组执行模式来分析（见图5-7和表5-18）。

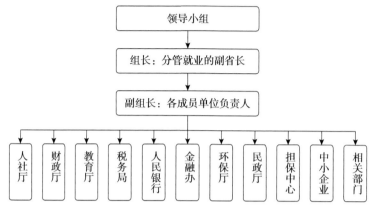

图5-7 领导小组结构图

表5-18 辽宁省积极就业政策执行中的领导小组

名称	小组构成	功能
辽宁省普通高校毕业生就业工作领导小组	副省长为组长，教育厅、计委、教育厅、公安厅、人事厅、劳动厅、财政厅、体改办等为成员单位，办公室设在教育厅	统一指导全省高校毕业生就业工作
辽宁省普惠制就业培训工作领导小组	组长为副省长，副组长为劳动保障厅厅长，劳动保障厅、教育厅、财政厅等部门为成员单位，办公室设在劳动保障厅	为做好普惠制就业培训工作，负责全省普惠制就业培训工作的组织领导和协调工作
辽宁省职业培训领导小组（由普惠制就业培训工作领导小组变更）	副省长为组长，人社厅副厅长为副组长，人社厅的监察室、职业技能鉴定中心、规划财务处、职业能力建设处、技工培训部等部门为成员单位，办公室设在人社厅	通过对职业培训项目及资金管理开展专项检查和考评，以推进积极就业政策执行
辽宁省公共就业援助活动领导小组	副省长为组长，劳动厅、人事厅、财政厅、教育厅等8部门为成员单位，办公室设在劳动保障厅	通过"活动形式多样、发挥各方优势、细化援助措施、活动不走过场"推动积极就业政策执行
辽宁省就业工作领导小组（由辽宁省再就业工作领导小组更名）	组长为副省长，劳动和社会保障厅、财政厅、环保厅、公安厅等为成员单位，办公室设在人社厅	实施积极的就业政策，根据新的就业形势和工作要求，进一步做好全省促进就业工作

资料来源：相关公开资料。

通过图 5-7 和表 5-18 可以看出，辽宁省积极就业政策执行实践中所采取的领导小组执行模式恰恰反映了其组织能力。辽宁省政府针对不同时期的就业矛盾及困难就业对象特征，采取领导小组模式提高执行主体的组织化程度。辽宁省各类就业领导小组的主要功能包括召开小组会议研判就业形势、制订辽宁省积极就业政策、督促检查考核积极就业政策执行主体绩效等。另外，辽宁省为提高各级政府积极就业政策执行主体的组织化程度，要求各市、县（区）政府成立相应的就业工作领导小组，通过领导小组的执行模式共同促进积极就业政策执行。

领导小组模式在积极就业政策执行中有如下好处：一是充分发挥领导小组沟通协调各成员单位的作用，整合了各成员单位之间的力量。各成员单位即使存在不同意见，通常也不会在组长面前提出。这有利于达成政策目标共识，避免"孤岛现象"与合作困境。二是通过下情上传的功能将不同部门的意见汇集到领导小组，领导小组将不同意见进行整合取舍后再下达到相应行政部门，提高执行效率。三是减少行政摩擦成本。由于积极就业政策执行过程中以一个职能部门牵头、其他部门配合来完成。虽然这些行政部门的职能和权限因部门利益不同，出现了推诿扯皮、行政摩擦等影响执行效果等弊端。一旦通过"领导小组"互动或交换意见而形成的集体决策，领导小组中的成员单位会主动执行。四是承担执行过程中的监督职能。领导小组的组织结构决定了其层级高于各职能部门，理应承担监督其成员单位积极就业政策执行任务是否有效完成的职责。综上所述，领导小组模式促进了辽宁省积极就业政策执行效果。所以，优化的组织结构，不仅有利于提高辽宁省积极就业政策执行效率，更有利于达成政策目标。

5.3.1.2　执行主体间的沟通与协调

辽宁省积极就业政策执行中，即便有了合理的组织结构，也不能够确保公共政策一定能达到政策目标。一方面，当组织中的个体意见不一致或冲突时，更需要执行主体间通过沟通、合作、交换意见的方式解决执行中的问题；另一方面，由于多个执行主体参与带来沟通与协调的困难，再加上各行政部门间的松散组织结构，会使积极就业政策在府际执行存在着不确定性。因而，组织间的有效沟通与协调能促进积极就业政策执行效果。辽宁省政府执行公共政策的组织能力体现在对人、财、物、信息等资源的充分安排，制订详细可操作性的执行方案，行政部门间及行政人员间关系的沟通协调，执行过程中的监控，突发偶然事件的应对处理等方面，都需要辽宁省政府自身的沟通协调，尽可能实现政策信息在各级政府间、同级行政部门间信息对称。如果辽宁省政府不能保证组织间的有效沟通和协调，就意味着不能充分调动政策资源为政策执行服务，必定会影响政策执行效果。通过辽宁省积极就业政策执行中的会议模式可以分析其组织协调能力，见表 5-19 和表 5-20。

表 5-19　会议模式促进辽宁省积极就业政策执行

项目	内容	具体说明
执行模式	联席会议模式	人社、财政、发改、税务、工商、人民银行、教育、环保、公安等部门在同级政府统一领导下，发挥各部门作用，协调配合，分工协作，齐抓共管推动积极就业政策执行
	座谈会议模式	全省各级政府及相关部门负责人参加，通过交流典型经验、分析当前就业形势，安排部署重点工作等方式促进执行

表 5-20　辽宁省积极就业政策执行中的联席会议

年份	会议名称	参加人员	会议内容
2006	辽宁省大连市小额担保贷款工作联席会议	金融办、财政局、劳动局、民政局、担保中心等	及时发现并解决小额担保贷款政策执行中存在的问题
2008	辽宁省农民工工作联席会议	人社厅、劳动监察局、住建厅等部门	进一步改善农民工就业环境
2009	辽宁省就业援助活动联席会议	劳动保障厅、人事厅、财政厅、教育厅等部门	总结全省就业援助周总结，介绍活动成效和典型经验
2010	辽宁省沈阳市发展家庭服务业促进就业工作联席会议	发改委、经信委、规划国土局、中小企业局、计生委、卫生局、税务局等	各成员单位各负其责，相互协调，共同促进就业困难人员，发展家庭服务业就业
2011	辽宁省高校毕业生就业工作领导小组成员单位协调会议	省直27个领导小组成员单位相关负责同志参加会议	落实《国务院关于进一步做好普通高等学校毕业生就业工作的通知》，对工作任务表和任务分工征求意见，进一步明确各成员单位职责和任务

续表

年份	会议名称	参加人员	会议内容
2012	辽宁省沈阳市"春播行动"成员单位联席会议	各成员单位主要负责人、联络员，人社局相关科室负责人	传达《"春播行动"实施意见》，部署重点工作，确保各项就业工作切实落到实处
2012	辽宁省铁岭市农民工工作联席会议	人社局、住建局、劳动监督局等	总结全市农民工工作，宣读《2012 年度农民工工作考核办法》，指标单位及清欠农民工工资专项行动成员单位做汇报
2013	辽宁省本溪市小额贷款工作联席会议	金融办、财政局、劳动局、民政局、担保中心等	通过各部门沟通协调，共同解决小额担保贷款政策执行中存在的问题

资料来源：相关公开资料。

通过表 5-19 和表 5-20 可以看出，辽宁省在积极就业执行过程中召开的部分联席会议，目的在于明确执行主体职责，加强各执行主体间的沟通协调，共同促进积极就业政策执行。另外，国务院总理李克强明确要求，就业是各级政府必须完成的硬任务，也是各个部门的共同责任，各部门要从大局出发，密切配合，主动作为；人社部要求各省把就业创业摆上重要议程，进一步完善促进就业工作的联席会议机制。可以看出，联席会议模式是加强执行主体间沟通协调，共同促进积极就业政策执行中的有效举措。

辽宁省在积极就业政策执行中采取的联席会议执行模式有如下好处：一是通过联席会议的执行模式，加强各执行主体间的联系与沟通。二是通过相互学习借鉴经验，研究探索新经验、新方法。三是通过沟通，相互了解各部门职责。当执行中出现问题时易于查找责任主体，及时纠正执行偏差。因此，执行主体间的有效沟通与协调促进了辽宁省积极就业政策执行。

5.3.2　信息反馈：信息资源建设及加大政策宣传

5.3.2.1　信息资源建设

府际政策执行沟通模型理论的关键创新点之一，即将反馈作为中介变量影响省级政府公共政策执行效果。如果执行主体要将执行经验反馈给政策制定者，就需要通过政策的重新设计将错误或不合适的设计去除。可见，执行中的信息反馈对政策重新设计和纠正执行偏差非常关键，因为政策重新设计是执行主体通过信息反馈良性回应执行中遇到的问题，纠正执行中的偏差是将执行成本降至最低，节约执行成本，提高政策执行绩效。可见，所掌握的信息是否充分决定信息反馈能力的强弱，从而影响信息资源在府际反馈情况。辽宁省积极就业政策执行中为提高信息反馈能力，通过就业、失业数据库及系统动态监测等方式丰富积极就业政策执行中的信息资源，详见表5-21。

表5-21 辽宁省积极就业政策执行中的信息资源建设

年份	信息化建设名称	信息资源内容
2004	劳动力市场的计算机网络系统	信息交换和信息共享，提高数据质量，全省6个市建立了劳动保障信息中心
2004	实名制就业登记造册	把姓名、联系电话登记造册，提高就业质量
2005	实名制就业管理制度	建立数据库，采集离岗失业人员的家庭状况、就业、失业、培训、参保等信息，实现资源共享
2006	辽宁省再就业培训管理系统网站和培训信息发布平台	整合普惠制培训机构和培训基地，创建培训管理系统及信息发布平台
2006	公益性岗位数据库	做到"五清"，即就业人员清、就业单位清、就业岗位清、工资标准清、社会保险关系清
2006	就业统计工作台账	建立就业、"4555"人员社会保险补贴、培训、安排大龄就业困难对象、扶持创业带头人、零就业家庭、劳务输出7个数据库，全部实现实名制管理
2008	就业信息网络	利用毕业生就业专栏提供用人单位、毕业生招聘和求职信息，举办毕业生网上招聘会
2009	失业动态监测	对全省3000多户重点企业、180多万名职工岗位变化、关闭停产去向和裁员情况实行月监测
2011	就业信息管理系统	对就业信息和失业动态进行全面监测
2013	就业联盟信息平台	发布人才供求信息35900万条，注册会员1375家

年份	信息化建设名称	信息资源内容
2014	失业和就业信息监测系统	全省上传就业监测信息数据 2980 万条，覆盖劳动者 2625 万人，数据数量和质量在全国综合排名均第一，建立就业形势月制度、企业用工调查、适龄劳动人口就业状况调查、人力资源市场预测分析及失业动态信息监测
2015	部分市（如沈阳、大连）建立就业监测体系，实行全域动态监测	按月实行分区登记失业率通报制度，各区、县对重点企业进行监测，对各人力资源市场、中介机构供求信息按行业、岗位、求职人数等进行统计分析，对在领失业保险金人数进行动态监测

资料来源：《中国人力资源和社会保障年鉴（2003～2015）》。

从上表可以看出，辽宁省在积极就业政策执行中的信息资源建设包括软件建设和硬件建设。信息资源的软件建设包括实名制就业管理制度、失业动态监测制度、失业和就业信息监测制度及分区登记失业率通报制度；信息资源的硬件建设包括劳动保障信息中心、实名制就业登记造册、再就业培训管理系统网站、培训信息发布平台、就业统计工作台账、就业信息网络、就业信息管理系统、就业联盟信息平台、全域动态就业信息监测。同时，辽宁省政府通过信息化建设推进积极就业政策执行，也经历了积极就业政策执行信息资源从无到有、从简单项目到复杂项目、从原始记录到大数据分析、从单一记录到多元功能、从年监测到随时随地动态监测等全方位逐步完善、优化和升级的过程，可谓执行中的信息资源建设水平不断提高，有利于实现府际信息资源共享，提升信息反馈能力，促进积极就业政策执行。

5.3.2.2　政策宣传

辽宁省出台了《关于转发中共中央宣传部、劳动和社会保障部〈进一步做好下岗失业人员再就业工作宣传提纲〉的通知》及《关于转发中共中央宣传部、劳动和社会保障部〈进一步就业再就业工作宣传提纲〉的通知》，通知中要求各级政府或部门充分利用各种宣传方法，将积极就业政策内容传达到广大群众，提高积极就业政策解读能力，促进积极就业政策顺利执行。中央政府加大宣传力度，将 2016 年定为"积极就业政策宣传年"。辽宁省通过政策宣传提高信息反馈能力，见表 5-22。

表 5-22 政策宣传提高信息反馈能力

地区	宣传内容	宣传活动及目的
阜新	"2016 年春风行动——就业政策宣传周"	打造促进就业工作品牌，促进城乡下岗失业人员、农村转移劳动力、高校毕业生等各类求职人员实现就业，有效解决了部分企业春节后"用工荒"问题
阜新市	农民创新创业宣传周	通过就业创业政策宣传、送岗位下乡等活动，帮助有意愿的农村群众创业就业，促进农民工就业
盘锦市	启动《辽宁省就业促进条例》宣传周活动	充分发挥其促进就业功能，解读《劳动合同法》《失业保险条例》《社会保险费征缴暂行条例》《失业保险金申领办法》《辽宁省失业保险条例》《辽宁省失业保险管理办法》等政策
大连市	开展失业保险政策宣传周活动	增强失业保险保障能力，维护广大失业人员的合法权益，保障失业人员的基本生活，促进积极就业政策执行
鞍山市	开展"就业政策宣传简报"活动	加强积极就业政策宣传力度，使社区百姓及时了解就业政策，加深对就业政策的理解，通过宣传教育使其改变传统就业观念
朝阳市	宣传创业政策活动	通过报纸、电视、电台各类媒体宣传积极就业政策，使创业者"吃懂弄清"各级部门的扶持政策和激励措施
抚顺市	《辽宁省就业政策条例》宣传	通过 LED 显示屏、社区宣传板、宣传单，提升辖区居民对就业政策的认识和理解，提升执行效果
鞍山市	宣传公共就业服务及会议报道	宣传公共就业服务活动和重大会议的对外宣传报道，提高信息反馈
沈阳市	"春风行动"宣传日	宣传沈阳市农村剩余劳动力的转移就业，满足春节前后进城务工人员就业创业需要；宣传春风行动的优点：服务内容多样性、扶持对象针对性、政策措施实惠性
沈阳市	宣传就业再就业优惠政策	帮助下岗失业人员和吸收下岗失业人员的企业，全面了解再就业优惠政策，利用商业街客流大、覆盖广的特点，将有关的优惠政策制成宣传单发到市民手中，使下岗失业人员及早了解到最新政策，现场设立政策宣传台，逐一耐心解答有关问题

续表

地区	宣传内容	宣传活动及目的
沈阳市	"春风行动"宣传日暨农民工专场招聘洽谈会	市政府高度重视,成立沈阳市春风行动活动领导小组,组长由人社局长担任,副组长由就业人才服务局副局长担任,成员由各区县人社局有关领导组成,领导小组下设办公室,负责实地检查指导
沈阳市	就业政策宣传、咨询交流会	活动主要包括就业政策咨询、创业政策咨询、普惠制政策咨询、社保政策咨询、用工信息咨询 5 项内容
辽宁省	启动再就业扶持政策宣传月活动	第一周利用广场、街头、"再就业扶持政策宣传车""咨询电话""宣传手册"等,为下岗失业人员解答积极就业政策内容;第二周利用社区、职介机构登门入户;第三周利用企业、市场宣传周,引导、帮助用工单位了解、掌握、运用再就业扶持政策和税费减免优惠政策;第四周帮助办理手续,协助有关部门尽快落实再就业扶持政策,推进执行
大连市	大学生就业政策进校园活动	重点宣传辽宁省高校毕业生就业工作会议提出的"两项工程、一个计划",回答毕业生关于基层就业、自主创业、辽西北计划、公务员考录及事业单位公开招聘等问题的咨询,免费向学生发放辽宁省教育厅编印的《辽宁省促进高校毕业生就业创业政策解读》材料
大连市	开展小额担保贷款创业服务宣传活动	通过新闻媒体加大对小额担保贷款等促进再就业政策的宣传力度,形成"想创业、讲创业、能创业"的浓厚氛围,推进此项政策执行
抚顺市	宣传新一轮劳动保障政策活动	宣传养老、医疗、就业培训以及专项培训等有关政策,促进就业
本溪市	大学生就业见习双选对接和创业宣传活动	通过现身说法,典型引路,开展创业培训宣传,鼓励有创业愿望的大学生参加创业培训,推进创业政策执行
本溪市	举办就业政策宣传活动	就业服务局通过宣传展板、宣传标语、发放宣传手册和宣传单的形式宣传就业政策,并为劳动者提供就业登记、职业介绍、技能培训、创业培训等服务
本溪市	开展创业政策宣传和典型推介	积极开展创业政策宣传和典型推介,通过各类新闻媒体和网络平台,及时宣传创业政策、发布创业信息,最大限度提高宣传覆盖面,注重选树先进创业典型,借助媒体对创业典型事迹进行宣传,营造有利于青年创业的良好氛围

续表

地区	宣传内容	宣传活动及目的
丹东市	开展"走进直播间"宣传就业政策活动	通过广播电台、公众平台"畅通凤城""走进直播间"等节目，开展就业政策宣传活动，加大对积极就业政策执行，如职业培训、职业介绍、就业困难人员认定、小额担保贷款等项目的宣传
丹东市	促进高校毕业生就业活动	利用电台"行风热线"的专题栏目解读各项大学生就业政策
锦州市	"创业促就业"政策宣传暨岗位推介大会	领导高度重视，组织严密、多部门联动，活动方式新颖，活动内容综合全面
锦州市	开展"就业政策宣传进企业"活动	以向驻区企业普及政策内容、宣传政策成效、畅通落实渠道为目标，以宣讲省、市各项就业创业政策为核心，重点向各企业介绍社保补贴、就业见习等既能减轻企业负担又可安排弱势群体就业的政策项目，以及失业保险申报和待遇享受等方面的内容
葫芦岛市	举办2016年"春风行动"宣传活动	以有劳动能力和就业意愿农村贫困人口，有转移就业意愿、创业愿望的农村劳动者，有用人需求的企业和各类单位，其他有就业创业意愿的劳动者为服务对象，强化执行
葫芦岛市	开展普惠制培训宣传活动	通过对失业人员技能培训意向进行摸底，满足不同失业人员对技能培训的要求，从而通过提高失业人员技能促进就业
铁岭市	开展"就业创业政策宣传月"活动	通过现场咨询答疑，发放创业政策、创业项目、法律法规宣传单、宣传册等促进执行
营口市	开展就业创业政策宣传月活动	加大对就业创业政策宣传力度，使政策家喻户晓，措施落实发挥实效
辽阳市	加强宣传引导营造创业氛围	制定《创业在辽阳》的创业宣传方案，宣传辽阳稳就业惠民生助发展的好政策，选树一批创业典型，以典型引路促进全民创业政策实施

资料来源：相关公开报道。

通过对表5-22的分析可以看出，辽宁省及其各级政府通过各种活动、利用各种媒介宣传辽宁省积极就业政策中的各类项目、政策讲解、申请程序、扶持范围等，使政策对象充分理解各类积极就业政策，加大对就业援助活动、创业带动就业的典型的宣传，引导更多就业困难对象通过政策扶持实现就业。同时，辽宁省通过加大对积极就业政策宣传力度提高政策信息的反馈能力，使其所辖各级政府及其部门、政策对象充分了解积极就业政策。总之，辽宁省政府通过加大积极就业政策宣传力度，增强信息反馈能力，从而促进积极就业政策执行。

5.3.3 政策输出：中央政策的再设计及现存政策的修正

"政策重新设计是一个过程，是对现存政策的修正，要么通过改善现有法规，要么通过采纳新的法规，要么两者共同变化"[199]。政策再设计必须满足以下三个条件：现有政策存在、现有政策不能回应政策问题、外部环境对政府施加压力。马特兰德（Matland）认为，政策执行取决于政策的明确性和冲突性。所谓明确性是指政策制定的具体程度，政策制定得越具体，地方政府越难对中央政策进行再界定。而冲突性表现为中央地方的利益函数是否一致。冲突性越大，地方政府需要耗费更多的成本或者遭受更多的利益削减，地方政府就越可能不严格执行[200]。无论诱导与约束要素如何在府际关系作用下促进执行，如果辽宁省政府自身政策输出能力不强，也难以使执行达到理想效果。辽宁省积极就业政策的再设计包含两个层面，一是对中央政策进行细化和重新制定，另一个是对本省现行政策的修正。所以，辽宁省积极就业政策输出能力直接决定政策目标实现的程度，是影响积极就业政策执行效果的关键要素。

5.3.3.1 中央政策的再设计

政策的再设计也叫政策重新制定，是指在中央积极就业政策基础上，辽宁省政府针对中央政府制定的宏观政策根据区域差异性或实际情况进一步细化和具体化的具有解释性质的政策制定，使中央政策更具可操作性。这一过程即政策的再设计。政策执行过程中的政策再设计强调政策相对于既定政策的合法性或政策话语解释的合理性，属于"自上而下"的政策解释范畴。可见，政策再设计能力强调对政策内容信息本身的认知、理解和解释能力，经过细化和补充的政策能否产生效果、能否达到政策目标是检验政府政策再设计能力的标准。

中央政府出台的积极就业政策不足以保证能被省级政府直接执行并有效发生，那么辽宁省政府需要将概括的、抽象的宏观政策进一步细化为具体的、微观的、可操作性政策。这一过程反映了其对中央政策的再设计能力。毕竟，积极就业政策自身就是一个复杂的社会系统，纵向的层级性和横向的多属性会涉及整个社会不同层面的大量积极就业困难群体和行动者。

为执行中央政府积极就业政策，辽宁省及其部门依据中央政府政策要求，结合省情和就业困难对象特征，重新制定辽宁省积极就业政策。辽宁省及其部门制定的各项积极就业政策在表 3-5、表 3-6、表 3-7 和表 3-8 中已详细说明，此处不再赘述。下面对不同的政策阶段出台政策的数量做简要统计，详见表 5-23。

表 5-23　辽宁省积极就业政策再制定情况（2003 ～ 2015 年）

阶段	演化期	政策再设计情况
政策 1.0 阶段	政策形成期	2 个纲领性文件、8 个主要配套文件、10 个具体操作办法
政策 2.0 阶段	政策充实、调整完善期	1 个纲领性文件、26 个主要配套文件
政策 3.0 阶段	政策发展期	1 个纲领性文件、21 个主要配套文件
政策 4.0 阶段	政策探索期	1 个纲领性文件、3 个主要配套文件

资料来源：《中国财政年鉴（2002 ～ 2014）》和《辽宁省统计年鉴（2002 ～ 2015）》。

通过表 5-23 可以看出，辽宁省政府对中央政府积极就业政策的再设计需要注意以下几方面：一，辽宁省政府及其部门必须准确地理解中央政府制定的政策议程、政策规范及政策目标，才能够保证再设计的积极就业政策在中央政府积极就业政策框架体系内，与中央政策保持高度一致。二，辽宁省各部门必须根据本省就业矛盾、就业困难群体特征、执行资源等制定积极就业政策，主要体现在具体的配套文件和操作办法中。这些因素直接影响执行主体行动规则和方向。更重要的是，辽宁省政府在重新设计积极就业政策时，还针对灵活就业的"4555"人员在全国率先创新性实施了社会保险补贴政策、零就业家庭特殊援助政策、普惠制就业培训政策、对创业带头人的挂牌保护政策。这些政策不仅对本省积极就业政策执行产生良好效应，同时对完善全国积极就业政策体系提供借鉴价值。这说明了辽宁省对中央政策的再设计能力。综上所述，辽宁省科学、有效的积极就业政策再设计能力是辽宁省积极就业政策执行取得成效的关键。

5.3.3.2　现存政策的修正和调整

对现存政策的修正是辽宁省积极就业政策过程中的重要环节。通常是执行主体在执行过程中或完成阶段性任务后，根据发现或反馈的信息对原政策进行修正或完善。如果不及时修正，有可能发生更大的错误。在政策实践中，有的学者认为政策修正与政策执行是两个独立的环节；有的则认为政策修正是政策执行过程中的一个环节。无论哪种观点，有一点可以达成共识：政策执行中发现问题必须对原政策进行修订，否则问题会愈演愈烈，易导致无法控制的局面。另外，政策执行中存在的问题有时不会像我们所想象的那样简单、清晰、一目了然，更不会"躺"在那里被直接发现、检验或验证，而通常是政策执行主体自身对政策执行活动的认知和理解。所以，辽宁省对现存积极就业政策的修正可及时纠正执行中的问题，防止问题继续发展扩大（见表5-24）。

表5-24　辽宁省现存积极就业政策的修正

政策类别	修正的内容
社会保险补贴	调整"4050"人员就业补贴政策，补充和完善补贴项目和补贴对象；将社会保险补贴逐步扩大到灵活就业人员；将社会保险补贴政策对象由"4555"人员扩大到"4050"人员
职业培训	职业培训对象由单一的下岗位失业人员，逐步扩大到城镇登记失业人员、农村劳动者、退伍军人、大学毕业生；培训内容由单一的专业技能培训逐步调整为专项技能培训、企业岗前培训、职业延长寿命培训、创业培训等
小额担保贷款	部分市级政府逐步取消本市户籍限制，放宽申请范围；统一人社部门审核、担保机构承诺担保、经办银行核贷3个环节的办理程序；提高个人贷款额度；贷款及贴息期限由原来的2年和3年全部延长到4年
公益性岗位	各市政府根据最低工资标准调整本市的公益性岗位补贴标准，并随最低工资标准变动而调整
职业介绍	在每个政策阶段，根据就业矛盾和就业群体特征，扩大职业介绍群体，丰富职业介绍信息，规范职业介绍机构服务，调整职业介绍补贴使用范围

资料来源：《中国人力资源和社会保障年鉴（2003～2015）》及《辽宁省统计年鉴（2003～2015）》。

从表 5-24 中可看出，辽宁省积极就业政策各类项目在执行中随着就业矛盾的新发展、新变化，各级政府及相关部门为应对新情况会对现存政策进行部分调整或修正，以应对执行中产生的新问题，及早规避政策执行中的风险。同时，对现存政策的修正调整由于吸取了执行中的不足和成功经验，更易于成功实现政策目标。辽宁省政府及其相关部门对现存政策的修正和调整，减少了执行中的阻碍因素，降低了问题愈演愈大到无法控制的执行风险。如果执行中遇到的问题能够及时解决，可以提高其政策输出能力，使修正调整后的积极就业政策内容更能指导实践。

第6章
就业政策执行的限制因素

积极就业政策实施以来，辽宁省积极就业政策执行还存在着象征或目标替代执行、选择或变通执行、过度或迟缓执行、欺上瞒下或标的群体外溢执行的问题。这些问题的产生与诱导、约束、能力变量在府际关系作用中密不可分。因此，本章依据前文构建的积极就业政策执行分析框架，从诱导变量、约束变量、能力变量三个维度剖析辽宁省积极就业政策执行的限制性原因。

6.1 诱导变量维度

辽宁省积极就业政策执行的诱导变量包括权力结构、利益结构、激励机制和资源配置。这些变量在府际关系的作用下，促进了辽宁省积极就业政策执行，并产生一定执行成效。但是任何事物都有其双面性，这些要素在府际关系的作用下，导致在执行过程中产生了就业数据造假、就业资金使用不当、政策目标群体外溢等虚假执行、过度执行、选择执行、目标替代执行等问题。

6.1.1 权力结构：府际权力博弈阻碍积极就业政策执行

美国学者诺顿·E. 朗（Norton E. Lang）说："行政管理的生命线就是权力"[201]。辽宁省积极就业政策执行过程中，府际过度分权与权责难以统一限制了执行主体的行为与执行效果。辽宁省各级政府在各类积极就业政策执行中的职责分工体现执行主体间的权力结构见表6-1。

表 6-1　辽宁省积极就业政策执行机构的权责

政策项目	执行机构	权责
公益性岗位	人社部门	政策制定、审核、批准
	财政部门	按人社部门上报的台账直接拨款
	公安、环保、教育、民政等部门	使用公益性岗位从业人员的单位负责公益岗位从业人员的日常管理工作
创业担保贷款（小额担保贷款）	人社部门	贷款人员资料、资料审查
	金融办	监督检查
	担保部门	审核、承诺担保
	人民银行	督查商业银行的执行情况
职业介绍	职业中介机构	为就业困难人员提供中介服务提出培训资质申请
	人社部门	审核、审批、批准、年度审验职业中介机构、对职业中介机构活动监督、指导、评估
	财政部门	按人社部门审核后的材料拨款
职业培训	人社部门	培训基地开班审批、培训人员管理、教学计划审批、培训经费的审核备案后向同级财政部门申请资金
	职业培训机构	各类就业困难对象的技能培训
	职业技能鉴定中心	对培训机构、企业及社会零散人员组织职业技能鉴定、管理、数据建设
	财政部门	按人社部门备案拨付资金
社会保险补贴	人社部门	审核申请对象的材料
	财政部门	拨付社会保险补贴

资料来源：辽宁省积极就业政策相关文件。

6.1.1.1　府际过度分权导致执行主体间竞争大于合作

政府间分权"与财产权可以通过市场交易实现优化配置不同，政治领域无法通过权力交易达到最优权力分配"[202]。一旦府际分权缺乏法律制度保障，就会导致权力在下放过程中的监管失灵及政策执行的随意性。那么，这种不规范的分权，"由于缺乏法度，广泛而活跃的制度灰色区域为腐败和投机行为提供了广阔的活动空间"[203]。辽宁省积极就业政策执行中存在选择或变通执行问题，原因之一就是政府间的制度化权力结构失衡，导致执行主体间竞争大于合作。从纵向府际关系上看，下级政府与上级政府之间会进行或明或暗的权力竞争,上级政府为使其政策能够顺利有效执行,就会给予下级政府常设的、特许的或默许的权力,以此为筹码换取下级政府对上级政府的依赖和服从,完成上级政府制定的积极就业政策目标。同样,辽宁省政府也会通过赋予市、县政府常设、特许或默许的权力,以诱导他们能够认真有效执行积极就业政策。这种常设、特许或默许的权力在积极就业政策的执行取得成效的同时,也为虚假执行、变通执行或目标替代执行等行为创造了条件。从横向府际关系上看,辽宁省积极就业政策执行不是由单一政府部门完成,而是由各级政府的人社、财政、教育、税务、人民银行等行政部门各负其责、分工协作、多部门共同联动完成,但在执行过程中,某个部门发生梗阻都会使整个执行系统瘫痪,不能实现积极就业政策目标。

受权力结构影响的执行主体间竞争。辽宁省在积极就业政策实践中,财政部门力争花小钱办大事,人社部门力争将失业率降下来、新增就业人数升上去,教育部门想方设法提高大学生就业率,其中任何一个部门配合不好或执行不力都会影响积极就业政策执行。但是,现实中不同的职能部门被赋予不同的权力,部门间会因维护私利发生竞争。积极就业政策执行主体间发生竞争的原因在于部门被赋予权力的差异性,权力越大部门能够支配的执行资源越多,得到的利益也越大;权力越小的部门可支配的执行资源也相应减少,得到的利益也越少。显然,权力小的部门很难主动配合权力大的部门执行政策。从表 6-1 可以看到,人社部门牵头负责本地区政策制定、对政策扶持对象进行管理、审核等权力,财政部门负责拨款,教育、公安、环保、税务、人民银行等负责积极就业政策的具体执行及对象的日常管理统计工作。受府际权力结构影响,各部门通常只管做好自己分内的事情,不会考虑其他部门如何,最终会导致积极就业政策执行梗阻,降低执行效果。

6.1.1.2　权力与责任难以统一

从表 6-1 可以发现,辽宁省及其各级政府积极就业政策执行机构分工在形式上比较明确,但在执行积极就业政策活动中权责难以统一。这主要表现在两个方面:一方面,多执行主体集体行动带来职责难分的困境。积极就业政策执行中的每个具体项目都不是由单一部门独立完成,其执行的现实性客观要求人社、财政、公安、环保、人民银行等多个执行部门共同完成，那么多个执行主体理应根据权力大小承担相应职责。但是，府际权力关系要素决定了理性的执行主体随着权力的增加反而推卸了更多的责任，通过获取更大权力为逃避责任提供可能。比如，人社部门负责具体制定政策、对申请对象资料的审核及管理，财政部门对资料齐全、符合条件的申请对象拨付资金。明显人社部门职责多，但权力并不大，而财政部门掌握生杀大权，决定是否拨付就业资金，决定能否被执行。另一方面，执行主体的多层次、多类别客观上造成了权力和责任交叉，这为逃避责任、推卸责任的投机行为提供了可能。例如，辽宁省小额担保贷款项目的执行，执行主体在审查环节职责交叉重复。由于各部门审查标准或关注点不同而带来责任难以划分，权力相对大的部门通常承担责任较小，这严重限制该项目顺利有效执行。所以，辽宁省积极就业政策执行中，横向部门间权力较大部门，有时完成的具体任务少；相反，权力越小部门，完成的具体任务多而繁重。纵向府际上级政府权力较大部门责任较小，而下级政府权力小责任大，这势必带来权力与职责的分离，长此以往对辽宁省积极就业政策执行效果的影响弊大于利，阻碍其良性有充发展。

"中央政府与地方政府的实际权力是由中央政府决定的，因而中央与地方政府之间的职能关系很难获得统一"。[204]可见府际关系的核心是权力配置，权力配置结构直接影响积极就业政策执行。由于辽宁省积极就业政策执行是在纵向府际层级委托代理和横向行政部门间沟通协调的动态中完成的，所以执行主体间并不是单向、封闭的关系，而是双向、开放、交互式的关系。那么，在这种复杂、动态府际关系中，执行主体间并不是稳定的责权分配关系，而是不稳定的责任承担多少的差异，同时这种差异会变得逐渐模糊，最终带来对执行主体责任追究的困难。这种行为会产生两类后果。一类是加大行政部门间权力和责任失衡的程度，执行主体在分享责任与权力的同时，其权力的扩张会挤压责任的空间，导致责任对权力的规范效应逐渐减弱。另一类是加大执行主体权力与责任链条的脆弱性，辽宁省内任何一个层级行政部门权责背离都会对整个积极就业政策执行系统良性运行产生阻碍作用，危害积极就业政策整体目标的实现。在政府间权力结构形成与划分中，如权力集中到上级政府，责任没有被集中起来，造成权力与责任的分离，导致下级政府严重缺失承担责任的能力，从而会放弃对追求真正解决困难就业群体就业为本的政策项目，崇尚追求利益为本、易于完成任务的政策项目。执行主体间权责不统一显然限制了辽宁省积极就业政策执行的系统性。

6.1.2　利益结构：积极就业政策执行主体间的利益冲突

积极就业政策执行主体是政府行政机关和行政人员，他们拥有的政策执行权、政策评估权等公共权力无一不表现为与其相关的政府利益。"利益组织在处理国家事务时根本不会遵循公正，而是推崇执行中'一物换一物'的做法。恰是因为如此，政策和措施折射了'新集团主义'和'利益共同体'的政治色彩"[205]。辽宁省积极就业政策执行的过程中，由于受府际财税关系、纵向权限范围、公共资源配置、绩效考评机制等关系的影响，形成了辽宁省内府际利益冲突，限制了执行。

6.1.2.1　府际"互为否决"现象限制执行

在辽宁省积极就业政策执行的利益结构层面，府际会呈现出一种互为"否决"的现象。从纵向府际层面看，一方面，下级政府在执行过程中可以通过"执行偏差""选择执行""执行阻滞"等方式"否决"上级政府。这取决于上级政府是否符合下级政府利益需求。另一方面，上级政府也可以通过"放大""缩小"政策目标"否决"下级政府的执行结果，从而损害了下级政府的利益。这与一些权威人物或高层过度强调个体利益有关。从横向府际层面看，受部门利益驱使的同级行政部门之间为维护部门利益而否定其他部门的执行成果，通常情况下是权力较大部门否定权力较小部门。例如，财政部门拥有本地区财政资源配置权力，当其他执行部门与其发生利益冲突时，财政部门通常采取"财政资金紧张""领导未签字"或"材料不规范"等借口否定其他执行部门的执行成果。更重要的是，财政部门还可以通过财政配置增减积极就业政策各类项目，如：缩小公益性岗位、职业介绍项目的资金规模，增加创业担保贷款和职业培训项目的资金规模。财政部门比人社、教育等部门权力大。显而易见，府际利益"否决"现象不仅是直接影响积极就业政策执行结果，还影响了政策目标群体的公共利益，造成应当得到积极就业政策支持的就业困难对象由于府际冲突而未得到扶持。

6.1.2.2 纵向府际利益冲突导致执行结果偏离目标

积极就业政策执行过程中，既有府际利益冲突，又有政府整体与行政人员个体间的利益冲突。"如果决策与它所期望的东西不相符合或在它看来是无法实现时，它将反对这种毫无活力的东西或者试图改变既定措施的内容"[206]。他们会以本部门或本级政府的利益需求为中心，不符合本部门利益需求的政策不执行，更不会过多顾及政策对象的利益，借助本级政府所掌握的权力保护自身利益。弗诺毫克（Fred M. Frohock）将公共利益分为可量化型公共利益、结构型公共利益和整体型公共利益。"地方政府作为城市发展收益的分配者，在处理国家利益与地方利益、当下利益与长远利益、自身利益与公众利益时有失公平，进而产生了地方政府的种种短期行为。"[207]

选取辽宁省积极就业政策执行中存在问题的案例，如表6-2所示，并可通过这些问题案例，剖析纵向府际由于利益冲突而导致的执行结果偏离目标。

表 6-2　辽宁省积极就业政策执行中存在的问题表现

年份	执行主体	案例举要	问题表现
2010	抚顺市及其相关部门	抚顺市审计局发现个别积极就业政策执行单位存在就业资金监管缺失、虚报公益性岗位、个别培训机构虚假办班骗取财政资金的问题	虚假执行、象征执行、目标替代执行
2011	辽宁省及其下属市政府	审计署驻沈阳特派办发现辽宁省部分市财政就业补助资金在使用、管理方面存在问题	选择执行、变通执行、过度执行
2011	大连市及其相关部门	大连市审计局发现有些部门存在违规扩大就业专项资金支出范围，擅自提高支出标准，虚报冒领、套取、挪用资金等问题，尤其是街道财政所、环卫处、职业培训学校等单位存在此类问题	欺上瞒下执行、目标替代执行、过度执行
2011	本溪市及其相关部门	本溪市审计局发现就业资金筹集、管理及使用中存在不规范的问题，并且就业资金年末闲置过大	象征执行、选择执行、变通执行
2011	沈阳市及其相关部门	审计署沈阳特派办发现沈阳市某区劳资员李×× 贪污就业资金	欺上瞒下执行、目标替代执行、虚假执行

资料来源：相关公开资料。

　　通过表 6-2 中的几个案例可以看出，辽宁省及其所辖市县政府在执行积极就业政策时，执行主体会由于纵向府际利益结构而产生执行中的矛盾或冲突，从而产生了虚假执行、象征执行、选择执行、过度执行、欺上瞒下执行及目标替代执行等问题。产生这些问题归根结底在于以下原因。

　　一是政府的自利属性。政府的自利属性决定了执行主体必须维护部门利益和行政官员的个人利益。"一旦政府的自利性被激活，就必然会导致其在制定和执行公共政策的过程中片面追求自身利益而忽视公共利益，出现政策制定和执行偏差等现象" [208]。无论上级政府如何调整利益，归根结底还是再集中利益，根源依然在于对下级政府的控制。例如：××市个别部门为完成就业任务，争取业绩、不想垫底，存在虚报公益性岗位、个别培训机构虚假办班骗取财政资金的问题。

　　二是追求本级政府利益最大化。公共选择理论和理性经济人假设都强调，执行主体在执行积极就业政策时争取获得自身利益最大化。所以，下级政府一旦从上级政府那儿得不到利益，便会通过其他渠道想方设法获得，那么带来的风险是积极就业政策被选择执行、变通执行或欺上瞒下执行。这势必会导致执行结果偏离政策目标。

　　三是整体利益与局部利益的矛盾。辽宁省政府制定的积极就业政策是基于辽宁省整个范围的整体利益，而各市县（区）政府在执行积极就业政策时是基于本级政府利益的考虑，其代表的是局部利益，这天生造就了辽宁省政府与其各市县政府在积极就业政策目标方面存在的利益差异。受利益机制驱使，各市县政府的执行行为会以利益损益值作为参考值。参考值越大，执行意愿越强，会产生过度执行等现象；反之，执行意愿越弱，会产生象征、选择、迟缓等执行现象。尽管辽宁省政府三令五申要求各市县政府严格执行、不许打折扣，否则会受到相应的行政处罚，但通过表 6-2 的案例依然可以发现，部分市县政府为维护本级政府或个人利益仍然通过政策漏洞、故意夸大或缩小政策问题的办法灵活执行，在执行中产生不同的政策重点，结果导致市级政府执行了一些与省政府所期望目标不同的项目。

6.1.2.3 横向府际利益竞争降低执行效率

辽宁省积极就业政策执行的实质是对利益的再分配和再调整，一部分执行主体得到了利益，但也损失了另一部分执行主体的利益。因为政策执行的利益总和是不变的，变的只是利益在不同主体间的流动份额。同级政府的行政部门间在积极就业执行过程中会由于利益竞争而降低执行效率。原因是这些部门的职责相对独立，只是由于要共同完成任务而各自承担相应的职责。在执行的各类积极就业政策项目中，横向行政部门间并不是孤军奋战，而应呈现出各负其责、合作共赢的临时性或常设性组织关系，详见表6-3。

表6-3 辽宁省积极就业政策执行的流程

项目	申请部门	资格审验部门	审核批准部门	审批拨款部门
公益性岗位	使用公益性岗位从业人员的单位	县（区）人社局审验	市人社局审核批准	市财政局审核通过后拨付岗位补贴资金
社会保险补贴	符合申请条件的企业	人社部门初审	人社部门会同行业主管部门审定	财政部门审核通过后拨付社会保险补贴资金
职业介绍	职业介绍机构	就业服务中心核验	人社部门审核	财政部门审批通过后拨付职业介绍补贴资金
职业培训	职业培训机构	人社部门审核	同级财政部门复核	财政部门审批通过后拨付职业培训补贴资金
创业担保贷款及贴息	企业个人创业团队	人社部门审核	担保机构承诺担保、经办银行核贷	经办银行放贷，财政部门核准后按比例贴息

资料来源：相关公开资料。

通过表6-3可以发现，辽宁省积极就业政策体系中的任何项目的执行都至少需要经历申请、资格审验、审核批准和审批拨款四个环节的相关行政部门共同完成。受府际利益结构影响，执行主体出于部门利益考虑会发生交叉执行、重叠执行、过度执行的问题，直接带来政策执行效率低下，限制辽宁省积极就业政策执行。产生这些问题的原因如下。

一是执行主体职责重叠导致利益竞争。辽宁省积极就业政策体系中的任何一类项目的审核基本上都经历三个环节：一是申请对象是否符合基本条件的初始资料审验，这基本上由基层人社部门完成；二是人社部门会同相关业务部门审核申请对象，决定是否执行；三是财政部门最后复核审批，对符合积极就业政策扶持对象拨付就业专项资金。这三个环节存在多部门审核的职责交叉现象，那么这种职责重叠、多头执行现象会引发行政部门间的功能内耗、相互推诿，降低执行效率。

二是执行主体权责差异导致利益失衡。在积极就业政策执行过程中，会产生由于执行部门的权力和职责差异而被赋予不同利益。辽宁省积极就业政策执行中最重要、关键的政策资源就是公共财政的支持，于是，财政部门也就掌握了政策执行的主动权。人社部门负责政策对象的逐层审验和审核，决定政策对象是否能够被扶持，其权力仅次于财政部门。其他教育、环保、公安、人民银行、税务等部门属于业务配合部门或申请部门，直接与就业困难对象面对面打交道，权力相对较小，但执行任务量大而烦琐。在争夺利益时权力较大的部门通常比权力较小部门更具有主动权和控制权，那么权力较小部门由于获得利益小或得不到利益，在政策执行过程中就会产生消极怠工、抵触执行的情绪。这严重降低政策执行效率。

三是执行主体间恶性竞争导致利益损耗。辽宁省各类积极就业政策项目的执行，离不开相关部门的合作与沟通。执行主体为谋取利益会互设障碍为其他部门设置阻力，有时也会给对方拆台，直接导致积极就业政策失败。在有利可图的积极就业政策项目上，有的部门会主动甚至超越自己的权限执行政策。这势必带来同一执行环节多头执行或过度执行。相反，在无利可图的政策项目上，执行部门要么能推则推，要么能拖则拖，导致政策执行环节的中断或终止。此类执行现象的发生，大多是由横向政府部门利益关系造成的恶性竞争。可见，行政部门间职责划分的先天性不清晰，加上府际利益竞争，加剧了积极就业政策执行的低效率。

6.1.3　激励结构：上级政府的激励过度与激励结构错位限制执行

激励结构是政府间政策执行中的有效措施。就业政策执行过程中，激励结构发挥了重要作用，但有时也带来限制或错位执行。

6.1.3.1 干部晋升激励机制导致积极就业政策过度执行

我国政府干部管理权限通常采用"下管一级""逐级管理"的方式，除此之外，上级政府也通过其他的合法程序控制和影响地方政府的任命与管理。在辽宁省积极就业政策执行中，上级政府除了通过权力结构对下级政府进行控制外，还通过干部晋升激励手段影响积极就业政策执行。下级政府官员通常会选择短期行为迎合上级政府的施政理念、完成上级政府下达的任务。原因是其晋升机会掌握在上级政府领导者手中。尽管上级政府通过干部晋升机制诱导下级政府完成积极就业政策执行指标，但并不意味着上级政府能够对下级政府执行意愿、行为和结果完全左右或有效控制。这就为下级政府及其部门的过度执行提供了机会。下级政府唯数据至上，以完成执行"业绩"为目标，根本不考虑积极就业政策质量和投入产出效率等因素。我国《党政领导干部选拔任用工作条例》中规定干部考核标准为"德、能、勤、绩、廉"五项，那么"绩"的考核指标为工作目标任务完成情况。假设其他影响干部晋升因素不变，通常情况下积极就业政策执行的业绩与干部晋升正相关（见图6-1）。

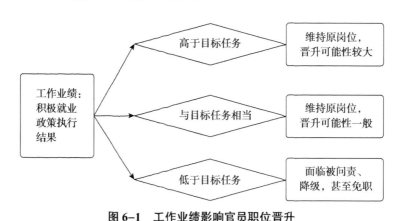

图6-1　工作业绩影响官员职位晋升

如图6-1所示，积极就业政策执行人员想要维持在原岗位或晋升，应当完成积极就业政策执行的目标任务，并且执行结果越高于目标任务，职位晋升机会越大。所以，干部晋升机制在某种程度上促进执行，但对积极就业政策执行的工作业绩过度追求会带来执行中的选择或过度执行，从而限制了执行效果。所以，干部晋升对其完成工作业绩的过度激励依赖并不能提高积极就业政策的执行效率，反而还会带来如下问题。首先，辽宁省各级政府及其部门有时过度追求业绩而忽视质量的过度执行；其次，干部选拔任用制度使用不当不仅会使上下级政府间发生冲突，而且诱导下级政府有效执行积极就业政策的效果有限。再次，上级政府虽然不具备直接任用干部的权力，但是具有考核干部政绩、向同级党委建议的权力。那么，辖市、县政府为获得省政府对自己政绩的认可必须完成省政府下达的就业工作任务指标。例如，辽宁省××市××县为完成新增就业人数、控制失业率而虚报职业介绍和职业培训人数，并将不符合职业介绍和职业培训要求的非就业困难对象纳入扶持范围。可见，积极就业政策执行中的干部晋升对工作业绩的过度要求是辽宁省及其市县级政府虚假执行和过度执行的深层次原因之一。可以判断，单一的干部晋升激励在积极就业政策执行中会带来两种弊端。一方面，如果没有晋升需要的执行主体会对上级政府的就业目标责任考核采取不屑一顾的态度，那么干部晋升激励机制对其是否执行、如何执行积极就业政策就会失效。另一方面，不惜一切代价为完成就业目标责任考核而获得晋升的执行主体会过度执行积极就业政策，带来数据虚报和效率低下的后果。

6.1.3.2　单一激励方式难以激发执行主体动力

辽宁省积极就业政策执行中的激励方式主要为上级政府对下级政府执行部门及其执行人员的表彰。通过选取 2002～2015 年的表彰案例，分析激励主体、激励对象、激励方式，剖析激励机制存在的问题，详见表 6-4。

表 6-4　辽宁省积极就业政策执行中的激励情况（2002～2015 年）

年份	激励主体	激励方式	激励对象
2002	大连市政府	表彰、授予荣誉称号	各区所辖的 15 个再就业先进社区
2003	辽宁省政府	表彰、授予荣誉称号	就业工作先进个人
2004	国务院	表彰、授予荣誉称号	沈阳和大连市政府，辽宁省财政厅、辽宁省劳社厅就业处、锦州市工商行政管理局，朝阳市国家税务局直属一分局

年份	激励主体	激励方式	激励对象
2005	辽宁省教育厅	表彰、授予荣誉称号	153个单位被授予"辽宁省普通高校毕业生就业工作先进集体"、17名同志获"辽宁省普通高校毕业生就业工作突出贡献奖"称号、632名被授予"辽宁省普通高校毕业生就业工作优秀工笔者"
2006	辽宁省政府	表彰、授予荣誉称号	沈阳市和大连市获得"就业工作先进单位"称号、抚顺市等七市获"就业安置先进单位"称号、鞍山市等七市获"职业技能培训先进单位"称号、全省各市同时获得"保障金征收先进单位"荣誉称号
2008	辽宁省政府	表彰、授予荣誉称号	沈阳市和大连市获得"就业工作先进单位"称号、抚顺市等七市获"就业安置先进单位"称号、鞍山市等七市获"职业技能培训先进单位"称号
2009	辽宁省教育厅	表彰、授予荣誉称号	大连大学等获得高校毕业生就业工作先进集体，王一波、马荣霞、江彩霞等获得高校毕业生就业优秀工笔者
2010	辽宁省政府	表彰、授予荣誉称号	大连市、沈阳市、辽阳市、朝阳市、葫芦岛市、鞍山市获得"就业创业重点工作优胜奖"
2011	本溪市	表彰、授予荣誉称号	表彰全市30个先进集体、38名先进个人
2012	辽宁省政府	表彰、授予荣誉称号	沈阳市财政局社会保障处等92个集体获得"全省就业先进工作单位"称号，刘跃成等97人获得"全省就业先进工笔者"称号
2013	辽宁省政府	表彰、授予荣誉称号	辽阳市、大连市、沈阳市、营口市、葫芦岛市获得就业创业重点工作优胜奖
2014	辽宁省政府	表彰、授予荣誉称号	全省就业先进工作单位、全省就业先进工笔者

资料来源：相关公开资料。

表6-4所示，辽宁省积极就业政策执行中的激励主体是上级政府及其部门，激励对象是下级政府的执行机构或执行人员，激励方式是荣誉表彰。荣誉表彰的激励方式在一定程度上促进了积极就业政策执行，但这种激励方式也容易导致如下问题。

一是以荣誉表彰为主的激励方式易产生"轮流坐庄"现象。在辽宁省积极就业政策执行中，省、市级政府每年都会召开就业工作会议，通过荣誉表彰的方式激励下级政府或执行人员执行政策时的积极性和主动性。但无论是下级政府的执行机构还是执行人员在一定时间内都获得过荣誉称号，基本上是"轮流做庄"。那么，荣誉表彰的激励方式会使执行主体产生"今年不获得明年获得""大家都有机会获得荣誉称号被表彰"的心理❶。这样就难以激发执行主体行为的动力，失去激励功能，导致积极就业政策被象征性执行的问题产生。

二是荣誉表彰易产生激励结构错位而产生过度执行的问题。在辽宁省积极就业政策执行实践中，下级政府通过获得荣誉表彰迎合上级政府的认可，不考虑本级政府积极就业政策执行资源和失业群体特征，使执行结果超出了绩效目标范围。表面上看，投入公共财政规模大、扶持就业困难对象数量多，但是积极就业政策绩效并不理想。这就是过度追求荣誉表彰而产生的激励结构错位。可见，这种由过度追求荣誉表彰而产生的激励结构错位，执行主体的执行目标与公共利益相悖，造成执行主体越努力、离公共目标越远的错位现象。笔者在辽宁省所辖市的调研访谈中发现，激励结构的错位会带来两方面的弊端。一方面，难以激发执行主体的动力和行为，结果是执行主体为应付差事采取象征性执行策略，使执行流于形式，导致执行结果很难达到政策目标；另一方面，执行主体不执行或者采取与政策目标相悖的执行策略，过度追求荣誉表彰而产生过度执行、扭曲执行积极就业政策的问题。结果偏离了解决就业困难对象就业、提高就业质量的原政策目标。

三是荣誉表彰的精神激励方式难以激发执行主体的活力，易产生表面执行的问题。辽宁省积极就业政策执行采取以荣誉表彰为主的精神激励方式，激励对象为下级政府执行机构及行政人员。由于我国财税分权制度的因素，荣誉表彰的精神激励方式不利于刺激下级政府及其部门治理失业的能动性，远不如物质激励方式中的财税减免更有利于刺激下级政府积极就业政策执行的动力，毕竟下级政府积极就业政策执行离不开财税政策工具的支持。所以，荣誉表彰的精神激励难以全面激励执行主体主动、创新、高效执行积极就业政策。

综上所述，以荣誉表彰为主的激励机制不利于发挥辽宁省各市、县（区）政府积极就业政策执行主体的积极性、主动性和创新性，在某种程度上限制了辽

---

❶ 来源于笔者 2015 年 3 月份对辽宁省 ×× 市的调研资料。

宁省积极就业政策执行。

6.1.4 资源配置：府际财政资源配置失衡

在米勒和霍恩构建的政策执行系统模型中，就将政策资源作为分析政策执行效果的变量之一。"资源（resource）是权力得以实施的媒介，是社会再生产通过具体行为得以实现的常规要素"。[209] 可以看出，资源在辽宁省积极就业政策执行中所扮演的关键角色，财政资源已成为辽宁省积极就业政策执行的基本条件。辽宁省各级政府的财政能力、积极就业政策执行投入、资源配置失衡限制了执行效果。

6.1.4.1 财政资源先天性不足

辽宁省积极就业政策工具是财政补贴，无论是保护性就业政策、市场性就业政策和战略性就业政策，都离不开公共财政资源的投入。所以，辽宁省及其各级政府财政资源充分程度决定积极就业政策执行效果。财政资源较充分的市政府在资源占有上比财政资源吃紧的市级政府在执行投入上具有先天优势。调研中发现，辽宁省积极就业政策执行的资金来源于中央财政就业专项资金、辽宁省省级财政及各市级政府按比例配套。其中沈阳、大连的财政收入比西部地区的锦州、朝阳、葫芦岛等市丰富，那么沈阳、大连即拥有财政资源投入到积极就业政策执行中。而锦州、朝阳、葫芦岛市即使有意愿加大就业资金投入，有时却面临"巧妇难于无米之炊"的困局。辽宁省各市财政收入反映的是实现各地区职能的财力保证，是能否实现积极就业政策执行的根本保障。辽宁省各市财政收入情况见表6-5。

表6-5　辽宁省各市财政收入情况（2007～2014年）　　　　（单位：亿元）

地区	年份							
	2007	2008	2009	2010	2011	2012	2013	2014
沈阳	231	291	320	465	620	715	800	786
大连	268	339	400	501	651	750	850	781
鞍山	75	100	123	180	207	234	239	242
抚顺	37	45	54	81	107	130	134	134
本溪	34	42	50	75	102	124	130	130

地区	年份							
	2007	2008	2009	2010	2011	2012	2013	2014
丹东	29	38	50	80	104	128	136	126
锦州	26	35	48	81	104	102	136	137
营口	29	40	57	100	140	170	184	160
阜新	11	15	19	30	50	64	70	71
辽阳	28	35	48	76	100	110	111	115
盘锦	30	35	43	81	112	140	149	151
铁岭	23	33	48	80	105	115	104	93
朝阳	22	32	42	66	87	107	112	102
葫芦岛	25	31	37	56	70	84	88	81

资料来源：根据《辽宁省统计年鉴（2008～2015）》整理计算得出，数据通过四舍五入法得出。

注：财政总收入指国家财政参与社会产品分配所取得的收入，是实现国家职能的财力保证；各地区财政收入反映的是实现各地区职能的财力保证。

表6-6　辽宁省各市城镇登记失业率（2007～2014年）　　　（单位：%）

地区	年份							
	2007	2008	2009	2010	2011	2012	2013	2014
辽宁省	4.4	3.8	3.9	3.7	3.7	3.6	3.4	3.4
沈阳	3.3	3.3	3.1	3.1	3.1	3.0	3.0	3.0
大连	2.2	2.4	2.8	2.7	2.9	2.6	2.6	2.7
鞍山	4.3	3.3	3.1	2.0	2.0	2.0	2.0	2.7
抚顺	4.5	4.4	4.5	4.3	4.2	3.9	2.5	2.8
本溪	5.2	5.0	4.5	4.0	4.2	3.9	4.0	2.9
丹东	4.8	4.9	4.5	4.1	4.2	4.3	2.8	2.9
锦州	4.7	4.1	3.7	3.9	3.8	2.3	2.1	3.5
营口	3.3	3.2	3.5	2.6	3.1	2.0	2.0	2.5
阜新	5.0	5.1	4.3	4.0	3.9	4.0	3.9	3.4
辽阳	4.5	4.0	3.3	2.7	2.6	2.3	2.5	2.5
盘锦	2.8	2.9	3.6	3.7	2.9	2.7	2.7	2.8
铁岭	3.6	3.4	3.9	3.9	3.6	2.7	2.7	3.2
朝阳	4.2	3.2	2.8	2.8	2.8	2.9	1.9	3.1
葫芦岛	4.7	4.4	3.9	3.6	3.7	3.1	2.9	3.2

资料来源：《辽宁省统计年鉴（2008～2015）》。

从表6-6可以看出，2007～2014年，辽宁省各市财政总收入差异显著，沈阳市和大连市的财政总收入，是鞍山市的3倍左右，是抚顺市、本溪市、丹东市、锦州市、营口市、盘锦市的5倍左右，是阜新市、辽阳市、朝阳市、铁岭市、葫芦岛市的8倍左右。辽宁省各市所支配的财政收入存在先天性差异，直接影响对中央就业专项资金的配套情况。财政资源充分的沈阳市和大连市，通常按1:1配套中央就业专项资金，而财政资金相对不充分的阜新市、辽阳市、朝阳市、铁岭市、葫芦岛市很少或无财政资金，通常不配套中央就业专项资金，其就业支出全部来源于中央就业专项资金。显然，财政资源充分的市级政府积极就业执行资源投入规模大，扶持的就业困难对象多，新增就业人员相应增加，城镇登记失业率降低，促进就业效果理想；而财政资源匮乏的市级政府积极就业政策执行资源投入相对较少，新增就业人数相应减少，城镇登记失业率相对较高，扶持的就业困难对象也相应减少，促进就业效果相对较弱。假设就业结构、就业困难对象特征等条件不变的情况下，通过表6-6可以发现，2007～2014年，财政资源较充分的沈阳、大连、鞍山、营口等市，其城镇登记失业率相对较低，各年都低于全省城镇登记失业率水平；而财政资源相对不足的抚顺、阜新、葫芦岛等市，其城镇登记失业率相对较高，基本上各年高于全省城镇登记失业率水平。另外，通过表6-5和表6-6的对比显示，辽宁省各市政府随着财政收入的逐年增加，各市的城镇登记失业率也随着降低。可以说明，财政资源的先天性不足限制辽宁省积极就业政策的执行效果，毕竟积极就业政策执行离不开财政资源的投入。

6.1.4.2　中央政府财政资源控制权过大

中央政府财政资源的调配，在某种程度上影响了辽宁省及其各市级政府执行积极就业政策的稳定预期，导致辽宁省所辖各市、县政府积极就业政策执行过度追求短期化、利益化。当辽宁省所辖下级政府的责任过多而权力和利益有限或与其承担的责任不匹配时，不得不选择变通的执行方式完成上级政府考核下级政府的执行任务。在执行实践中，有时会由于辽宁省所辖市级政府的财政配套资金短缺，导致辽宁省及其市县政府中央转移支付的就业专项资金结余。但是，《就业促进法》和中央政府积极就业政策执行的相关制度要求辽宁省各级政府必须配套中央就业专项资金，解决各辖区就业突出问题。受我国财税体制改革影响，下级政府倾向于发展经济，没有能力配套国家积极就业政策执行，其资金使用方向更偏好于投资能够带来高税收的产业，而不重视类似于执行积极就业政策的民生投入，造成下级政府积极就业政策执行的资金投入短缺。但是，为保证积极就业政策能够执行，辽宁省各市级政府必须配套相应的就业资金，客观上造成了下级政府财力的吃紧。这种情况下，财政短缺的市、县政府通常会采取两种措施，一是无财政能力配套导致中央政府就业专项资金结余，结果是积极就业政策未执行或执行不到位；二是为完成积极就业政策执行考核任务，又没有财政能力配套就业专项资金，采取资金挪用、虚拟配套、冒名顶替等方式执行积极就业政策。第二种执行措施比第一种造成的后果更加严重，既浪费了国家财政资源，又未达到积极就业政策的实施效果。可见，中央政府对财政资源配置权较大，其决定辽宁省及其市、县就业专项资金的多寡。辽宁省是老工业基地，其就业矛盾极其复杂、财政能力与东部地区省份相比不充分，再加上中央政府对财政资源的控制，共同导致了市、县的积极就业政策执行资金规模总体短缺，制约了辽宁省积极就业政策的执行效果。

财政资源的分配与再分配，最终目的在于促进各级政府为所辖区域的就业困难群体提供更优就业岗位和就业服务，然而多元化就业服务及就业岗位的提供是以地区财政能力为基础的。积极就业政策目标是为就业困难群体及社会公众提供就业服务或就业产品，以促进就业为标签的公共产品和公共服务需要政府购买，这就意味着辽宁省政府积极就业政策执行效果取决于其财政资源的多寡。辽宁省及其市县政府会通过讨价还价等方式争取中央就业专项资金为其所用。有时，为获取上级政府更多的财政资金，辽宁省及其市县政府有时会采取虚报数据、选择变通、目标替代的执行策略。

6.1.4.3　府际财政资源配置失衡

财政资金是积极就业政策得以实现的最有效工具，直接决定积极就业政策是否能够执行。无论是扶持公共就业服务机构资金、公益性岗位补贴、社会保险补贴、职业介绍补贴、职业培训补贴，还是创业担保贷款及贴息，全部来源于各级政府的公共财政。积极就业政策目标是为了增加社会福利水平，符合提高社会福利水平的标准，除了强调效率，更注重公平。辽宁省区域经济发展不平衡，各地区财政能力差异性较大，为保证社会公平正义，其重新配置中央就业专项资金，使就业专项资金在其所辖市间实现再次分配。表6-7反映了辽宁省就业资金配置情况。

表6-7　辽宁省各市就业资金支出（2007～2014年）　　（单位：亿元）

地区	年份							
	2007	2008	2009	2010	2011	2012	2013	2014
沈阳	10.0	11.7	12.0	12.5	13.0	13.2	12.1	10.2
大连	6.6	7.4	9.9	11.6	12.4	14.9	11.3	8.5
鞍山	1.9	2.8	3.4	3.5	4.0	3.4	3.7	4.2
抚顺	2.9	3.0	3.4	4.6	4.3	4.9	5.3	5.2
本溪	2.4	2.7	3.0	3.4	3.1	3.3	3.0	2.5
丹东	1.9	2.3	2.7	3.3	3.1	2.8	2.9	3.0
锦州	1.7	1.1	2.2	2.2	1.9	3.0	3.0	2.9
营口	1.6	1.7	2.0	2.4	2.4	2.4	2.8	2.8
阜新	1.8	1.8	3.3	3.5	3.1	2.6	3.3	3.2
辽阳	1.5	1.8	2.1	2.4	2.9	3.2	3.0	3.0
盘锦	1.7	2.5	1.8	2.4	2.2	2.3	2.4	2.3
铁岭	1.9	2.7	2.9	3.3	3.7	3.9	4.0	4.5
朝阳	1.4	1.4	2.2	2.7	2.2	2.9	2.8	3.4
葫芦岛	1.4	1.5	1.9	2.4	2.6	2.6	2.8	2.8

数据来源：对辽宁省财政厅调研数据。

表6-8　辽宁省各市就业支出占财政预算支出比重（2007～2015年）　　（单位：%）

地区	年份							
	2007	2008	2009	2010	2011	2012	2013	2014
沈阳	2.94	2.87	2.52	2.42	2.03	1.72	1.37	1.12
大连	1.91	1.82	2.10	1.90	1.69	1.67	1.04	0.86

续表

地区	年份							
	2007	2008	2009	2010	2011	2012	2013	2014
鞍山	1.56	1.80	1.91	1.73	1.72	1.17	1.14	1.29
抚顺	3.87	3.41	2.89	3.07	2.61	2.45	2.36	2.32
本溪	3.81	3.55	3.10	2.93	2.21	1.88	1.65	1.34
丹东	3.17	2.88	2.43	2.44	1.97	1.42	1.29	1.46
锦州	2.70	1.36	1.98	1.59	1.01	1.46	1.34	1.27
营口	2.62	2.20	1.89	1.75	1.31	1.09	1.13	1.27
阜新	3.83	3.46	4.13	3.98	2.42	1.79	1.92	1.83
辽阳	2.94	3.05	2.60	2.40	2.36	2.34	1.84	1.83
盘锦	3.54	4.31	2.17	2.18	1.53	1.26	1.23	1.13
铁岭	3.17	3.51	2.64	2.32	2.20	1.95	1.82	2.15
朝阳	2.00	1.51	1.82	1.56	1.26	1.36	1.22	1.49
葫芦岛	2.33	2.14	2.04	2.20	1.77	1.56	1.55	1.68

资料来源：就业支出数据来源于笔者对辽宁省财政厅的调研数据；财政预算支出数据来源于《辽宁省统计年鉴（2008～2015）》。比重数据由笔者计算后四舍五入得出。

从表 6-7 和表 6-8 中可以看出，2007 年至 2014 年间，辽宁省各市积极就业政策执行投入的财政资金呈上升趋势。辽宁省各市用于就业支出的资金占财政预算支出的比重逐年降低，城镇登记失业率也逐年降低，但二者之间并不矛盾。原因是公益性岗位从业人员和享受社会保险补贴人员随着退休自动减少，而用于这部分就业困难对象的支出占就业总支出份额较大，因此表面看就业支出规模小了，而失业率并未升高。但是，辽宁省各市之间的财政资源配置差距较大，经济越发达的市配置的就业专项资金较多，经济越欠发达的市配置到的就业专项资金越少。以沈阳市和朝阳市为例，2007～2014年，沈阳市就业支出每年都保持在 10 亿元以上，而朝阳市为 1 至 2 亿元。说明财政资源配置的相对失衡，是限制辽宁省积极就业政策执行的关键原因。

6.2 约束变量维度

辽宁省积极就业政策执行的约束变量包括制度规范、绩效考核、监督检查和行政问责。这些变量在府际关系的作用下，促进了辽宁省积极就业政策执行，圆满完成了积极就业政策考核指标，城镇登记失业率控制在合理区间。同时，也存在一些问题，限制了积极就业政策执行。

6.2.1 制度规约：政府换届及流程失范

6.2.1.1 政府换届可能中断积极就业政策执行的连续性

政府换届制度会使新一届政府工作目标发生变化，随之带来积极就业政策执行方向上的变化。首先，新一届政府不直接延续上届政府积极就业政策执行方式、程序、目标或任务，通常情况下会调整寻找新的工作目标，选择那些能够提高本届政府政绩、具有突出亮点或本届政府偏好的项目。调查中发现，辽宁省积极就业政策执行中，表面上看有的市县政府按上届政府政策要求逐项完成各项就业政策指标，但实践中并非如此。尤其是政府换届带来的行政领导和各部门负责人的变化造成政策中断或终止，难以发挥政策持续性效果。其次，辽宁省积极就业政策包括公益性岗位、职业介绍、职业培训、社会保险补贴、创业担保贷款及贴息、扶持公共就业服务机构等具体项目，各届政府目标及部门负责人的差异性决定了政策导向不同，重点扶持的积极就业政策项目不同，使每一届政府的目标和理念不一致，导致了上届政府执行得较好的政策项目却被本届政府中断或终止，使政策执行失去了连续性，不利于实现政策目标。再次，本届政府将就业工作的重点转向其他积极就业政策项目时至少需要重新调研、重新论证，况且执行效果未必理想，浪费大量时间和资源，既损害了上届政府所扶持政策对象的利益，又影响了辖区内整体积极就业政策效果。究其根本原因是各届政府之间衔接不好造成的。所以，政府换届制度使积极就业政策执行衔接不好，阻碍积极政策的整体性功能发挥和政策目标的实现。

6.2.1.2 执行流程不规范

在执行实践中，辽宁省积极就业政策各类项目的执行部门不完全一样，但基本上按照扶持对象申请、具体对应业务部门初审、人力资源保障部门审批、财政部门审核拨款的流程执行，如图 6-2 所示。

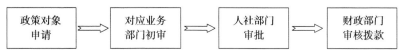

图6-2 辽宁省积极就业政策执行流程

通过图 6-2 可以看出，辽宁省积极就业政策执行流程存在职责同构等不规范问题，政策对象的审批至少由三个部门完成，难以界定各部门的审批职责、审批的起点和终点、审批的具体权限。以辽宁省公益性岗位项目的执行流程为例，从事公益性岗位就业困难对象最初向社区申请，社区审核后报街道办事处人社所，街道办事处审核后报区政府人社局，区政府人社局审核后报市人社局，市人社局审批后报市财政局，市财政局审核后拨款。不难发现，公益性岗位项目的执行流程从社区到市人社局都是审核阶段，各部门重复性执行严重，执行范围也难以明确，限制执行效果。

辽宁省府际传统固有分工理念束缚执行主体合作意愿。笔者在辽宁省 × 市的调研中发现过度强调分工会影响积极就业政策执行，因为积极就业政策执行是一个系统工程，而府际条块模式分工会使积极就业政策执行过程中产生"真空"状态。此类问题表现在两方面，一方面，府际分工太粗会遗漏执行任务，难以达成政策目标；另一方面，府际分工过细会增加行政协调成本、浪费执行资源及降低执行效率。

上级政府在执行流程上如过度控制下级政府，下级政府就难以发挥在执行流程上的自主权。最后，上级政府对下级政府提出的指导意见、劝告或改善时口头形式过多，带来府际推诿扯皮、互相推卸责任。可见，府际执行流程的规范性的缺失限制了积极就业政策有效执行。

6.2.2 绩效考核：绩效考核体系适用性较弱

我国《就业促进法》中明确规定了"县级以上人民政府按照促进就业目标

责任制的要求，对所属的有关部门和下一级人民政府进行考核"。绩效考核是上级政府约束下级政府执行积极就业政策的合法手段。但在积极就业政策执行中，府际绩效考核也存在绩效考核体系导向性不足和绩效考核指标有限性的弊端。这些弊端限制了执行主体能动性和创造性的发挥。

6.2.2.1 上级政府绩效考核指标体系的导向偏差

在科层体制内部，确立考核指标并进行绩效评价是推行上级意志并控制下级行为的有效方式。绩效考核指标引领下级政府的执行方向，发挥导向性的功能。辽宁省积极就业政策执行的绩效考核体系及考核指标，各市、县政府根据省政府的绩效考评标准，设立本级政府的绩效考评实施细则，指标体系基本一致。辽宁省关于积极就业政策执行的绩效考核内容包括两方面内容，一方面是具体的考核，另一方面是各项内容所占分值，如表 6-9 所示。

表 6-9 就业工作考核指标体系

一级指标	分值	二级指标	分值
就业工作	51	城镇实名制就业	3
		扶持创业带头人及带动就业	2
		小额担保贷款发放与回收	32
		新增创业人数	2
		零就业家庭	1
		失业人员控制	1
		公共就业服务	2
		普惠制就业培训	3
		大学生就业	5

资料来源：2015 年辽宁省 ×× 市政府绩效考核评价体系。

表 6-9 显示，绩效考核指标内容及其权重是辽宁省各级政府积极就业政策执行的指挥棒，引导执行方向和结果。积极就业政策执行绩效考核体系的导向与政策目标越接近，导向性越强，执行效果越好，反之则导向性越弱，越不利于政策目标的实现，所以用于测量积极就业政策执行绩效考核指标体系

的导向性影响执行效果。下级"政府一些部门之所以公然参与造假、指导造假，主要源于'数据出官''政绩出官'的考核晋升激励机制，在这一绩效考核制度下一些人生价值观开始扭曲，不惜铤而走险"[210]。无论是中央政府对辽宁省政府的考核，还是辽宁省对市政府的考核，考核指标都是由失业率、新增就业人数、就业资金支出、各类具体项目扶持人数、数据库建设等组成。毋庸置疑，绩效考核指标体系设置的导向性约束下级政府积极就业政策执行选择偏好。在这种绩效考核压力下，一方面，辽宁省各市、县会根据绩效考核指标完成执行任务指标，但有的不重视执行效果；另一方面，下级政府有的不再关注真实的就业困难对象需求，绩效考核数据唯上，产生政策目标群体外溢现象或数据虚假现象，严重影响积极就业政策实施的整体效应。下级政府在绩效考核的强大压力下，只能选择数据造假行为和虚假执行策略以应付现存的考核机制。更重要的是，如果辽宁省所辖市县政府没有完成积极就业政策考核任务，主要领导或相关部门责任人就面临严重的问责，带来的结果是不被重用或得不到晋升，甚至被降职或免职。不难发现，在辽宁省积极就业政策执行中，绩效考核指标的导向性更偏好于数量，而对就业质量、就业满意度、就业支出绩效等关注不足，因此限制了辽宁省实现更加积极、更高质量的就业目标。

另外，从表6-9的"分值"指标项可以发现，辽宁省××市政府更偏好于执行小额担保贷款项目，其次是针对大学生就业的项目。就业工作绩效考核共计51分，而"小额担保贷款的发放与回收"指标为32分，占总分值的63%，显然，更重视小额担保贷款项目的执行。"大学生就业"指标的分值为5分，约占总分值的10%，重视程度其次。而"零就业家庭"和"失业人员控制"指标各为1分，分别约占总分值2%的比例。通过数据比较发现，积极就业政策执行重点在小额担保贷款项目上，而像零就业家庭就业人员和失业人员控制方面显得不重要，甚至可以不执行，因为其只占总分值的2%，对整体绩效产生的影响程度相对较小，有时甚至可以忽略。这个指标与积极就业政策的公平理念相悖，但不影响积极就业政策执行绩效考核体系设计的效率。所以，绩效考核指标体系的导向性有时是下级政府选择执行或过度执行的原因。

6.2.2.2　上级政府绩效考核指标的有限性

政府绩效考核是上级政府制约和指导下级政府行政理念和行政行为的方向和手段，也是对下级政府行政人员的考核机制。通常情况下，辽宁省各级政府绩效考核的内容包括政府建设、经济建设、文化建设、社会建设及生态建设等指标。就业工作涵盖在社会建设指标中，不过各级政府针对"就业工作"指标实行一票否决制。积极就业政策考核指标设置，引领下级政府及行政人员的执行方向，决定积极就业政策实施的最终结果，因此政府绩效考核指标设计的科学性、代表性与适用性就显得至关重要，否则绩效考核机制难以发挥约束执行主体行为的功能。如果积极就业政策绩效评价指标对政府及行政人员不具有约束作用，执行主体就有可能更看重自利的"寻租"，导致执行结果与政策目标之间存在偏差或相悖。毕竟任何绩效考核指标体系都不可能穷尽和代表所有执行活动，因此辽宁省积极就业政策绩效考核指标的有限性限制了执行效果。

就辽宁省内上级政府对下级政府考核内容而言，通过梳理辽宁省积极就业政策绩效考核办法，依据执行主体执行积极就业政策的动力源，将考核指标分为压力型指标、奖励型指标和稳定型指标 ❶。

表 6-10　辽宁省就业政策执行中的绩效考核指标

类别	指标说明
压力型指标	就业支出、扶持就业人数、发放失业登记证数量
奖励型指标	作为典型宣传，干部晋升物质奖励，下一年度就业资金支出规模增加
稳定型指标	城镇登记失业率、失业人员控制

资料来源：辽宁省统计公报、辽宁省政府官网资料。

从上表 6-10 可以看出，不同类型的绩效考核指标对积极就业政策执行的约束有所差异。但执行主体对指标的过度依赖会产生选择执行或过度执行。自上而下的干部任用体制、政绩考核机制以及在此基础上的干部晋升机制，这些

---

❶　此种分类方法是相对分类，而不是绝对分类，毕竟这三种绩效考核指标中的部分内容存在一定的关联度。

决定了下级政府会竭尽全力完成上级政府的考核指标，而忽略执行质量及效果。笔者在调研中发现，辽宁省大学生就业见习补贴项目中存在过度执行和虚假执行的现象。下级政府的就业部门为完成大学生就业见习补贴人数，通常联合用人单位以招聘的名义，将大学毕业生的毕业证、身份证、户口本等审核要件收集齐全向所在市政府申请大学生就业见习补贴，对用人单位来说套取了就业资金，对下级政府来说完成了就业执行考核指标任务。造成过度和虚假执行的原因，一是只要安排大学生就业的企业就可以按人数得到就业见习补贴，对劳动保险、工作时限、大学生是否真正存在就业困难等都没有明确要求；二是只考核享受就业见习补贴的名单及人数，当下级政府执行任务绩效考核任务完不成时会采取过度执行，使不符合政策条件的大学生被纳入到支持范围，甚至与企业一起共同造假完成指标任务。❶ 所以，上级政府对下级政府绩效考核指标的有限性制约了积极就业政策执行。

6.2.2.3　过度依赖刚性指标

辽宁省积极就业政策执行绩效考核体系包括刚性指标和柔性指标，刚性指标类似于"一票否决制"，柔性指标类似于"维护就业局势稳定"。政策执行主体会区别对待政绩考核的刚性指标和非刚性指标，在刚性指标未完成的情况下，一般不会重视柔性指标。另外，执行主体更重视容易观察到的显性指标，如新增就业人数指标。下级政府在开展"就业援助月""阳光之家"等就业援助项目时，会通过新闻媒体过度渲染、摆摆样子来满足上级政府的考核要求。这些问题源于上级政府绩效考核指标设计的有限性。还有另一种情况，上级政府的绩效考核指标与一票否决制有时会被下级政府过度使用，出现了积极就业政策过度执行的现象。上级政府考核指标具有宏观性和计划性，而下级政府又具有天生的地方或区域多样性色彩，加之就业矛盾的不确定性，导致府际存在冲突。下级政府为迎合上级政府的考核，采取虚假执行和欺上瞒下执行策略，影响了执行效果。

---

❶　根据笔者 2015 年 3 月份在辽宁省 ×× 市调研资料。

6.2.3 监督检查：府际监督检查有限

针对政策执行的监督，威廉·邓恩（William N. Dumn）认为，"监测有助于确定项目执行人员、官员以及其他利益相关者是否按照立法者、管理机构和专家组所制定的标准和程序开展行动"。[211] 上级政府通过对下级政府的监督检查约束积极就业政策执行。即使上级政府的权力过大而增加对下级政府的约束力度，但由于权力边界不清晰，导致政府间依然存在监督空白区域。

6.2.3.1 政府内部监督的有限性

政府内部监督指监督主体是政府，监督对象也是政府。政府内部监督是积极就业政策执行监督的重要组织部分，有其自身优越性，但也存在弊端。政府内部监督的优越性表现在监督范围较适度、监督手段灵活、监督信息获取方便等，这些是其他监督方式无法比拟的优越条件。政府内部监督的弊端表现为监督主体缺乏独立性和机构分工不明确导致难以监督或监督效果不明显。在积极就业政策执行监督的实际操作中，执行主体集决策、执行、监督三种功能于一身，在自利驱动下，执行主体会利用决策权表达国家意志，合理地为部门谋取利益。辽宁省各市县政府在执行中，还具有再决策和监督的权力。他们为扩大本部门利益会争取更大的权力，很难做到自我检查和自我监督，使执行结果偏离了政策目标。最终阻碍积极就业政策目标的实现。久而久之，府际内部监督形同虚设，并没有发挥其应有的监督功能和监督职责。

表 6-11 辽宁省积极就业政策执行的监督检查

主体	对象	内容
辽宁省就业领导小组	各市、绥中县、昌图县政府及其部门	积极就业政策执行
辽宁省政府督查室	各市、绥中县、昌图县政府及其部门	就业援助工作
辽宁省职业培训领导小组	各市政府及其部门	职业培训执行情况

续表

主体	对象	内容
葫芦岛市就业局	各部门工作人员	工作意识及业务水平
丹东市就业局	各区县就业部门	公益性岗位从业人员上岗审批流程是否规范
沈阳市春风行动领导小组	各区县	检查指导活动主题、活动规模、活动内容、政策对象收益多少、活动成效
丹东市就业创业领导小组	全市三县五区	检查考核就业指标任务落实情况
沈阳市由金融、劳动保障、财政等部门组成的督查小组	各区县	定期深入督查指导,对小额担保贷款进展情况实行日统计、日分析、周通报、月调度制度
大连市由金融、财政、劳动保障等组成的协调小组	各区县	确保各区县小额担保贷款项目顺利实施
本溪市审计局	本市就业、劳动和财政部门	核查就业资金使用与管理

资料来源:相关媒体公开报道资料。

通过表6-11中可以看出,辽宁省积极就业政策执行的监督检查主体为辽宁省各类就业工作领导小组、辽宁省政府督查室或相关就业、财政、审计部门,监督检查对象检查是下级政府及其相关部门,因此属于政府内部监督检查。但是,这种府际内部的监督检查在约束积极就业政策执行的同时,也有其弊端,主要表现在两大方面。

一方面,上级政府及其部门对下级政府及其部门的监督检查存在"漏点"和"盲点"。如表6-12所示,辽宁省及所辖市县政府对下级政府的监督检查方式主要包括现场查看、检查照片等佐证材料、监督检查对象汇报和自检自查等。这几种监督检查方式只能够约束下级政府及其部门一时的行为,再加上下级政府或部门在时间和空间上的相对独立性,很难做到常态化监督,为下级政府提供虚假执行的可能。

表6-12 辽宁省积极就业政策执行的监督检查方式

监督检查活动	监督检查方式
辽宁省政府督查室监督检查各市就业援助工作，推动零就业家庭、棚户区失业人员政策执行	专项检查
辽宁省职业培训领导小组依据专项检查和绩效考核手册，逐条督查考核职业培训项目管理及资金使用专项检查	自检报告、检查考评意见书面材料
辽宁省职业培训领导小组办公室监督检查职业培训工作指标完成情况	查验有关文件、档案资料、实地考察
沈阳市春风行动领导小组检查指导活动主题、活动规模、活动内容、活动成效	现场查看、查验照片佐证材料、现场汇报
丹东市就业创业领导小组检查考核全市就业指标任务落实情况	汇报、查看资料、现场查看
沈阳市由金融、劳动保障、财政等部门组成的督查小组监督检查小额担保贷款政策执行情况	定期到所属部门督查指导
大连市由金融、财政、劳动保障等组成的协调小组监督检查小额担保贷款项目执行情况	定期到所属部门检查指导

资料来源：根据公开资料整理绘制。

　　另一方面，同级政府部门间的监督检查有时会存在"照顾"或"睁一只眼闭一只眼"的现象。这是因为积极就业政策执行是由同级政府各行政部门共同完成的，对其监督检查部门即是同级政府的监察部门，那么执行主体与监督主体共同隶属于同级政府的行政机构，处于财政、人社、编制、福利等相互关系的同一组织内部，构成"一损俱损、一荣俱荣"的利益共同体。即便发现问题，也采取"内部压下"和"睁一只眼闭一只眼"的办法，通常避重就轻解决。不难看出，横向府际这些行政部门相互寻求所需、利益交换、互不得罪使政府内部监督检查流于形式。

　　综上所述，仅靠上级政府对下级政府的督察制度和管控机制难以科学有效地解决下级政府行政方式和违法行为。但上级政府不可能完全为下级政府的各部门责权划分明晰，又缺乏对下级政府的充分了解，因此产生了监督检查的有限性，使下级政府轻而易举逃避了上级政府的监督检查。这严重地限制了积极就业政策执行的总体效率。由于上级政府监督的有限性，使下级政府有机会违规违法。上级政府监督检查的局限，导致了积极就业政策执行过程中的过度执行、虚假执行及变通执行问题的频发。一方面助长了下级政府逃避监督检查的侥幸心理，另一方面恶化了上下级政府间的关系，甚至会发展为彼此不信任、相互否定的状态。长此以往，积极就业政策执行效率低下，执行的动力在上下级政府间的不信任、恶性竞争中丧失。随之，政府为就业困难群体提供的就业扶持项目和促进就业的服务也伴随恶性竞争而化为泡影。

6.2.3.2 政府外部监督的缺失性

政府外部监督的缺失性，影响辽宁省及其市县政府积极就业政策执行的透明度。执行主体如果在公开透明的环境下完成执行活动，会得到政策对象和社会公众的监督，有利于减轻政府内部监督的不完整性和政府治理的负担，实现社会公众对府际执行积极就业政策的有效监督。其中，积极就业政策执行过程是否公开，成为政策对象理解、认知及参与政策执行的主要制约因素。让政策的权力在阳光下运行是监督和提高政策执行乃至政府治理社会事务的必要保障。积极就业政策执行情况采用本级政府自查和上级政府检查相结合的方式，基本上由政府内部监督完成，缺少政府外部监督，不利于提高执行效果。

互联网时代，媒体依然是社会公众获取信息的主要途径。由于政府公开信息程度较低，政策对象及社会公众难以对积极就业政策执行过程监督。在积极就业政策执行实践中，缺少以媒体为代表的外部监督。目前，辽宁省政府利用媒体宣传积极就业政策时，大多是停留在对积极就业政策执行结果好的部门或地区进行宣传，也包括一些地区的典型案例，但未跳出政策结果宣传的边界。这种宣传是不全面的，存在一定缺陷。根据辽宁日报、沈阳晚报、华商晨报等几家纸制媒体分析发现，辽宁省在积极就业政策执行过程中，对政策理念、政策具体内容、政策对象申报条件及环节的具体信息说明并不充分，这不利于政策目标群体充分理解政策意图、政策取向、具体方案及措施，导致政策执行出现偏差等问题，既浪费了政策资源，又影响政策执行效果。辽宁省及其市县政府在执行中得不到媒体的有效监督，其执行意愿、行为和结果公众很难知道真相。所以，政府外部监督的缺失影响执行效果。

6.2.3.3　积极就业政策执行的跟踪审计 ❶ 不足

辽宁省就业专项资金使用是否科学规范，反映了就业专项资金绩效及积极就业政策执行效果。辽宁省通过对就业资金的审计约束了执行主体行为，促进了积极就业政策执行，然而由于积极就业政策执行的跟踪审计不足，导致就业资金审计的功能受限。

首先，审计主体存在制度上的缺陷。辽宁省就业专项资金的审计主体由国家审计署驻沈阳特派办和辽宁省及其市、县级政府的审计部门构成，其各自审计范围不同，如表 6-13 所示。中央审计署的权限范围较大，可以监督检查辽宁省范围内所有就业资金使用与管理情况，作用力较强，而辽宁省各级政府的审计部门只负责同级和下级政府部门的就业资金使用情况，其权限相对较小，并且与积极就业政策执行的财政、人社等部门受同级政府的共同领导，结果导致监督检查不到位，容易产生共谋欺骗上级政府的行为后果。

表 6-13　辽宁省积极就业政策执行中的审计

审计主体	审计范围及内容
审计署驻沈阳特派办	辽宁省范围内就业资金的使用与管理
辽宁省审计厅	审计同级政府部门、各市就业资金的使用与管理
辽宁省各市审计局	审计同级政府部门就业资金的使用与管理

资料来源：相关公开资料。

其次，跟踪审计规范体系匮乏。尽管国家审计署于 2015 年印发了《国家重大政策措施和宏观调控部署落实情况跟踪审计实施意见（试行）》，要求对国家出台的重大政策进行审计，提高政策效果。由于政策执行中的跟踪审计在我国起步较晚，再加上积极就业政策执行过程中的复杂性和动态性，目前辽宁省缺乏专门的积极就业政策执行跟踪审计规范和准则。另外，我国积极就业政策执行的跟踪审计，不仅缺少经验方法，而且缺乏积极就业政策执行统一的审计技术和方法。因此，辽宁省及其各级政府积极就业政策执行无可参考的跟踪审计规

---

❶　跟踪审计指"为规范国家重大政策措施和宏观调控部署落实情况的跟踪审计工作"。参见：审计署办公厅印发《国家重大政策措施和宏观调控部署落实情况跟踪审计实施意见（试行）》，2015 年 5 月 11 日。

范体系。这为一些部门或下级政府变通执行、虚假执行、目标群体外溢执行提供了空间。

再次，审计成果的提炼和利用不足。针对积极就业政策执行中存在问题，辽宁省政府对存在问题的部门要求他们限期整改。例如，就审计署驻沈阳特派办2011年针对辽宁省就业资金审计中有些部门扩大范围使用就业补助资金的问题，辽宁省下发了《关于开展就业扶持政策落实情况清理整顿工作的通知》、沈阳市下发了《关于2011年我市公益性岗位检查有关问题的通知》。但是，针对披露积极就业政策执行中存在的违法行为的漏洞和障碍分析不足，对执行中即将产生的苗头、趋势问题预测分析不足，针对不同层级和部门有效执行积极就业政策的建议不足，更重要的是对审计要情、审计建议等审计信息成果的开发利用不足。

最后，尚未建立政策执行情况的跟踪审计评价体系。由于辽宁省各市积极就业政策目标还存在差异性，造成政策执行的跟踪审计缺少参照物，即使同一类积极就业政策项目在不同的地区也存在差异，执行结果与目标之间会存在偏差。另外，辽宁省各市政府的经济状况、财政能力及就业矛盾不同，造成跟踪审计评价体系较宏观，这不利于监督检查执行主体执行行为和执行结果。

6.2.4 行政问责：府际问责机制缺失及力度不足

问责是特定主体对行政机关和公务员运用行政权力从事公共管理活动中的违法违纪行为进行追究的活动。它意味着政府必须是责任政府。那么，辽宁省积极就业政策执行中问责机制的缺失及问责力度不足，产生了虚假执行、选择执行和替代执行的现象，制约了积极就业策执行效果。

6.2.4.1 问责机制不健全导致执行随意性

辽宁省针对各级政府及部门出台了一系列积极就业政策执行的问责制度（见表6-14），以约束执行主体保质保量完成执行任务。但是，仅有行政问责制度并不能完全约束执行主体行为。在积极就业政策执行过程中依然存在挪用、占用、套取、寻租等违规违法行为，产生了政策落实不到位和非法执行等问题。

表6-14 辽宁省积极就业政策执行中的问责制度

问责制度	责任主体	问责内容
《辽宁省促进普通高等学校毕业生就业规定》（辽宁省人民政府令第232号）	各级政府及相关部门工作人员	不履行促进高校毕业生就业工作职责的，拒不实施政府有关促进高校毕业生就业扶持政策和措施的，虚报促进高校毕业生就业考核指标的，重大决策失误导致较多高校毕业生失业的，其他玩忽职守、滥用职权、徇私舞弊的，所在单位、上级主管部门依法给予行政处分、构成犯罪的移交司法机关
《辽宁省人民政府关于进一步做好新形势下就业创业工作的实施意见》（辽政发〔2015〕17号）	辽宁省所辖相关市政府负责人及具体责任人	落实目标责任制，对不履行促进就业创业职责，造成恶劣社会影响的，对相关市政府负责人及具体责任人问责
《辽宁省人民政府办公厅关于进一步促进就业再就业工作的指导意见》（辽政办发〔2016〕75号）	各级政府及人力资源社会保障部门是责任主体，"一把手"是第一责任人，分管领导是直接责任人	强化政府、教育部门和高校促进就业再就业工作职责。充分发挥各级就业工作领导小组的职能作用，明确部门职责，定期研究就业重大问题，协调推进本地区就业工作
《辽宁省人民政府办公厅关于进一步促进就业再就业工作的指导意见》（辽政办发〔2016〕75号）	省人力资源社会保障厅，各市人民政府	建立就业工作目标责任制，对就业工作完成不好的地区进行通报批评，并视情况对主要负责同志约谈，提出整改意见；对工作懈怠、不作为导致目标未完成的，依据相关规定进行问责
《辽宁省人民政府办公厅关于进一步促进就业再就业工作的指导意见》（辽政办发〔2016〕75号）	省教育厅，各市人民政府	建立高校就业目标责任制，省教育厅与省属高校"一把手"签订就业目标责任状，各级政府及教育部门要把毕业生就业创业状况纳入对高校领导班子绩效考核指标体系。对工作不到位、就业率未完成的高校，省政府分管领导要约谈高校"一把手"并通报全省
辽宁省省长办公会《加强责任落实确保全省就业形势总体稳定》（2016.6.20）	各市、各有关部门为责任主体	进一步强化各级政府促进就业再就业工作职责、建立就业工作目标责任制，建立高校就业目标责任制，强化行政问责制度

续表

问责制度	责任主体	问责内容
2015 年度辽宁省政府对各市政府绩效管理工作实施方案	各市政府	将 2015 年确定为"问责年",要求在全省深入开展问责,对考评成绩低下的市政府给予通报批评,并对主要领导及相关负责人实行约谈、问责

资料来源:相关公开资料。

通过表 6-14 可以看出,辽宁省建立了积极就业政策执行的问责制度,但问责机制与责任追究机制须进一步健全,以免产生执行主体随意性强、问责难度大及问责不适度的问题。

首先,执行主体随意性较强。在行政问责机制下,责任主体只需要完成各项就业目标即可,基本不再考虑本辖区政府的执行资源、就业矛盾状况和就业困难群体的数量及特征,更不会主动承担执行主体的职责。这使执行主体带有随意性特征,随之产生一系列虚假执行、目标替代执行、欺上瞒下执行等执行现象。辽宁省积极就业政策执行中的问责机制一旦缺失,一方面造成了就业支出等执行资源的极大浪费;另一方面使真正的就业困难对象未被纳入支持范围,而不符合政策要求的人却享受到了政策扶持。这既达不到积极就业政策目标,又解决不了失业问题。就业政策执行中问责机制的缺失是责任主体执行政策随意性的主要原因。

其次,对执行主体的问责难度大。从表 6-14 中并不能看出辽宁省积极就业政策执行中的责任主体到底要承担什么样的、多大程度的责任基本上属于宏观概括性的标准。问责机制不健全为问责对象采取形式主义和阳奉阴违的手段提供了机会。作为问责主体的辽宁省政府误认为他们执行得好,反过来这些问责对象不仅没受到问责反而被表扬。更为严重的是,有的责任主体在积极就业政策执行过程中滥用公权力、出现执行错误而造成重大损失,但并没有因为其错误行为而被追究和惩罚。这与积极就业政策执行责任追究机制不健全分不开。可见,责任追究机制不健全不仅对政策执行中的不良行为起不到震慑作用,而且还助长了政策执行过程中的违规现象。通过公开资料检索发现,在辽宁省积极就业政策执行中,除了具有刑事犯罪行为的执行主体被问责外,大部分执行主体没有实质性的被降职或被惩罚，顶多在会议上被作为典型批评，严重的被列为反面典型在政府或相关部门系统内提供警示教育作用。因此，问责机制的不健全不仅使政府行为不能被有效问责，更会使辽宁省积极就业政策目标难以高质量实现。

再次，问责不足或过度现象时有发生。一方面，问责不足。"对于中央政府而言，加大惩处力度与惩处概率都有助于控制地方政府行为，有助于中央法律和政策的执行，确保政令畅通"[212]。问责不是含导致选择性执行、虚假执行、象征执行、过度执行积极就业政策，拒绝或放弃执行与本级政府或部门利益小的积极就业政策。另一方面，问责过度。行政问责发生的前提是积极就业政策执行活动已完毕，它意味着积极就业政策执行主体执行只有执行了政策才有机会被问责，而不执行积极就业政策反而存在不被问责的现象，这是由于问责过度而带来执行主体规避执行风险问题。综上所述，问责不适度限制其执行效果。

6.2.4.2　职责同构和多重委托链条断裂使问责难度加大

辽宁省积极就业政策执行主体的职责同构带来行政部门职责划分重叠或模糊，再加上执行主体、执行过程、监督主体、职责边界等划分缺乏刚性要求，难以识别责任主体承担的责任程度（见表6-15），因此对执行主体问责难度的加大。

表6-15　辽宁省积极就业政策执行中的责任单位

序号	执行任务	牵头单位	责任单位
1	坚持扩大就业发展战略	省发展改革委	省发展改革委、省经济和信息化委、省科技厅、省财政厅、省人力资源社会保障厅、省服务业委、省地税局、省政府金融办、省国税局等负责
2	发展吸纳就业能力强的产业	省发展改革委	省发展改革委、省经济和信息化委、省科技厅、省财政厅、省人力资源社会保障厅、省农委、省服务业委、省中小企业局、省政府金融办等负责

续表

续表

序号	执行任务	牵头单位	责任单位
3	运用失业保险支持稳定就业	省人力资源社会保障厅	省人力资源社会保障厅、省财政厅等
4	加强创业孵化平台建设	省人力资源社会保障厅	省人力资源社会保障厅、省教育厅、省财政厅、省国土资源厅、省住房城乡建设厅、省农委、省服务业委、省政府金融办、省中小企业局、省地税局、省工商局等
5	大力发展众创空间	省科技厅	省科技厅、省教育厅、省财政厅、省人力资源社会保障厅等
6	鼓励自主创业	省人力资源社会保障厅	省人力资源社会保障厅、省工商局、省财政厅等
7	支持创业担保贷款发展	省财政厅	省财政厅、省人力资源社会保障厅、人民银行沈阳分行等
8	加大减税降费力度	省地税局	省地税局、省财政厅、省人力资源社会保障厅、省民政厅、省物价局、省国税局等
9	调动科研人员创业积极性	省人力资源社会保障厅	省人力资源社会保障厅、省教育厅、省科技厅、省国资委等
10	鼓励农村劳动力创业	省人力资源社会保障厅	省人力资源社会保障厅、省财政厅、省农委、省国土资源厅、省服务业委、省地税局、省工商局、省旅游局、省政府金融办等
11	建立创业保障机制	省人力资源社会保障厅	省人力资源社会保障厅、省财政厅、省民政厅等
12	鼓励电子商务领域就业创业	省人力资源社会保障厅	省人力资源社会保障厅、省财政厅、省工商局、人民银行沈阳分行等
13	推进创建创业型城市	省人力资源社会保障厅	省人力资源社会保障厅、省财政厅等
14	鼓励高校毕业生多渠道就业创业	省人力资源社会保障厅	省人力资源社会保障厅、省教育厅、省财政厅、省卫生计生委等
15	加强对困难人员的就业援助	省人力资源社会保障厅	省人力资源社会保障厅、省民政厅等

续表

序号	执行任务	牵头单位	责任单位
16	实行低保渐退机制	省民政厅	省民政厅、省财政厅等
17	促进退役军人就业	省民政厅	省民政厅、省人力资源社会保障厅等
18	强化公共就业创业服务	省人力资源社会保障厅	省人力资源社会保障厅、省财政厅等
19	加快公共就业服务信息化	省人力资源社会保障厅	省人力资源社会保障厅、省发展改革委、省经济和信息化委、省教育厅、省财政厅等
20	加强人力资源市场建设	省人力资源社会保障厅	省人力资源社会保障厅、省财政厅、省国资委等
21	加强职业培训和创业培训	省人力资源社会保障厅	省人力资源社会保障厅、省教育厅、省财政厅等
22	完善政府补贴培训成果工作机制	省人力资源社会保障厅	省人力资源社会保障厅、省财政厅等
23	支持企业岗位转岗和技能提升培训	省人力资源社会保障厅	省人力资源社会保障厅、省财政厅等
24	完善失业登记办法	省人力资源社会保障厅	省人力资源社会保障厅、省公安厅、省财政厅等
25	加强组织领导	各市政府	各市政府负责
26	落实目标责任制	省人力资源社会保障厅	省人力资源社会保障厅
27	保障资金投入	省财政厅	省财政厅、各市政府等
28	建立健全就业创业统计监测体系	省统计局	省统计局、省人力资源社会保障厅、省财政厅等

资料来源：《辽宁省人民政府关于进一步做好新形势下就业创业工作的实施意见》（辽政发〔2015〕17号）。

如表6-15所示，辽宁省政府将积极就业政策执目标任务分解为28项，各项任务由牵头单位和责任单位完成。每项工作都由两个及以上部门完成，多则由十几个部门共同完成。例如：鼓励农村劳动力创业、鼓励高校毕业生多渠道就业创业、建立创业保障机制、加大减税降费力度都是由多个部门共同完成的。

从各项任务的责任单位职责来看，他们之间存在职责同构现象。各类项目的牵头单位主要以省人力资源和社会保障厅、财政厅为主，导致这几个部门的职责在所有项目中都要总负责。当被行政问责时他们责任较大，但也难以区别大小。可以看出，责任单位并没有明晰职责，只是按照日常业务部门职能承担相应的执行任务。那么积极就业政策执行一旦出现问题难以界定执行主体责任及责任程度，问责难度极大。在积极就业政策执行中也正因为职责同构难以对其问责，所以产生了积极就业政策执行过程中的重复执行、选择执行、虚假执行或目标替代执行等问题。

辽宁积极就业政策执行是自上而下的委托代理模式，纵向各级政府都以同样的方式执行同一政策，部门机构配置基本一致，形成府际"条块分割"的局面，造成执行主体自我封闭，使积极就业政策执行不到位。之所以职责同构会限制执行，原因在于府际职责同构会陷入下级政府"全能"或下级政府"无能"、上级政府"权力集中"或上级政府"无权"的两大困境。执行主体间的职责同构通过影响执行主体行为的规则、标准及行为方式而影响积极就业政策目标的实现程度。辽宁省积极就业政策执行是一项系统工程，既需要纵向的省、市县政府逐级完成，同时又需要横向各级政府及行政部门共同完成。作为系统中各个单元的执行主体都要对自己的执行行为负责，但是在这样一个大系统内很难确认责任方及责任程度。这些为积极就业政策执行失真、虚假执行、目标替代执行等行为提供了逃避责任追究的空间和可能，执行主体职责同构阻碍了执行效果。

多重委托代理链条的断裂使问责难度加大。辽宁省积极就业政策执行要求多层级政府和多部门参与执行，那么这种多主体共同执行的委托—代理关系已经超越了传统政策执行的一重委托代理关系。中央政府逐级委托给辽宁省政府、辽宁省政府委托给市县（省管县）政府，这些受托人被赋予了执行积极就业政策的权力并承担相应的责任。权力和责任在执行过程中实现了在多重主体间的传递，形成了委托—代理链条。作为执行主体的每一个受托人都是委托—代理链条中的一个节点，承接上一级委托人的责任和权力。无论哪个结点出现权力滥用和推卸责任都会使整个委托链条断裂，造成权力和责任背离，会使辽宁省顺畅或有效执行出现弊端。

6.2.4.3 执行主体责任意识缺失

辽宁省积极就业政策执行主体的责任意识，广义上包括行政责任意识、法律责任意识、政治责任意识和道德责任意识，狭义上指行政责任意识。作为执行主体的行政部门和行政人员由于承担了一定的任务而相应的履行一定的职责，并且职责与义务表现为对等性特征。在辽宁省积极就业政策执行过程中出现的问题当中不难发现，有的执行主体由于责任意识缺乏导致政策执行效果与政策目标间存在偏差或者执行不力未达到政策目标的现象。

一是就业资金被骗取，存在虚假执行现象。执行主体时常会为政绩夸大就业矛盾而多报，或为减少执行风险而缩小就业矛盾少报，这种行为使公共财政受损，与构建责任政府目标相悖，严重影响政府在社会公众中合法性基础。例如，辽宁本溪市就业服务局行政人员王××、陈××利用职务便利帮助他人实施骗取国家公益性岗位补贴款的行为，最终以刑事处罚的形式问责。此案件说明执行主体为骗取国家就业资金，采取虚假执行、欺上瞒下的方式骗取公益性岗位补贴行为，是由执行主体最初的责任意识缺失而逐渐走上违法犯罪道路。另外，辽宁省积极就业政策执行程度、进度有时难以测量，只能靠执行主体的自我责任意识的约束，一旦执行主体责任意识缺失，势必会带来虚假执行、过度执行、目标替代执行等诸类问题，长期下去必然限制积极就业政策执行。

二是执行任务不到位，政策目标难以实现。辽宁省积极就业政策执行主体有的责任意识淡薄使政策执行不到位，使执行任务未履行、部分履行或过度履行，执行结果偏离政策目标。例如，2011 年审计署驻沈阳特派办对辽宁省就业补助资金审计中发现部分就业工作人员业务水平较低、责任心不强，部分数据存在弄虚作假行为，部分项目未按要求执行、公益性岗位申报程序和管理不规范、普惠制就业培训和高校毕业生见习工作的监督管理不足、"4050"人员社会保险补贴的审批、职业培训补贴的申请不规范等问题中，基本上都由执行主体责任意识缺失造成。如果执行主体责任意识强，至少可以避免类似问题尽量不发生或少发生。

6.3 能力变量维度

6.3.1 组织协调能力不强

6.3.1.1 组织结构优化程度不高

拉塞尔·M. 林登（Russell M. Linden）认为，"无缝隙组织是指可以用流动、灵活的、完整的、透明的、连贯的词语来形容的组织"[213]。合理、优化、有序的组织结构可以促进执行主体整体力量的发挥，提高政策执行的效率。下面以辽宁省大学生就业政策项目执行为例分析组织结构优化程度对执行的作用，见表 6–16。

表 6–16 辽宁省促进大学生就业的项目

项目名称	执行部门	政策对象
三支一扶	人社厅	应届毕业生和两年内未就业的毕业生
特岗教师计划	教育厅	专科以上应届和两年内未就业毕业生
公益性岗位	人社厅	家庭困难和"零"就业家庭的高校毕业生
创业计划	教育厅	在校和毕业大学生

资料来源：相关调研。

如表 6–16 所示，专门针对大学生的积极就业政策由省人社厅和教育厅几个部门根据其职能范围执行。下级对应执行部门除特岗教师计划外都是由省内高校组织申报，由省各部门组织考核录用。这些不同类别的项目无论在时间点上还是在执行的环节上都相对独立，在执行过程中会产生各自为政的现象。实际上，应当由一个行政部门在同一时间点上根据不同项目的政策目标及对象进行顶层设计和系统安排。否则，一方面会带来一个毕业生申报多个项目，每个项目都没做好考试考核准备，导致最后一个也没上，错过就业的有利时机，同时也浪费了其他毕业生的报名资格（因为有一些项目是限制报名人数的）；另一方面，多个行政部门针对同一就业群体实施多个项目，本身就是执行资源的浪费，毕竟每个具体项目的实施都需要投入大量的人、财、物等资源。因此，组织结构不合理对积极就业政策执行的危害表现在：横向行政部门结构设置不合理，权责不明晰，导致有利可图的项目多个执行部门抢着执行，而无利可图甚至较麻烦的项目无人问津。产生这些问题的原因是执行部门责任不清晰、部门职能交叉、资源配置不合理，导致执行混乱，严重制约积极就业政策执行进度和效果。

6.3.1.2 领导小组模式限制执行主体常规性沟通协调能力

"领导小组不断产生的一个重要理由是加强职能部门之间的协调与沟通。"[214]但是，各部门会依赖领导小组的功能和权威，而不主动发挥自身常规性沟通协调能力。

表 6-17 辽宁省就业工作领导小组构成

构成	担任主体	原因
组长	副省长	主管就业工作的副省长
副组长	省政府秘书长、副秘书长	由副省长担任组长时，副组长通常由分管副省长业务的秘书长或副秘书长担任
成员	省人力资源和社会保障厅、省发改委、省环保厅、省教育厅、省经济和信息化委、省科技厅、省财政厅、省农委、省服务业委、省中小企业局、省金融办、中国人民银行沈阳分行、省国土资源厅、省地税局、省工商局、省旅游局等相关部门负责人	领导小组成员根据其涉及事务和组长身份而定
办公室	省人力资源和社会保障厅	发挥组织、协调的专业优势

资料来源：根据公开资料整理绘制。

从表 6-17 中可见辽宁省就业工作领导小组的构成情况，组长由主管就业工作的副省长担任，其权威有利于积极就业政策执行；副组长由省政府秘书长、副秘书长担任，主要根据领导小组管辖事务及组长身份而定，当副省长担任组长时，副组长通常由分管副省长业务的秘书长或副秘书长担任；小组成员根据其涉及事务和组长身份而定，包括省人力资源和社会保障厅、省发展和改革委员会、省财政厅等相关部门负责人，功能是承担积极就业政策执行的相关机构，成员根据积极就业政策执行过程中涉及任务和组长身份而定。办公室设在与积极就业政策执行最密切的机构中，目的在于发挥其专业优势，功能是召开会议、签发文件、协调沟通积极就业政策执行中的重大事项。

辽宁省及其各市就业领导小组成立目的是充分发挥领导小组的组织协调功能。领导小组中的成员单位都是积极就业政策执行中的执行主体，有其常规性的沟通协调功能。领导小组中的成员单位一旦纳入到领导小组中，其常规性职能及沟通协调能力即被限制。因此，辽宁省积极就业政策执行中的领导小组执行模式长期存在也有其弊端，主要产生以下两方面问题。

一是领导小组模式长期存在，制约执行主体对其行为的选择与判断，限制执行力度。辽宁省及其市级政府成立的就业工作领导小组，其有效性增强了各行政部门对这一组织的依靠。在积极就业政策执行中，成员单位会养成凡遇到复杂棘手之事就想找就业工作领导小组来解决的思维习惯，带来就业工作领导小组会议频繁、简报频发、机构重叠等诸多弊病，最后使各职能部门应思考、判断、制定具体措施等职责最后由组长来完成。这实际上制约了执行主体的选择性和能动性，限制了积极就业政策执行力度。

二是领导小组模式长期存在，制约了成员单位之间常规性协调动力的发挥。由于就业工作领导小组的长期存在，各部门已形成对领导小组执行模式的路径依赖。如果一旦撤销，成员单位常规性的组织协调能力匮乏，原本不容易沟通协调的执行问题又重新浮现，严重限制了辽宁省积极就业政策执行的效率。

6.3.2　信息反馈能力较弱

6.3.2.1　信息量不足及共享程度低

就业供需信息、公共财政状况、各类积极就业政策项目执行现状是辽宁省政府积极就业政策执行的重要信息资源。充分的信息资源可以使政策执行主体快速发现和识别执行中的问题，及时采取有效措施应对矛盾，避免因信息不足而导致政策执行阻滞。辽宁省通过就业信息资源建设和就业政策宣传提高了其信息反馈能力，但目前仍然存在信息量不足和共享程序低的一些问题。这些问题使积极就业信息在府际受阻，限制了执行效果。下面通过辽宁省就业信息网站建设分析其信息反馈能力，见表 6–18。

表 6-18 辽宁省就业信息平台

序号	信息栏目	信息内容
1	招聘会	招聘会的时间、承办单位、地点、乘车路线、承办单位联系电话
2	校园招聘	热门职位、热门行业、地区（辽宁省所辖 14 个市）招聘，全省高校毕业生就业岗位信息发布平台
3	供求报告	辽宁省及 14 个市职业供求状况分析（年、季、月）
4	就业政策	中央和辽宁省出台的就业政策
5	创业指导	与创业相关的法律、规则、风险及案例
6	社区就业	各市、县促进就业困难人员就业的经验做法
7	创业实训体验版	模拟创业过程：工商登记、社保中心、银行等
8	转换培训	离校未就业高校毕业生专业转换及技能提升
9	职介系统	需要用户名和密码，否则不能登录系统
10	普惠制就业系统	需要用户名和密码，否则不能登录系统
11	创业实训平台	需要用户名和密码，否则不能登录系统

资料来源：辽宁就业信息网公开资料，截至时间：2016 年 5 月 20 日。

通过表 6-18 发现，辽宁就业信息网上的内容就业信息量相对较小、公开范围过窄，限制了辽宁省积极就业政策执行中的各类信息在府际有效反馈。

一方面，府际就业政策执行信息量不足降低了反馈效率。辽宁省就业信息平台中信息量不足的有招聘会、创业指导和社区就业三个栏目。招聘会栏目的信息量明显不足，仅有时间、承办单位、地点、承办单位电话，没有详细招工单位的用工信息。这容易导致以下后果：一是应聘者白跑一趟或干脆不去参加招聘会，二是用工单位招不到人。可见，信息量不足难以在府际形成反馈，陷入"想工作的人无岗位、想招工的无人可招"的困境。三是各市政府不能及时、准确地将信息反馈。各市级政府仍然按原方案执行，长期会造成人、财、物及时间的浪费。可见，辽宁省、市、县级政府积极就业政策执行信息并未处于同一信息链条上，因此信息在传递过程中即会受阻，影响执行主体的决策。相反，辽宁省政府只有接收到市县级政府反馈的信息才能够及时调整政策，避免由于信息反馈过慢、不精确、不可信而引起误判。因此，通过辽宁省就业信息平台的信息内容必须清晰完整、前后一致、可信度高，否则一方面直接影响政策执行方向，另一方面间接影响政策执行的成功率。高质量的信息利于执行，低质量的信息阻碍执行。

另一方面，府际积极就业信息共享程度低。府际积极就业政策执行过程中的信息共享对执行主体行为和决策至关重要。辽宁省就业信息平台栏目中的职介系统、普惠制就业培训系统、创业实训平台需要"用户名和密码"才能登录查看相关信息，部门外部的执行主体看不见信息，可见是个摆设。不排除负责此项目的执行人员能够登录此系统，而其他部门有可能不能登录该系统，看不到具体相关执行信息。更重要的是，辽宁省各市之间并没有实现就业数据在执行部门间的信息共享，各市间不能充分利用和互相监督执行中的信息，这为虚假执行、选择执行、过度执行提供了可能。笔者在调研中发现，横向各部门间就业数据通常不会主动共享，原因是共享意味着所有信息公开，彼此间会发现对方执行中存在的问题。更何况就业工作目标责任制考核的压力，迫使积极就业政策执行主体在完不成执行任务的情况下有时也会出现数据虚假（这里的数据虚假更多的来源于最基层部门的数据，由于在源头可能就存在不准确的现象）。如果实现信息共享，各级政府及相关部门主观上不情愿共享积极就业政策执行中的全部信息 ❶。但麻烦的是：积极就业政策执行信息在府际共享程度却降低了执行效率，阻碍了政策目标的实现。

6.3.2.2 反馈渠道不畅通导致信息不对称

渠道是否畅通对积极就业政策执行中的信息反馈至关重要。省级政府可以通过会议、当面汇报等形式将执行过程中的有效信息反馈给上、下级政府。需要注意的是，不同的反馈渠道产生的效果有差别。

如表 6-19 所示，辽宁省积极就业政策执行中，府际信息反馈渠道主要包括召开会议、下发文件、上报材料三种。这三种反馈渠道都各有弊端，限制了积极就业政策执行信息在辽宁省府际反馈，对执行效果起到阻碍作用。

---

❶ 来源于笔者 2015 年 3 月在辽宁省 × × 市就业和人才服务局的访谈资料。

表 6-19　辽宁省积极就业政策执行中的信息反馈渠道

反馈渠道	反馈途径	反馈内容
召开会议	混合	上级政府召开就业工作会议，总结经验、分析问题、部署工作、推进执行；同级政府各部门间的联席会议，将推进中的信息在各部门间反馈。例如：辽宁省就业工作会议，辽宁省各市召开的就业工作协调会，辽宁省高校毕业生就业工作联席会议
下发文件	自上而下	上级政府要求下级政府按其制定的政策执行。例如：辽宁省人民政府关于进一步做好新形势下就业创业工作的实施意见（辽政发〔2015〕17 号）
上报材料	自下而上	市、县政府将本级政府就业政策执行情况向上级政府汇报。例如：辽宁省各市本级政府就业工作情况的汇报，针对不同群体就业政策执行情况的汇报及典型经验介绍

资料来源：互联网公开资料、媒体报道资料。

首先，召开会议的反馈渠道影响双向反馈。以召开会议的形式反馈渠道将权威、命令、政策目标自上而下传递到其所辖各市县政府，各市县政府按照会议精神执行积极就业政策。因此，在辽宁省积极就业政策执行中，召开会议的形式是上级政策对下级政府的工作部署和安排，下级政府只是接受并按上级政府的要求完成执行任务，其执行意愿也不会向上级政府表达。这种单向的反馈渠道阻碍信息在府际流动，因此限制执行。

其次，下发文件的反馈渠道是阻碍信息反馈的另一原因。辽宁省政府积极就业政策文本自身具有抽象、高度凝练的特征，需要执行主体对其解读、理解后执行。下级政府这一理解到接受过程信息必然部分失真，导致执行结果与政策目标存在偏差。积极就业政策信息从辽宁省反馈到市县级政府，而在逐级代理过程中信息也会失真，再加下级政府执行人员的自身理解能力，阻碍政策执行效果。

再次，上报材料的反馈渠道有时难以保证执行信息的真实性。辽宁省政府最终获得的积极就业政策执行信息来源于基层政府逐级上报的材料，这难以保证执行信息的客观性。市、县政府为争取利益，有时会夸大或缩小汇报信息，降低了信息反馈的真实性。另外，信息在传播过程中经历的层级越多，信息丢失和参与的噪音就越多，信息失真越严重。所以，上报材料的渠道传递积极就业政策执行信息存在信息失真的局限，容易引起省政府对积极就业政策执行现状或者问题的误判，直接导致下一阶段的决策和政策目标偏离客观事实。

综上所述，在辽宁省积极就业政策执行中，府际信息反馈渠道不畅通导致信息失真或信息不对称，会造成各市、县政府未充分理解辽宁省政府的政治意图和政策目标，导致结果不仅难以实现积极就业政策目标，甚至与政策目标相悖，为市、县政府目标替代执行、过度执行、选择执行提供了可能，限制执行中的反馈能力。

6.3.3 政策再制定前期调研及问题吸取不足

6.3.3.1 政策输出前期调研不足

通过调研和相关文件文本比对发现，辽宁省出台的大多数积极就业政策能够指导实践，但也有些政策基本上延续中央政府出台的政策，结合本省就业特色程度相对较低。笔者在辽宁省积极就业政策制定的相关部门访谈发现，大多数政策制定者并没有深入到下级政府及政策对象中调研，基本上直接使用中央政策的原内容。辽宁省××市就业人才服务局工作人员说："上面出台的政策有时候执行中会遇到困难，比如创业担保贷款项目的贷款期限为两年，大多数项目两年内很难有利润产出，资金周转不开，贷款人担心贷款还不上，其中有一部分想创业的人也便放弃了。"❶ 这种现象的发生说明政策输出前对创业担保贷款项目的贷款期、还款期及使用期的调研不足，因此带来重新设计的政策有时脱离实际，说明政策制定者并未调研或调研不足而做出决策。针对离校未就业高校毕业生专业转换及技能提升培训项目也是在缺乏对政策对象深入调查的情况下出台的。令人费解的是，一方面，大学生专业转换技能仅靠几个月的技术培训难以有效提升；另一方面，专业转换技能培训内容与其自身专业未必相符，培训内容与大学生原专业脱节。这不仅浪费公共资源，并且通过技能转换培训也未必能实现就业。这些说明积极就业政策在输出前，决策者缺乏深入调研，导致制定的政策不利于各市县执行。调研不足使看上去很好的政策内容不仅难以落地，而且即使落地也难以解决就业矛盾。因此，缺乏政策再制定前的深入

---

❶ 来源于笔者 2015 年 3 月份在辽宁省××市的调研资料。

了解，影响政策输出质量。

6.3.3.2 现存政策修正过程中对基层执行问题吸取不足

任何一项政策在执行过程中为应对新情况和新问题，都必须进行调整、修正或重新设计，辽宁省积极就业政策执行也不例外。辽宁省对现存政策的修正以及对基层政府执行问题调研不足，主要原因有以下几方面：一是基层政府没有及时将执行中存在的问题反馈到辽宁省政府。以辽宁省积极就业政策体系中的公益性岗位为例，××市就业和人才服务局局长说："公益性岗位项目的审批流程及管理存在问题较大，就业资金适用不科学、管理不规范，岗位培训理念和培训机制落后，公共财政负担重，'养懒汉'的现象严重，促进就业效果不明显。此类问题在汇报经验材料时也提起过，但最终也没有纳入到政策制定中。"❶二是执行主体受自身能力水平限制。面对复杂动态的政策问题，执行主体通常是多部门联合执行，并且存在随时增减的可能。再加上执行主体自身认识和水平限制，对政策对象及问题反应程度不够深入或全面，导致原定政策在某个方面、某个层次或某个过程不够理想，这些都需要执行主体通过反馈的渠道发现。判断失误会直接影响修正方向，增加难度和阻力。

---

❶ 来源于笔者 2015 年 3 月份在辽宁省 ×× 市的调研资料。

第 7 章
改进就业政策执行的对策

辽宁省积极就业政策执行过程是府际诱导、约束和能力要素相互作用的复杂过程。面对当前积极就业政策执行中存在的象征执行、目标替代执行、过度执行、迟缓执行、选择执行、变通执行、欺上瞒下执行及标的群体外溢执行等问题，必须突破府际诱导、约束和能力要素对积极就业政策执行的限制性障碍，以改进辽宁省积极就业政策执行。本章将以优化府际关系为导向，从诱导要素、约束要素和能力要素的限制性障碍入手，优化设计辽宁省积极就业政策执行。

7.1 科学运用府际诱导变量

7.1.1 均衡配置府际权力结构

中央政府与地方政府的分权属于府际纵向分权，宪法也赋予了各层级政府的自身权力。各级政府被赋予的权力对公共政策的执行会产生实质性影响，根据其自身的利益关系"否决"政策内容或政策理念。无论是哪个层级政府的"否决"都会使政策执行受到梗阻，使政策目标的实现变得相对困难。辽宁省创新府际权力机制，通过权力清单厘清执行主体间权责关系，从而改进辽宁省积极就业政策执行。

7.1.1.1 创新辽宁省各级政府权力运行机制

创新辽宁省各级政府权力运行机制，为积极就业政策执行提供保障。高效、恰当的政府权力运行机制能够提高政府组织内部的沟通协作能力，提高政府执行政策的权威和效力。低效、失当的政府权力运行机制会使政府组织内部混乱无序，出现滥用、误用权力的现象，阻碍积极就业政策的执行效率。通过创新辽宁省政府权力运行机制而提高积极就业政策执行效率，主要从以下三方面着手。一是要均衡配置权力结构。一方面，辽宁省各级政府和行政部门科学界定自己的权力范围，减少权力之间的内耗成本，并对权力过度集中的部门或行政人员所赋予的权力进行适度分解；另一方面，辽宁省积极就业执行主体权力和责任要对等，坚持权力掌握适度的原则，过大导致政策执行主体权力滥用，过小导致政策执行主体不作为。二是要规范权力运行程序。辽宁省各级政府通过透明、规范、适宜的权力运行程序约束积极就业政策执行主体行为，调动积极就业政策目标群体广泛参与，保证积极就业政策在阳光下按步骤有序执行。三是要健全权力制约机制。通过建立健全权力运行的公开机制，约束辽宁省积极就业政策执行主体行为，使执行主体的权力在就业困难对象和社会公众约束下运行，治理失业能力。

7.1.1.2　建立权责清单厘清府际执行主体权责关系

为规范辽宁省积极就业政策执行主体行为，要厘清辽宁省所辖各级政府及其部门在积极就业政策执行活动中的权力和职责，建立积极就业政策执行主体的权力清单和责任清单，为提高积极就业政策执行效率服务。一是制定辽宁省各级政府及其部门积极就业政策执行的权力清单和责任清单，规范积极就业政策执行主体权力和职责范围。二是明晰辽宁省各级政府及其部门在积极就业政策执行中权力清单和责任清单等内容。包括积极就业政策执行项目中的执行主体、责任主体、职权名称、权力范围、设定依据、责任事项、追责情形、追责依据、监督方式等。三是积极就业政策执行主体要严格按照所属政府层级或部门的权力清单和责任清单标准行使权力，各级政府及其部门不得擅自变更、取消、下放行政职权，防止积极就业政策执行主体在权力行使中越位、缺位、错位行为。所以，通过厘清辽宁省积极就业政策执行主体的权责清单，进一步统一执行主体权力与责任。

7.1.2　规范和调节府际利益关系

利益的困局需要利益来突破，关键是要规范府际利益关系。在积极就业政策执行中，上级政府不要将利益全部向上倾斜，而是需要进一步将利益配置到下级政府，使下级政府在积极就业政策执行中承担相应职责的同时得到相应的利益。当下级政府利益获得满足时，会减少向政策对象、公民和社会掠夺利益的动机。这有利于提高下级政府执行积极就业政策的主动性和积极性。所以，需要建立府际利益互惠、利益共享和利益补偿机制，解决辽宁省积极就业政策执行主体间由于利益否决、利益冲突和利益竞争而产生的执行问题。

7.1.2.1 建立府际利益互惠机制

要改进辽宁省积极就业政策执行效果，减少辽宁省不同层级政府和部门间的冲突，增强执行主体间的合作，离不开利益互惠机制的建立。埃利诺·奥斯特罗姆（Elinor Ostrom）曾指出，"在每一个群体中，都有不顾道德规范、一有可能采取机会主义行为的人；也都存在这样的情况，其潜在收益是如此之高，以至于恪守信用的人也会违反规范。因此，有了行为规范也不可能完全消除机会主义行为"[215]，说明诱导积极就业政策执行主体行为的动因受其相关利益要素的驱动。理性经济人假设也说明政策执行主体在政策执行中很难做到绝对"价值中立"，他们的活动是有行为倾向和利益追求的。所以，辽宁省通过建立府际利益互惠机制，规范执行主体间的利益关系；一是可以通过互惠机制加强执行主体间的信任，提高积极就业政策执行的心理动机；二是通过建立互惠机制增强府际合作，提高积极就业政策执行效率；三是通过建立利益互惠机制调节与均衡府际利益关系，使各级政府在利益互惠的内在驱动下执行积极就业政策。

7.1.2.2 建立府际利益共享机制

建立辽宁省府际利益共享机制，提高积极就业政策执行效果应当从以下四方面下功夫。一是树立积极就业政策执行主体间利益共同体意识。辽宁省各级政府及其部门在执行积极就业政策过程中，表面受益者是其所辖区域内就业困难群体，但深层次上是各级政府乃至整个国家。道理很简单，就业困难群体通过积极就业政策充分享受到了就业权、社会保障权及生存权，降低了由就业矛盾产生社会冲突的概率，减轻了政府治理社会矛盾的压力，最终维护政府和国家利益。将利益共同体意识植入执行主体脑海中，并使其充分认识到他们之间是一损俱损、一荣俱荣的关系。二是以全局利益和长远利益为重。辽宁省各级政府及其部门在积极就业政策执行中，不应当以个人利益、局部利益、区域利益、当前利益为主，而应以集体利益、全局利益、国家利益、长远利益为重。三是通过加强府际合作共享利益。上级政府应当充分认识到其所辖下级政府的全部努力都是为了全局利益，理应让下级政府共同分享到所得利益。反过来，上级政府的集体利益增加，下级政府也同样可以分享。四是建立府际共同分享利益机制，促进各执行主体利益共赢，增强各方执行主体的执行意愿和主动性。

7.1.2.3　建立有效的利益调节补偿机制

辽宁省各级政府或行政部门在积极就业政策执行过程中遇到利益不一致时，要通过有效的利益补偿机制协调。一是充分发挥各级政府或部门负责人沟通协调功能，调整或缩小执行主体间利益差距。对为达成政策目标、以牺牲其他项目为代价的执行主体进行利益补偿。比如政策执行主体偏好战略性积极就业政策，不愿意执行保护性积极就业政策。原因在于战略性积极就业政策不仅可以通过创业带动就业，还可以为本级政府 GDP 和税收做贡献，而保护性积极就业政策相当于政府的直接救济，投入产出效率低。战略性积极就业政策与保护性积极就业政策的执行主体利益所获不同，这就通过利益再分配等形式补偿，提高保护性积极就业政策执行主体的积极性，将战略性积极就业政策执行主体的利益和成果分享给保护性积极就业政策执行主体，促进积极就业政策整体目标的实现。

总之，利益多元化在辽宁省积极就业政策执行过程中已经成为一个突出要素，通过建立府际利益互惠、利益共享和利益补偿机制，在执行主体间形成彼此信赖、合作共赢的良性互动关系，减少执行主体间利益冲突，尽可能实现各利益主体双赢共同提高积极就业政策执行效果。

7.1.3　创新府际激励机制

在下级政府积极就业政策执行主体缺乏主动性的条件下，需要运用多元化激励方式诱导下级政府负责高效地完成执行任务，创新干部晋升激励机制，真正解决就业困难群体就业，实现积极就业政策目标，提高就业质量。

7.1.3.1　创新执行主体激励制度

从制度上创新执行主体的激励机制，调动下级政府执行主体的主动性。激励机制是一个综合的制度系统，创新必然涉及制度的重新安排。因为"按照现有安排，无法获得潜在的利益。行为者认识到，改变现有安排，他们能够获得在原有制度下得不到的利益"[216]。不同的积极就业政策项目对政府绩效差异较大。例如：创业担保贷款项目不仅可以带动就业，还可通过税收反哺方式反映政府绩效，而公益性岗位和社会保险补贴项目财政支出大、负担重，对经济社会发展的促进作用有滞后性和间接性，难以反映政府政绩。因此，下级政府及其执行人员偏好执行反映政府绩效强的项目，而忽视执行社会保险补贴和公益性岗位等财政负担大、见效慢的项目。因此，要创新执行主体绩效考核制度，将积极就业政策执行的公平、质量、效率、满意度作为激励要素，激发执行主体全面均衡执行积极就业政策各类项目。

7.1.3.2　优化府际积极就业政策执行的激励结构

优化的激励结构有利于下级政府完成上级政府的执行任务，有利于执行主体的现实与价值需求，最终有利于提高执行效率和政策目标的实现。一是积极就业政策执行的激励目的与其目标一致。下级政府在上级政府激励目的下，朝积极就业政策目标努力。二是将下级政府积极就业政策执行任务与工作价值指标纳入激励范畴，促使下级政府执行主体的内外动机协同，防止激励结构偏离执行积极就业政策的价值轨道，从源头上激活执行主体的自愿性和能动性。三是构建府际均衡的激励结构，减少辽宁省内各级政府内部资源竞争，增强府际合作意愿，构建积极就业政策执行的有序竞争。所以，通过优化府际激励结构，可以提高辽宁省积极就业政策执行效率。

7.1.3.3　运用多元激励方式诱导下级政府高效负责地执行

根据马斯洛需求层次理论，辽宁省积极就业政策执行应根据不同个体需要，采取多元化的激励方式，调动下级政府部门和执行人员有效执行积极就业政策的动力和热情。辽宁省应当根据不同市县政府执行情况，设计个性化的激励方案，运用多元化的激励手段提高执行效果。针对执行资源短缺的市县级政府，采取加大资源配比的激励方式；针对执行任务完成好的市县级政府，采取发放奖金等物质的激励方式；针对就业矛盾复杂突出的市县级政府，采取精神和物质共同奖励的激励方式。归根结底，采用多元化的激励方式有利于满足不同执行主体不同激励层次需要，提高执行效果。

7.1.3.4　构建府际透明的激励契约

府际透明的激励契约具有直观性和可参照性，不同于隐性激励契约对契约具体内容和达成程度需要委托人和代理人间相互猜测和默许，更有利于代理人完成委托人的积极就业执行任务。毕竟积极就业政策执行涉及的关系错综复杂，并不是单向的委托代理关系，而是涉及多重信息不对称（multiple information asymmetry）、多重代理人（multiple agents）、多重委托人（multiple principals）关系的执行活动。为避免多重信息不对称和多重委托代理的偏好差异对积极就业政策执行的影响，选择府际透明的激励契约更有利于政策执行目标的实现。府际透明的激励契约不仅避免了由于积极就业政策的象征或选择性执行现象的发生，而且还更易于诱导积极就业政策执行主体按个体需要在合理的约定范围内完成执行任务。可见，府际激励契约越透明，越易于提高积极就业政策执行绩效。

7.1.4　科学配置执行资源

财政资源是辽宁省积极就业政策能够执行的根本保障。那么，"公共政策资源的配置与整合要体现自下而上和自上而下的有机结合，应体现宏观、微观的有机结合"[217]，需要充分整合与合理配置辽宁省积极就业政策执行资源，以解决执行资源短缺问题。

7.1.4.1　增加中央政府向下级政府财政资源配置规模

中央政府对财权的逐级下放，可以减轻地方政府财政负担，增加地方财政规模，促使地方政府有更多的资源执行政策。中央政府为确保积极就业政策能够在省级政府得以贯彻执行，必须通过财政资源的再分配手段诱导省政府，并将财政资源向经济水平低、财政能力差、就业矛盾尖锐的地区倾斜。辽宁省作为老工业基地，城镇化速度较快，地理位置处于东北地区的中心地带，就业困难群体呈现出多样性、复杂性和动态性的特征。为确保辽宁地区的总体稳定和民生问题，必须要解决由以上问题产生的就业矛盾，单靠辽宁省自身的财政能力捉襟见肘，中央政府需要通过就业专项资金和扶持资金❶的方式将财政资源分一部分给辽宁省政府，从而解决因财政资源匮乏而难以执行的棘手问题。那么，辽宁省政府所辖的 14 个市和 2 个省管县的经济发展水平、财政能力、就业结构的差异性较大，也同样可以通过财政资源均衡配置手段解决下级政府财政资源缺乏而无法执行积极就业政策的问题和矛盾。

7.1.4.2 合理匹配府际财权与事权

府际关系调整在政策执行领域实际上就是财权与事权的匹配，如果财权小、事权大，会造成无资金匹配上级政府积极就业专项资金的投入，政策得不到真正执行。应当采取"一级事权"与"一级财权"的原则，赋予执行主体的职责与其承担的公共职责相应的权力。实际上这不仅是规范政府管理社会的手段，更是提高政府治理能力和治理水平的有效途径。城镇化速度逐年加快，经济结构调整升级，失地农民逐年增多，新一轮企业转轨工人重新就业，大学生毕业就业难上加难，经济发展缓慢。为维护地区稳定，保证地区经济社会能够顺畅发展，政府有责任解决这些就业困难群体的就业问题。这就需要在原有基础上加大对下级政府的财力配置，合理匹配事权与财权，或规避难以有效执行积极就业政策。这样下级政府为完成上级政府的就业绩效考核而不得不采取虚报数据或虚假执行。可见，合理匹配下级政府的财权与事权，一方面可以保障积极就业政策能够有财力扶持得到有效执行，另一方面还可以将顺纵向政府间的关系。下级政府拥有了执行积极就业政策的财政保障和对应的解决就业困难对象就业的职责，就很容易完成上级政府的就业考核任务，真正解决了失业问题，达到政策目标。

7.1.4.3 科学配置府际就业专项资金

处理好中央就业专项资金在辽宁省各级政府之间的合理配置。一是确立

---

❶ 扶持资金，例如，2015 年 6 月 26 日，国家发改委出台了《关于促进东北老工业基地创新创业发展　打造竞争新优势的实施意见》（发改振兴〔2015〕1488 号），第四条"促进大众创业"中提出"加大创业投资支持"，可以看出，中央通过财政资源分配机制促进省级政府对积极就业政策的执行。

和调整辽宁省府际财政管理体制，明确辽宁省各级政府之间的职责范围和财政关系，既要满足各级政府积极就业政策执行的资金需求，又要满足就业专项资金在府际总体配置的相互衔接。二是根据辽宁省就业矛盾和就业困难群体的发展变化，及时调整和优化就业专项资金的支出结构，协调好积极就业政策各支出项目之间的资源分配比例，提高就业专项资金绩效。三是辽宁省政府将就业专项资金向财政负担较重、就业矛盾较突出的市级政府倾斜，提高辽宁省西部地区就业专项资金配比，解决辽宁省各市县级政府积极就业政策执行投入先天性不足问题。四是提高就业资金占公共财政总支出比重。根据不同地区就业对象特征确定支出范围，实现保护性就业政策的托底功能，市场性和战略性就业政策的岗位带动功能，提高就业资金绩效，从而提高辽宁省积极就业政策执行效率。

7.2　有效运用府际约束变量

7.2.1　建立健全法制规约

7.2.1.1　建立健全府际积极就业政策执行的法律法规

辽宁省政府在治理失业中必须奉行法治原则，执行主体理应在事先设计的法律法规框架下完成。首先，修改和完善辽宁省积极就业政策执行的规章制度，实现积极就业政策执行主体依更加科学的法规执行积极就业政策。其次，辽宁省积极就业政策执行人员应当养成依法执行的思维，在思维和行动上共同形成依法执行积极就业政策的方式。最后，依法确立辽宁省各级政府在积极就业政策执行中的权力，并使其权力在法律法规的制度下行使，经过浸染提升，形成依法执行积极就业政策的能力。因此，用规章制度来强制约束府际执行主体行为，为积极就业政策有效执行提供制度规范层面的保障。

7.2.1.2　规范府际积极就业政策执行流程

通过加强政府间流程管理，打破政府职责同构的管理体制，合理规划积极就业政策职责，建立政府层级间和部门间的良性竞争模式，提高政策执行效率。

一是使府际执行程序定位化。规划辽宁省各级政府积极就业政策执行流程的起点和终点、执行范围和执行边界。二是使府际执行流程合理化，打破传统固有分工理念的束缚。辽宁省各级政府及其部门规划积极就业政策执行流程，一方面可避免由于分工太粗而遗漏执行任务，确保执行主体保质保量完成任务，另一方面可避免由于分工过细而增加行政协调成本，降低政策执行效率的弊端。三是府际执行程序简易化。简化府际积极就业政策执行审批环节，减少各部门开具的可有可无证明材料。上级政府减少控制下级政府的自主权，应通过协调的方式，尽量将影响程度控制在最小范围内。四是使府际执行建议书面化。上级政府对下级政府政策执行提出指导、建议、劝告或改善时，原则上要以书面呈现形式，减少口头行为。以免不必要的推诿扯皮、相对推卸责任，有利于规范辽宁省各级政府及其部门规范执行程序的积极性和自觉性。

7.2.1.3　完善执行主体利益层面的法制约束机制

"良好的法制是有效制衡权力主体利益追求行为的有效工具"。[218] 通过法制约束机制可以约束辽宁省积极就业政策执行主体的行为，减少府际由利益关系产生的执行问题。一是健全府际法制约束机制，使辽宁省各级政府及其部门在法制约束机制下合理追求他们应得的利益，如果超出法制范围就受到相应的惩罚，并为自己的行为付出代价。二是通过法制约束机制调和执行主体在积极就业政策执行中的利益关系，实现利益关系在政策执行过程中从无序到有序或有序到合理分配的转变。三是通过法制限制积极就业政策执行主体对利益的过度追求。法制的强制性约束迫使积极就业政策执行主体采取合理的行动追求正当利益，以实现积极就业政策目标的整体利益为动机，使积极就业政策执行中的虚假执行、目标替代执行等权钱、权权交易现象在法制约束机制下消失。所以，充分利用法制约束机制不仅约束积极就业政策执行主体的利益行为，而且更有利于实现辽宁省积极就业政策目标。

7.2.2　提高绩效考核体系的科学性和导向性

人力资源和社会保障部部长尹蔚民指出，"健全就业工作目标责任制，完善就业工作协调机制，完善考核评价体系，使就业成为政府考核体系的重要指标，用制度确保就业优先战略的实施"[219]。可见，绩效考核体系是引导执行主体积极就业政策执行的标准和导向，是引导下级政府施政理念和行政行为的制度依赖。因此，改进辽宁省积极就业政策执行效果，需要设计更加有效的绩效考核指标，深入挖掘积极就业政策执行绩效考核指标的引领功能，构建更加科学的绩效考核体系。

7.2.2.1 深入挖掘积极就业政策执行绩效考核指标的引领功能

充分挖掘和运用绩效考核指标的引领功能，为下级政府指明积极就业政策执行方向，减少执行偏差，发挥上级政府对下级政府积极就业政策执行的绩效考核作用。首先，将辽宁省积极就业政策执行的长期目标与短期目标共同纳入绩效考核指标，以解决绩效考核指标只为完成任务而设计的不足。其次，明确各级政府及部门积极就业政策执行方向和具体任务，防止绩效考核指标偏离政策目标，实现绩效考核的导向性功能。再次，细化绩效考核指标的内容，深入挖掘指标的特定含义和可测量度，发挥对下级政府执行活动的引领功能，使绩效考核指标与积极就业政策目标任务达到完美对接。最后，绩效考核指标要把握适度原则，避免由下级政府人员素质、管理复杂程度、考核任务超出下级政府权力范围等因素而无法发挥引领功能的问题发生。

7.2.2.2 设计适用简易有效的积极就业政策执行绩效考核指标

要提高绩效考核对辽宁省积极就业政策执行的效果，其考核指标必须遵行以下三个原则。一是适用性原则。绩效考核指标通常情况下伴随着上级政府的检查与考评，"一把手负责、一票否决是建立在一个完全错误的假定基础上，以为没有矛盾，天下太平才是好制度。好的制度是能够容忍矛盾、容忍冲突的制度。光能容忍矛盾和冲突还不行，还得增强用制度化的方式解决问题的能力"[220]，所以适用性原则至关重要。二是可操作性原则。上级政府对下级政府的考核基本上靠积极就业政策各个项目的"数据库"，并不关注积极就业政策的执行过程和执行效率。绩效考核指标的设计要充分考虑在现实中的执行情况，否则难以指导实践。三是客观性原则。上级政府应当提高认识，反复调研，设置科学、合理、适用的绩效考核指标，这样才能有效发挥绩效考核指标对积极就业政策执行主体的导向性功能，才能促进执行效果。

7.2.2.3 构建科学的积极就业政策，执行绩效考核评价体系

科学有效的绩效考核评价体系不仅能为积极就业政策执行提供保证，还能创造良好健康的行政生态环境和制度环境。国家治理能力和治理水平现代化要求"推进政府治理模式向有限、民主、法治、责任等多元价值并重的多维复合型治理模式转变"[221]，可见提高政府绩效是提高政府治理能力之一，而科学的绩效考核指标是实现政府绩效管理的关键。首先，辽宁省在构建积极就业政策执行绩效考核评价体系时，树立正确的政府施政理念，克服行政管理体制中的弊端和误区，在绩效考核评价体系中清晰界定政府及部门职责，避免过度追求执行中的数据，按不同类别的积极就业政策项目合理设置定性与定量指标，缩小具体指标与指标体系间的统一化偏差。其次，为抑制绩效考核体系对积极就业政策执行效果造成的负面影响，上级政府在考核下级政府时应尽可能减少对考核数据的重视，加大对质量效果的考核权重，建立并完善系统的积极就业政策考评体系，引导下级政府确立正确的执行观、责任观、质量观和服务观。再次，各级政府积极就业政策执行绩效考核模式或方法要得当，考核程序要合法，考核结果一旦确立不得更改，不偏离绩效考核的初衷。最后，辽宁省积极就业政策绩效考核评价体系要动态化，根据省情、就业矛盾、上年绩效考核结果定期调整，使其产生真正的效果。

7.2.3 规避监督检查流于形式

7.2.3.1 强化上级政府对下级政府的动态监督过程

辽宁省积极就业政策执行过程中，通过府际动态的监督过程约束执行主体。一是定期汇报执行情况。杜绝下级政府汇报给上级政府的积极就业政策执行材料空泛、报喜不报忧，甚至掺杂虚假数据的总结性材料。根据不同的积极就业政策项目，实施按月、按季度、按年定期汇报，防止执行过程中产生的问题遗漏，有利于监督下级政府的执行主体。二是实地监督考察常态化。上级政府尽量做到对所有下级政府和积极就业政策各类项目执行情况的监督检查，防止下级政府事先安排好检查对象而实地考察不深入、关键问题监督不到位等形式化问题，一定程度上避免下级政府讨好、巴结上级政府而疏于监督检查的现象发

生，使下级政府无漏洞可钻。三是强化过程监督。对辽宁省积极就业政策执行实行全过程监督，使执行过程中存在的问题及时纠偏，提高执行过程透明度，避免上级政府对下级政府的监督检查流于形式。上级政府从全局进行顶层设计，通过事前、事中和事后的全程监督考核，优胜劣汰，使有限的扶持资金用于有价值的创新项目[222]。这样，上级政府才能真正深入到下级政府的执行活动中，使监督检查发挥促进辽宁省积极就业政策执行的作用。

7.2.3.2 畅通政府内部监督检查渠道

政府在积极就业政策执行过程中，更需要有一个强有力的监督机构。由于执行主体作为理性经济人的假设前提，执行主体会根据个体利益、部门利益或政府利益决定自己行为的目标取向和行动方式，有时会导致执行结果偏离政策目标或与政策原目标相悖。那么，这就要畅通政府部门监督渠道，检验对照执行主体的行动方式与政策预设目标，通过纠偏阻止执行主体在执行过程中的机会主义行为。一是提高监督主体的监督观念，使政府内部监察部门担负起监督责任，将个人利益、部门利益、政府利益向公共利益转换。二是避免内部监督流于形式，发挥内部监督的优越性，实现真正的监督。三是逐步形成政府内部"互相监督、人人监督"的约束机制。总之，政府内部监督渠道的畅通，不仅可以避免府际因竞争、内耗产生的执行资源浪费，而且更能提高执行效率。

7.2.3.3 加大政府外部监督力度

政府外部的监督可以通过吸纳媒体和社会组织的注意力，充分发挥媒体的监督约束功能，使其成为辽宁省积极就业政策执行的助推力。一方面，通过吸纳媒体的注意力，监督执行主体是否公开、优质、廉洁、高效地执行政策，发挥媒体监督管理的功能。一是充分利用各类新闻媒体及时有效地监督各级政府的执行行为和执行效果，并使其监督的范围和效力延伸到执行的各个角度和各个环节。二是充分利用新闻媒体的调查权、检查权和建议权优势，使其成为行政监督和行政问责的"助推器"。三是通过媒体曝光违规违法事件来惩罚各级政府及部门的不作为、乱作为现象，约束执行主体依法执行政策，提高政府公共治理水平，强化政府政策执行的社会合法性和广泛性。另一方面，通过社会组织监督强化政府的外部监督。政府是公共服务及公共产品的决策者和提供者，是公共利益的总代表，因此拥有相当大的公共权力。在政府治理能力现代化的要求下，政策执行体制和环境倒逼政府公共权力逐步社会化。因此服务、责任、法治、高效的政府治理模式呼唤社会组织参与到政府治理社会活动中[223]。社会组织除了代表政府参与公共政策的执行，更是在执行活动中起到了监督政府执行公共政策的职责。

7.2.3.4　建立专业化、精细化和常态化的就业专项资金审计机制

充分发挥就业专项资金的功能和效果，需要建立辽宁省积极就业专项资金审计机制。一是审计方式常态化。各级政府加大就业专项资金使用过程中的审计整改力度，使其常态化。对整改不到位的执行主体进行约谈，对未按要求整改的通报批评，对不作为、假作为、乱作为的坚决予以查处和给予党纪政纪处分。二是审计流程精细化。就业专项资金使用过程中，遵循总体原则、实施要求、操作指引的原则，进一步细化、调整、规范审计流程。三是审计主体专业化。就业专项资金审计对审计主体专业化要求较高，既要具备会计、审计、法律、管理、统计、计算机等专业知识，又要熟悉辽宁省及各市制定的各类积极就业政策措施，以专业、科学、理性的思维审计就业专项政策。四是审计结果再利用。在对辽宁省所辖各市县及其部门就业专项资金审计的过程中，分阶段、分类别、多形式产出审计结果。披露就业专项资金使用的违规违法行为、制度设计中的漏洞和障碍，报告就业专项资金使用中出现的新问题、新矛盾。同时，还要形成正式审计报告，将审计案例和审计建议向责任主体和上级政府报送。

7.2.4　健全府际问责机制及增强问责力度

建立责任政府，构建一个完整的辽宁省积极就业政策执行问责机制。通过一套完整的问责机制来消除辽宁省各级政府及其部门积极就业政策执行阻滞现象的发生，使行政问责成为约束执行主体行为而促进辽宁省积极就业政策执行的重要制度安排。

7.2.4.1　加大行政问责力度推动执行

辽宁省政府为确保积极就业政策得到有效执行，达到政策目标，必须提高

对其所辖各级政府违规违法行为的处罚力度，加大惩罚概率，使执行主体放弃违规执行的想法和行为。一是推动辽宁省积极就业政策执行过程中主体责任的落实，要一级抓一级，形成层层传导压力的责任体系。要在"抓具体，具体抓"上下功夫，采取具体措施和办法逐条督促辽宁省各市县政府履行主体责任。二是严格对执行主体的责任追究机制。对辽宁省政府及其相关部门对积极就业政策选择执行、表面执行等执行不到位的，坚决严肃问责、不留情面、并且一追到底。三是加大问责力度，让失责必问成为常态。问责和惩罚力度的加强还可以使下级政府的变通执行、欺上瞒下执行、目标替代执行的违规行为成本加大，使他们所选择的执行策略不再划算，以此降低执行过程中的违规违法行为，从而增强执行效率，有利于政策目标的实现。处罚力度的增强也使得下级政府无法采取自身利益最大化的执行策略，更无法通过软约束的手段倒逼上级政府做出让步。同样，通过加大问责和惩罚力度约束政府间的关系及政策执行行为，在二者间寻求法治的渠道，将政府权力约束在法治监督与惩罚的框架下，监督各级政府的执行行为。

7.2.4.2　建立健全府际问责机制

解决府际职责同构和多重委托链条断裂带来的问责难题，需要从以下三方面下功夫。

首先，进一步明晰辽宁省积极就业政策执行主体的职能和责任，使其更具可操作性，以便更易于追究执行主体的责任。避免了执行主体完全呈现于府际关系框架下，而产生的关联度极强，责任多层级、多类别的行政部门间难以划分界限的难题。

其次，进一步规范问责程序、问责范围、健全责任追究制度和纠错改正机制，避免积极就业执行主体多层级委托带来的问责难度大问题。伴随政府治理能力现代化和治理水平的共进，对健全府际责任和权力关系的重塑提出更高的要求。只有规范各级政府及其部门的问责内容、范围、程序才能提高政策执行效率。辽宁省各级政府和各行政部门以积极就业政策执行任务为参照，合理赋予相应的职责和权力，以保证执行主体不仅有能力完成执行任务，而且有动力承担公共责任。

再次，建立专业人士参与问责的制度，使专业壁垒带来的行政问责不再失灵。不同领域的政策都有其专业性，辽宁省积极就业政策也一样。由于专业不同，导致其他部门或监督机构很难辨别出责任归属及大小，使积极就业政策执行问责难度大。如果专业人士参与辽宁省积极就业政策执行问责制度，执行主体难以通过设置专业壁垒而逃避行政问责。

7.2.4.3 增强执行主体的责任意识

强化政府责任的关键不光在于建立各种各样的监督制度，而在于提高执行主体自觉的责任意识，以公共精神来完成辽宁省积极就业政策执行。通过提高责任意识可督促、矫正政策执行主体行为，保证其合法高效地执行积极就业政策。首先，提高辽宁省各级政府及其部门的责任意识。由于积极就业政策的公共属性，要求各级政府政策执行过程中必须有强烈的责任意识。否则，政府应当提供的促进就业服务却由社会或民众承担，结果导致公共责任缺失，公共利益受损，严重影响辽宁省各级政府在社会公众中合法性基础。其次，通过构建责任政府提高执行主体的责任意识。构建责任政府是我国政府治理能力和治理水平现代化的客观要求，要提高辽宁省各级政府治理失业的能力和水平，主动担负起治理失业问题的责任。最后，对执行主体的责任意识加以约束，明确执行人员承担由其执行行为所带来的后果和责任。如果后果严重导致政策执行结果与政策目标存在偏差较大或偏离主要方向，视情节严重给予执行主体相应的行政问责。

7.3 提升执行主体自身能力

7.3.1 优化组织结构与提高府际组织协调能力

7.3.1.1 优化积极就业政策执行的组织结构

辽宁省积极就业政策执行成效如何有赖于作为政策执行主体的组织结构，其执行能力取决于组织结构的优化程度。辽宁省政府为应对就业矛盾和科学技术进步的急剧变化，必须摆脱传统官僚机构的僵化和低效率，通过弹性、参与、便利、效率、有序、人性化等方式优化组织结构，使财政、人社、就业、税务等执行主体分工明确、权责分明，提高积极就业政策执行效率、效果和效益。所以，辽宁省政府应当充分发挥各级政府在组织就业、组织创业、组织培训方面的优势，增强府际沟通，强化各层级执行主体组织观念，通过提高积极就业政策执行的组织化程度提高执行效果。

7.3.1.2 建立精简高效的组织层级

精简高效的组织层级是实现辽宁省积极就业政策目标的核心构架和载体，是执行主体内在组织结构充分发挥功能的保障。一是按组织目标设计任务。在具体的积极就业政策执行实践中，执行主体并不是特立独行，而是在组织结构的系统内完成其所承担任务。优化的政策执行组织结构应当具备目标一致、精简高效、职权对等、调整创新的特征。组织结构中的每个执行主体都与特定的政策目标有关系，为政策目标的实现做出贡献，否则失去其存在的意义和价值。因此，按照政策目标设计和任务优化组织结构。二是将政策执行的幅度和层次考虑到组织结构中。幅度是指组织结构中的各部门能够直接有效执行积极就业政策，幅度过大容易造成执行面宽导致问题疏漏，幅度过小容易导致参与的部门过多降低执行效率。组织结构的层次尽量少而精，避免由层级过多导致信息的失真和滞后，减少政策资源的浪费。三是尽力保证组织结构科学、严密及可操作。在纵向上，组织结构要层级清晰、权责分明、制度健全，使组织内部形成有序的层级，各层级完成相应任务即可；在横向上，要使辽宁省积极就业政策执行的组织结构布局合理、平衡分工、各司其职，使组织内部专业化、程序化地完成各自执行任务。科学的组织结构可以避免权责不清、互相推诿的局限，充分发挥各部门的主要功能，保证政策高效执行。四是充分打通、融合组织结构之间的部门，使对政策目标的认同达到高度一致，采取集体行动的执行理念。所以，合理、高效、融合的组织更有利于促进和约束府际各部门执行活动。

7.3.1.3 提高组织的沟通协调能力

沟通是政策执行主体获得政策认知的前提条件，有了正确良好的认识，才利于提高政策执行效率。协调是建立在组织良好沟通基础上的，是组织为顺利实现政策目标而寻求组织内各要素统一匹配、组合有序、协作分工的行为方式。实际上，一是加强执行主体在积极就业政策执行过程中的沟通，协调各执行主体高效完成自己所承担的执行任务，最终目的确保政策目标的实现。提高组织的协调能力可通过保证组织目标一致性、执行策略恰当性、组织结构层级性、执行方案周密性等途径达成。二是建立在府际政策执行主体间有效沟通，使信息在组织间交换和共享，消除由于缺乏沟通而引起的隔阂，弥合执行主体间的意见分歧，减少冲突，增进合作。所以，优化辽宁省政府积极就业政策执行的组织结构和执行主体间的有效沟通协调，是提高积极就业政策执行效率的法宝。

7.3.2 增强府际信息反馈能力

重视信息反馈是优化政策执行的首要条件，无信息反馈环节的发生，也就无政策重新设计、政策追踪决策的科学性基础。增强辽宁省积极就业政策执行中的信息反馈能力，应当在加强政务公开程度、信息共享方式和减少信息代理层级上下功夫。

7.3.2.1 在加强政务公开程度上下功夫

辽宁省政府需要进一步强化积极就业政策执行全过程公开，将积极就业政策信息，政策执行的方案及流程，政策执行的具体部门、人员及联系方式，与积极就业政策执行相关的所有信息通过网站、报纸或宣传栏等媒介公开。通过强化政务公开，不仅使辽宁省积极就业政策执行信息在府际反馈，还可将执行中的经验和存在问题反馈到其他层级的执行主体，避免类似问题再次发生而制约辽宁省积极就业政策执行效果。一方面，辽宁省政府通过向下级政府和公众提供有关积极就业政策执行的权威而完整的信息，展现了政府积极执行政策，消除公众对政府的抵触情绪，增加对政府的信任。另一方面，政府通过政务公开的方式解读政策内容，能够为行政人员和政策对象提供准确的政策信息，不仅便于行政人员准确执行政策，而且还为政策对象提供了政策指南。通过政府政务公开的方式增强辽宁省政府信息反馈能力，不但加强执行主体和目标群体对政策的理解和全过程追踪，还通过公开和反馈权威、准确、可靠的信息，为执行主体赢得良好形象。消除执行主体与政策对象间的隔阂，畅通政策执行环节，对提高政策执行成功率意义重大。

7.3.2.2　在信息共享方式上下功夫

建立辽宁省积极就业政策执行全过程的大数据系统、电子政府、政务公开等方式使各级政府和各行政部门信息公开和共享，消除府际信息壁垒，使各市县政府及执行人员充分享有信息。一是建立覆盖全省的失业、就业、创业就业信息监测平台。时刻掌握信息，对全省积极就业政策执行状况，对执行风险进行前测和预警，及时调整执行方向。二是建立公共就业信息服务平台。发布全省范围内的政策信息、各类招聘会、就业援助活动、创业支持和职业培训等信息，在范围内实现就业岗位信息互联互通，解决"有人无岗位、有岗位无人"的问题。三是统一就业信息数据平台建设。在全省范围内统一就业统计数据，包括实名制、就业支出、时间范围等，避免由统一口径、重复、遗漏、偏差等就业数据统计问题而影响执行效率。

7.3.2.3　在减少信息代理层级上下功夫

通过减少辽宁省各级政府及其部门积极就业政策信息代理层级，提高执行效率。由于积极就业政策执行需要省、市、县等多个层级政府完成，政策从制定到目标群体共经历下级政府对上级政府间的多次代理，政策信息在被代理的过程中会由于各级政府的执行偏好发生变化，政策信息内容的变化自然带来执行结果的变化。政策执行过程中需要经历繁多的政府层级，政策信息被逐级传播，这不仅增加了政策执行成本，降低了政策信息反馈质量和速度，而且不利于各级政府间的监控，最终影响政策执行效果，达不到理想的政策目标。所以，应当尽量减少纵向府际委托和代理次数，降低由信息不对称和目标冲突对政策执行产生的不利因素，更有利于提高积极就业政策执行效率。

7.3.3　加大前期调研和持续吸取经验提升政策输出能力

辽宁省政府应通过加大政策制定前期的调研力度和持续吸取执行中的经验提升其政策输出能力，以下分别论述。

7.3.3.1　通过加大政策制定前期调研提升政策输出能力

辽宁省政府在对中央政府积极就业政策再制定前，加大政策决策前期的调研力度，有助于提高其政策输出能力。一是充分了解本省就业结构和就业矛盾。辽宁省积极就业政策制定者应当深入调研，充分了解省情、经济调整方向、就业结构现状、各类就业困难对象特征，以便重新制定的政策在中央政策的宏观框架内更具可行性和操作性。二是掌握执行资源充分程度。积极就业政策工具是财税补贴，中央下拨的就业专项资金、辽宁省及其各级政府财政资源充分程度是其能否顺利进行的根本保证。深入了解各部门职责及执行人员配备情况，以更科学的方式配备执行资源的投入。三是充分把握就业困难群体特征及需求。政策制定者要通过实地调研、访谈等手段，掌握就业困难群体的家庭、职业经历、求职意向、心理满足预期等特征，使重新设计的政策更符合客观实际，更能满足积极就业政策对象需求。因此，辽宁省通过加大政策制定前期的调研力度，提高其积极就业政策输出能力，使其更能指导实践，目的在于提高政策执行效果。

7.3.3.2 通过持续吸取经验提升政策输出能力

辽宁省政府通过持续吸取积极就业政策执行中的问题和经验，并对其不断调整和完善，提升政策修正能力。首先，辽宁省政府通过召集智库、科研院所的专家、学者从不同侧面和维度，结合执行中的经验和问题，修正现行政策。也可以采取小规模政策试点的实验方式，综合运用管理学、行政学、经济学、社会学、统计学等理论分析如何提高政策输出能力。其次，通过吸取经验提高辽宁省政府积极就业政策再设计的识别能力和判断能力。辽宁省政府要提升就业形势和环境的判断能力、对就业困难群体变化的预见能力及对失业矛盾复杂性的识别能力，只有充分掌握了这些能力才能再设计出更科学、适用、有效的政策。积极就业政策执行并不总是一帆风顺的，时常伴有由就业矛盾变化带来的不确定性和执行冲突。所以，在对现存政策修正过程中，辽宁省政府应当考虑到应对和处理就业工作中突发事件的内容，以保障其在积极就业政策执行过程中拥有相对规范的依据，提高政策输出能力。因此，辽宁省政府持续吸取积极就业政策执行中的问题和就业困难群体变化，重新设计出更具可行性、适用性、创新性的积极就业政策。所以，辽宁省政府的政策输出能力，将在很大程度上决定其执行能力和效果。

第 8 章

结论与展望

8.1 主要结论

本书目标是研究辽宁省积极就业政策执行的现状、影响要素如何推进和制约执行，针对存在问题提出改进对策。本书将政策执行活动假设为府际相互作用的结果，并以此为契合点采用府际关系理论为指导，构建了辽宁省积极就业政策执行分析框架。在此方法的指引下，本书研究了辽宁省积极就业政策执行的案例，并以此为基础层层推进，分析了下面一系列问题：①辽宁省积极就业政策是什么，其有哪些政策要素构成？又是如何发展演进的？②辽宁省积极就业政策是如何执行的？其执行主体、执行程序、执行模式、执行成效以及还存在哪些问题？③辽宁省存在什么类型的积极就业政策执行模式？④产生了哪些成效？为什么还存在过度执行、虚假执行、变通执行、选择执行、目标替代执行等诸如此类的问题？⑤辽宁省积极就业政策执行受府际哪些变量的影响？这些变量如何对其产生推动作用？相反，这些变量又是如何限制执行而在执行过程中出现了问题？⑥辽宁省积极就业政策执行的理想效果应该如何实现？对这些问题的回答能够全面系统地回应本书的研究目标。以下即是上述问题的研究结论。

第一，积极就业政策由四个阶段构成。总结归纳了辽宁省积极就业政策构成，划分了辽宁省积极就业政策的发展演进阶段，其形成和发展经历了形成框架、充实完善、形成发展、探索革新四个阶段。各阶段的政策形成背景、政策内容的调整与更新、政策执行中的措施不断升级与完善，分别称为积极就业政策 1.0 版、2.0 版、3.0 版和 4.0 版。这充分说明了辽宁省在积极就业政策执行过程中的政策输出能力。

第二，辽宁省积极就业政策的执行模式是多种模式并存。具体包括高层推动模式、领导小组模式、联席会议模式、签订责任状模式和特色活动推动模式。这五种执行模式的存在受制于府际诱导要素、约束要素和能力要素的作用机理。

第三，影响辽宁省积极就业政策执行是诱导、约束和能力三个关键要素。其中，诱导要素包括权力结构、利益结构、激励机制和资源结构四个二级指标；约束要素包括制度规范、绩效考核、监督检查、行政问责四个二级指标；能力要素包括组织协调、信息反馈和政策输出三个二级指标。

第四，辽宁省积极就业政策执行的关键要素具有双面性，既有推动作用也有限制作用。诱导、约束和能力三要素在府际关系的作用下，通过各自的二级指标既推动又限制了辽宁省积极就业政策执行。

在推动因素层面，辽宁省积极就业政策执行取得的就业局势总体稳定、城镇登记失业率处于合理区间、扶持困难就业群体人数规模大、就业配套财政资金支持力度大等成效密不可分。一是府际纵向分权、高层领导重视和参与的权力结构，府际利益关联结构，上级政府对下级政府的奖励表彰与隐性契约的激励结构，下级政府就业专项资金配置及下级政府资源获取能力的资源配置结构。二是上级政府政策规章及工作制度安排、就业任务下达与目标责任制考核、检查督促与就业专项资金审计及行政问责。三是执行主体间的组织结构与沟通协调、信息资源建设与政策宣传、中央政策的再设计以及现存政策的修正调整。

在限制因素层面，辽宁省积极就业政策执行依然存在象征或目标替代执行、选择或变通执行、过度或迟缓执行、欺上瞒下或标的群体外溢执行的现象或问题。一是府际权力博弈、主体间的利益冲突、府际激励过度与激励结构错位、府际财政资源配置失衡。二是政府换届与执行流程失范、府际绩效考核体系适用性较弱、府际内部监督检查流于形式、府际问责机制缺失及力度不足。三是辽宁省政府自身组织结构优化程度低和常规性组织协调能力差、信息共享程度不足及信息反馈渠道受阻、中央政策再制定前期调研缺乏及问题经验吸取不足。

第五，辽宁省积极就业政策执行应从诱导、约束、能力要素方面系统推进。首先，科学运用府际诱导因素。均衡配置府际权力结构，规范和调节府际利益关系、创新府际激励机制、科学配置政策执行资源。其次，有效运用府际约束资源。建立健全法制规约、提高绩效考核机制的科学性与导向性、规避监督检查流于形式、健全府际问责机制及增强问责力度。再次，提升辽宁省政府自身能力。优化组织结构和提高府际组织协调能力，通过政务公开、增强信息反馈及减少信息代理层级提高反馈能力，通过前期调研和持续吸取经验提升政策输出能力。

8.2　研究展望

本书通过对辽宁省积极就业政策执行的理论和实证分析，得出了适用于积极就业政策执行研究的分析框架、关键影响要素、存在问题及其改进对策。未来的研究方向，笔者希望在两个方面进行：首先是研究范围进一步拓展。本研究范围是省级政府，研究其作为中间层政府如何执行中央政府政策，又指导和要求所辖市县（省管县）政府执行。受制于研究精力和篇幅，只涉及作为中间层的省级政府如何在府际关系作用下执行积极就业政策，后续将由中间层政府逐步扩展到基层政府。其次在理论层面进一步拓展。在分析框架的基础上构建出更具有解释力的理论模型，进一步探讨府际诱导要素、制约要素及能力要素对公共政策执行的促进和限制作用。

参考文献

[1] PRESSMAN J，WILDAVSKY A. Implementation［M］. 2nd ed. Berkeley，CA：University of California Press，1979.

[2] 格斯顿. 公共政策的制定程序和原理［M］. 朱子文，译. 重庆：重庆出版社，2001：103.

[3] JONES C. An introduction to the study of public policy［M］. Monterey，California：Brooks/Coles Publishing Company，1984.

[4] METER D. The policy implementation process［J］. Administration and sociaty，1975，6（2）：447.

[5] 戴伊. 自上而下的政策制定［M］. 鞠方安，吴忧，译. 北京：中国人民大学出版社，2002：177-178.

[6] EDWARDS G C，SHARKANSKY I. 1978. The policy predicamend［M］. San Francisco：W. H. Freeman and Co.：293.

[7] 刁田丁. 政策学［M］. 北京：中国统计出版社，2000：218-219.

[8] 朴贞子，金炯烈，李洪霞. 政策执行论［M］. 北京：中国社会科学出版社，2010：3-4.

[9] LESTER J P，STEWART J. Public policy：an evolutionary approach［M］. Boston：Michael Rosenbery，2004：113.

[10] NIGENDA G，et al. . Understanding the dynamics of the seguro popular de salud policy implementation in Mexico from a complex adaptive systems perspective［J］. Implementation Sci，2015（11）：68.

[11] FOLEY A. Sexuality education policy implementation in two rural midwestern school districts［J］. Sex Res Soc policy，2015（12）：347.

[12] RYAN D. From commitment to action：literature review on climate policy implementation at city level［J］. Climatic change，2015（131）：519.

[13] GOGGIN M L. Implementation theory and practice：toward a third generation［M］. Scott：

Foresman and Company，1990：32.

[14] GOGGIN M L. Implementation theory and practice：toward a third generation [M]. Scott：
Foresman and Company，1990：32.

[15] 希尔，休普. 执行公共政策——理论与实践中的治理 [M]. 黄健荣，等，译. 北京：商
务印书馆，2012：94-95.

[16] 黄伟. 试析政策工具研究的发展阶段及主题领域 [J]. 国家教育行政学院学报，2008
（9）：24-30.

[17] 黄伟. 试析政策工具研究的发展阶段及主题领域 [J]. 国家教育行政学院学报，2008
（9）：24-32.

[18] SMITH T B. The policy implementation process [J]. Policy science，1973，4（2）：203-
205.

[19] METER D. The policy implementation process [J]. Administration and society，1975，6
（2）：447.

[20] BARDACH E. The implementation game：what happens after a bill becomes a law [M].
Cambridge，Mass.：MIT Press，1977.

[21] REIN M，RABINOVITZ F. Implementation：a theoretical perspective：American politics
and public policy [M]. Cambridge，Massachusetts：The MIT Press，1978.

[22] SABATIER P，MAZMANIAN D. Policy implementation：a framework of analysis [M].
Policy studies journal，1979，8（4）：542.

[23] MENZEL D. An interorganization approach to policy implementation [J]. Public
administration quarterly，1987，11（1）：3-19.

[24] GOGGIN M L. Implementation theory and practice：toward a third generation [M]. Scott：
Foresman and Company，1990：32.

[25] SABATIER P，SMITH J. Policy change and police learning：an advocacy coalition
approach [M]. Boulder，Colo.：Westview Press，1993：2.

[26] BERTHET T，CUNTIGH P. State and local government reforms in France and Germany
[M]. Wiesbaden：VS Verlag für sozialwissenschaften，2006：173-187.

[27] JACOBSSON K，VIFELL A. Economic government of the EU [M]. London：Palgrave

Macmillan UK，2007：53-71.

[28] DILFANI E L. Experts versus politicians：the role of partisan ideology in European Union employment policy［J］. Comp Eur Polit，2013（11）：70.

[29] DOER R，KRUPPE A. Local employment agencies，and policy styles［J］. Journal for labour market research，2015，48（3）：41-56.

[30] 林水波，张世贤.公共政策［M］.台北：台湾五南图书出版公司，1984：275.

[31] 陈庆云.公共政策分析［M］.北京：中国经济出版社，2000：232.

[32] 胡宁生.现代公共科学政策研究［M］.北京：中国社会科学出版社，2000：193.

[33] 陈振明.政策科学——公共政策分析导论［M］.北京：中国人民大学出版社，2003：43.

[34] 胡平仁.在权力与权力之间——公共政策学新论［M］.长沙：湖南人民出版社，2002：156.

[35] 贺东航，孔繁斌.公共政策执行的中国经验［J］.中国社会科学，2011（5）：61-79.

[36] 陈喜乐，杨洋.政策执行研究的范式转变［J］.厦门大学学报（哲学社会科学版），2013（1）：1-8.

[37] 陈喜乐，杨洋.政策执行研究的范式转变［J］.厦门大学学报（哲学社会科学版），2013（1）：7-8.

[38] 胡伟.政府过程［M］.杭州：浙江人民出版社，1998.

[39] 荣敬本.从压力型体制向民主合作体制的转变——县乡两级政治体制改革［M］.北京：中央编译出版社，2001.

[40] 宁骚.中国公共政策为什么成功？——基于中国经验的政策过程模型构建与阐释［J］.新视野，2012（1）：17-23.

[41] 朴贞子，金炯烈，李洪霞.政策执行论［M］.北京：中国社会科学出版社，2010.

[42] 金太军.公共政策执行梗阻与消解［M］.广州：广东人民出版社，2005.

[43] 陈庆云.公共政策分析（第二版）［M］.北京：北京大学出版社，2011.

[44] 丁煌.关于政策执行的若干基本问题［J］.湖北师范学院学报（哲学社会科学版），1992（2）：28-35.

[45] 丁煌.我国现阶段政策执行阻滞及其防治对策的制度分析［J］.政治学研究，2002（1）：

28-39.

[46] 钱再见，金太军. 公共政策执行主体与公共政策执行"中梗阻"现象 [J]. 中国行政管理，2002（2）：56-57.

[47] 钱再见，金太军. 公共政策执行主体与公共政策执行"中梗阻"现象 [J]. 中国行政管理，2002（2）：56-57.

[48] 周雪光. 基层政府间的"共谋现象"——一个政府行为的制度逻辑 [J]. 社会学研究，2008（6）：1-21.

[49] 陈家建，边慧敏，邓湘树. 科层结构与政策执行 [J]. 社会学研究，2013（6）：1-20.

[50] 薛立强，杨书文. 论政策执行的"断裂带"及其作用机制——以"节能家电补贴推广政策"为例 [J]. 公共管理学报，2016（1）：55-64.

[51] CHEN J，ZHANG Q J. Fluctuating policy implementation and problems in grassroots governance [J]. Chin. Sociol.，2016（3）：7.

[52] 唐贤兴. 中国治理困境下政策工具的选择——对"运动式执法"的一种解释 [J]. 探索与争鸣，2009（2）：65.

[53] 白钢，史卫民. 中国公共政策分析（2010 年卷）[M]. 北京：中国社会科学出版社，2014：304-305.

[54] 周雪光. 运动型治理机制：中国国家治理的制度逻辑再思考 [J]. 开放时代，2012（9）：105-125.

[55] 程琥. 运动式执法的司法规制与政府有效治理 [J]. 行政法学研究，2015（1）：75-81.

[56] 蒋姗姗. 浅谈中国政策执行过程中的"运动式治理模式" [J]. 管理观察，2016（4）：43-45.

[57] 邹再华. 市场经济、市场就业和积极的劳动力市场政策——纪念全国首届职业介绍宣传月活动 [J]. 特区展望，1997（4）：15-16.

[58] 冯笠心. 再就业是一项积极的政策——访国家劳动与社会保障部副部长王东进 [J]. 企业改革与管理，2000（3）：7-8.

[59] 劳动保障部国际劳工与信息研究所课题组. 市场经济国家的积极就业政策 [J]. 中国劳动，2000（5-6）：51-53.

[60] 新华社评论员. 提高认识，实施积极的就业政策 [N]. 新华每日电讯，2002-09-19

（1）.

[61] 信长星. 积极就业政策的几个特点 [N]. 中国劳动保障报，2002-12-07（1）.

[62] 张传亭. 把积极的就业政策放在更加突出的位置 [J]. 山东经济战略研究，2002（10）：12-15.

[63] 黄华波. 简论有中国特色的积极就业政策 [J]. 中国劳动，2002（11）：9-11.

[64] 莫荣. 实施积极的就业政策、缓解就业压力 [J]. 首都经济杂志，2002（10）：13-14.

[65] 姚洪宇，杨静. 为什么是实施积极的就业政策 [J]. 求知，2004（8）：30-31.

[66] 本刊编辑部. 积极就业政策如何建立 [J]. 领导决策信息，2002（47）：22.

[67] 白天亮. 我国积极就业政策框架建立 [N]. 人民日报，2003-08-15（2）

[68] 信长星. 积极就业政策 4.0 版 [J]. 中国就业，2015（6）：4-7.

[69] 李翔，石晓梅. 试论积极的就业政策 [J]. 生产力研究，2005（9）：13-40.

[70] 翁良钧. 实施积极就业政策，做好下岗失业人员就业工作 [J]. 中国财政，2003（1）：26-27.

[71] 王芸，季明. 实施积极的就业政策　改善创业和就业环境 [J]. 陕西省行政学院陕西省经济管理干部学院学报，2004（1）：22-25.

[72] 曹云. 发挥政府调控职能实施积极就业政策——介绍广州市政府在促进就业中的角色 [J]. 中国就业，2003（8）：15-16.

[73] 田蕴祥. 积极福利视角下劳动就业促进政策研究——以台湾地区少数民族事业发展为例 [J]. 社会保障研究，2015（3）：98-104.

[74] 信长星. 实施就业优先战略和更加积极的就业政策 [J]. 行政管理改革，2014（11）：31-36.

[75] 刘社建. 积极就业政策的演变、局限与发展趋势 [J]. 上海经济研究，2008（1）：54-59.

[76] 王强. 新规则自由人的梦——积极就业政策与灵活用工国际研讨会记略 [J]. 中国劳动保障，2006（8）：29.

[77] 本刊编辑部构建"四位一体"的积极就业政策体系 [J]. 领导决策信息，2006（26）：7.

[78] 王艳，古天姣. 实施积极就业政策　建立促进大学生就业的长效机制 [J]. 行政与法，2010（3）：45-47.

[79] 英明，魏淑艳.中国特色积极就业政策效果分析：一个评估框架［J］.东北大学学报（社会科学版），2016（3）：288-295.

[80] 张丽宾.积极就业政策的投入评估研究［J］.人事天地，2015（7）：22-25.

[81] 张丽宾.积极就业政策的目标评估研究［J］.人事天地，2015（8）：18-21.

[82] 张丽宾.积极就业政策的效率评估研究［J］.人事天地，2015（9）：16-19.

[83] 张丽宾.积极就业政策的公众评估研究［J］.人事天地，2015（10）：18-21.

[84] 张丽宾.我国积极就业政策的问题评估［J］.人事天地，2015（11）：19-22.

[85] 国家发改委宏观经济研究院.再就业政策效果的评价与建议［J］.经济学动态，2004（8）：41-44.

[86] 中国社科院课题组.积极劳动政策：上海模式述评［J］.经济学动态，2002（5）：28-32.

[87] 王延中.中国积极劳动政策的实践［J］.管理世界，2003（3）：61-69.

[88] 赖德胜，孟大虎，李长安，等.中国就业政策评价（1998—2008）［J］.北京师范大学学报（社会科学版），2011（3）：110-124.

[89] 于长革.政府社会保障支出的社会经济效应及其政策含义［J］.广州大学学报（社会科学版），2007（9）：36-41.

[90] 田宋，王飞跃.社会保障支出的就业效应实证分析——基于贵州省数据［J］.中国劳动，2015（4）：62-68.

[91] 徐晓莉，席铭，胡青江.社会保障支出对就业影响的实证分析——基于新疆的数据［J］.中国经贸导刊，2012（1）：87-88.

[92] 汪青.经济转型期社会保障支出对劳动力就业的效应分析［J］.商业时代，2013（33）：110-112.

[93] 何璐.社会保障支出的就业效应研究——社会保障支出的就业效应研究［J］.现代商业，2014（2）：180-181.

[94] 孔泾源.中国劳动力市场发展与政策研究［M］.北京：中国计划经济出版社，2006：96-128.

[95] 财政部社会保障司.就业支出绩效评估研究（2003—2006）［M］.北京：经济科学出版社，2010：98-125.

[96] 曾骊.高校毕业生就业政策评价 [J].教育评论，2013（4）：57-59.

[97] 蔡冬冬，付岱山，李裕丰.积极财政政策促进辽宁就业的效应评价 [J].商业时代，2016（18）：145.

[98] 李锐.积极就业政策绩效评估——以小额担保贷款项目为例 [J].财政研究（12），2010：33-34.

[99] 刘社建，李振明.促进积极就业政策完善的财政政策探讨 [J].财政研究，2007（10）：7-8.

[100] 程亮，马彦周.高校毕业生基层就业代偿政策执行效果调查——以中国地质大学（武汉）为例 [J].学校党建与思想教育，2016（5）：70-73.

[101] 徐萍，王凤.大学生公共就业政策执行偏差探因 [J].教育观察，2016（2）：23-24.

[102] 李华斌，李国和.贵州省残疾人就业公共政策及其执行探微 [J].社科纵横，2015（8）：68-71.

[103] 李庆杰，公海鹏.再就业税收优惠政策执行情况探析 [J].科学与管理，2005（1）：62-64.

[104] 张丽宾.我国积极就业政策存在问题的原因及下一步的政策需求分析 [J].人事天地，2006（1）：16-19.

[105] 田恒，唐兴军."少数民族高层次骨干人才计划"定向就业执行研究——基于政策目标群体就业现状的调查分析 [J].湖北理工学院学报（人文社会科学版），2015（4）：68-72.

[106] 杨强，黄静静.基于史密斯模型的高校毕业生就业政策执行过程分析 [J].天津职业大学学报，2014（2）：31-34.

[107] 刘婧，黄喜刚.大学生就业政策执行偏差探因与矫治 [J].中国大学生就业，2014（16）：10-13.

[108] 姚明月，乔晓勇，伊卫军，等.内蒙古自治区残疾人就业公共政策有效执行的研究 [J].广播电视大学学报（哲学社会科学版），2013（4）：10-15.

[109] 姚明月，乔晓勇，伊卫军，等.内蒙古自治区残疾人就业公共政策有效执行的研究 [J].广播电视大学学报（哲学社会科学版），2013（4）：10-15.

[110] 郭裕湘.我国高校就业教育政策执行失真的多元制度逻辑分析 [J].湖北社会科学，

2013（6）：173-176.

[111] 高晓霞.日本大学生就业促进政策执行过程研究——基于史密斯模型的分析［J］.南京师大学报（社会科学版），2009（6）：29-35.

[112] 英明，魏淑艳.探索公益性岗位建设的有效途径［J］.人民论坛，2014（14）：125-127.

[113] 程亮，马彦周.高校毕业生基层就业代偿政策执行效果调查——以中国地质大学（武汉）为例［J］.学校党建与思想教育，2016（5）：70-73.

[114] 于颖，侯丽媛，甫玉龙.基于史密斯模型的硕士研究生就业政策执行过程探析［J］.扬州大学学报（高教研究版），2015（2）：40-45.

[115] 田恒，唐兴军."少数民族高层次骨干人才计划"定向就业执行研究——基于政策目标群体就业现状的调查分析［J］.湖北理工学院学报（人文社会科学版），2015（4）：68-72.

[116] 李华斌，李国和.贵州省残疾人就业公共政策及其执行探微［J］.社科纵横，2015（8）：68-71.

[117] 商应美，王香丹，周冰，等.首届免费师范生就业与政策执行现状及其对策研究——以一所部属师范大学首届免费师范生和用人单位调研为例［J］.国家教育行政学院学报，2014（6）：72-78.

[118] 姚明月，乔晓勇，伊卫军，等.内蒙古自治区残疾人就业公共政策有效执行的研究［J］.广播电视大学学报（哲学社会科学版），2013（4）：10-15.

[119] 李庆杰，公海鹏.再就业税收优惠政策执行情况探析［J］.科学与管理（1），2005：62-64.

[120] 英明，魏淑艳.探索公益性岗位建设的有效途径［J］.人民论坛，2014（14）：125-127.

[121] 胡德巧.依法促进就业和完善积极的就业政策体系［J］.中国发展观察，2008（1）：50-51.

[122] 于艳芳，宫真真.促进就业的积极劳动力市场政策研究［J］.当代经济管理，2013（12）：83-86.

[123] 杜宇.实施更加积极的就业政策确保就业形势基本稳定［J］.党建，2009（1）：30-31.

[124] 唐钧.危机时期应采取更加积极的就业政策 [J].中国社会保障，2009（8）：21.

[125] 王华.中国地方政府绩效差距研究 [M].上海：上海社会科学院出版社，2011：16.

[126] 王华.中国地方政府绩效差距研究 [M].上海：上海社会科学院出版社，2011：34.

[127] 王华.中国地方政府绩效差距研究 [M].上海：上海社会科学院出版社，2011：36.

[128] 赖德胜，孟大虎，李长安，等.中国就业政策评价：1998-2008 [J].北京师范大学学报（社会科学版），2011（3）：110-124.

[129] 杨龙，王骚.政府经济学 [M].天津：天津大学出版社，2004：229.

[130] 刘雷.为什么要实施积极的就业政策 [J].求知，2006（4）：31-32.

[131] 黄华波.简论有中国特色的积极就业政策 [J].中国劳动，2002（11）：9-11.

[132] 文贝子.积极就业政策的本质特征 [J].劳动保障，2003（5）：27-29.

[133] 林水波，张世贤.公共政策 [M].台北：台湾五南图书出版公司，1984：275.

[134] 陈振明.政策科学——公共政策分析导论 [M].北京：中国人民大学出版社，2003：43.

[135] WRIGHT D. Understanding intergovernmental relations [M]. Belmont，CA：Duxbury，1978.

[136] 亨利.公共行政与公共事务 [M].项龙，译.北京：华夏出版社，2002：346.

[137] 汪伟全.府际管理的兴起及其内容 [J].中共天津市委党校学报，2005（3）：89-93.

[138] 谢庆奎，等.府际关系的理论与实践 [M].天津：天津教育出版社，2007：4.

[139] ANDERSON W. Intergovernmental relations in review [M]. Minneapolis：University of Minnesota Press，1960：3.

[140] WRIGHT D. Intergovernmental relations：an analytical overview [J]. Intergovernmental relations in America today，1974（11）：1-16.

[141] 布鲁姆.公共行政学：管理、政治和法律的途径 [M].张成福，等，译.北京：中国人民大学出版社，2002：131-132.

[142] 孟华.论美国政府绩效评估中的公众意志表达——以三项调查为基础 [J].北京行政学院学报，2004（6）：10-14.

[143] 张紧跟.组织间网络理论：公共行政学的新视野 [M].武汉大学学报，2003（4）：480-486.

[144] STEVER J. Adapting intergovernmental management to the new age of terrorism［J］. Administration & Society，2005，37（4）：382-384.

[145] 张四明. 府际间的协调：问题与解决途径［J］. 行政学报，1990（29）：225.

[146] 杨宏山. 政府关系论［M］. 北京：中国社会科学出版社，2005：38.

[147] 希尔斯曼. 美国是如何治理的［M］. 北京：商务印书馆，1986：60.

[148] 谢庆奎. 中国政府的府际关系研究［J］. 北京大学学报（哲学社会科学版），2000（1）：26-34.

[149] 谢庆奎. 政治·政府·社会［M］. 北京：北京大学出版社，2013：345.

[150] 张紧跟. 当代中国地方政府间横向关系协调研究［M］. 北京：中国社会科学出版社，2006.

[151] 阿尔蒙德，等. 比较政治学：体系、过程和政策［M］. 曹沛霖，等，译. 上海：上海译文出版社，1987：302.

[152] 陈国权，李院林. 论长江三角洲一体化进程中的地方政府间关系［J］. 江海学刊，2004（5）：92-98.

[153] 赵永茂，孙同文，江大树，等. 府际关系［M］. 台北：元照出版有限公司，2001：6.

[154] 杨宏山. 政府关系论［M］. 北京：中国社会科学出版社，2005：2.

[155] 谢庆奎. 中国政府的府际关系研究［J］. 北京大学学报（哲学社会科学版），2000（1）：26-34.

[156] 边晓慧，张成福. 府际关系与国家治理：功能、模型与改革思路［J］. 中国行政管理，2016（5）：14-18.

[157] 蔡英辉. 我国斜向政府关系初探［J］. 北京邮电大学学报（社会科学版），2008（2）：40-45.

[158] 刘祖云. 政府间关系：合作博弈与府际治理［J］. 学海，2007（1）：79-87.

[159] 汪建昌. 理想与现实：构建网络型的府际关系［J］. 理论导刊，2010（4）：21-23.

[160] 陈振明. 公共管理学［M］. 北京：中国人民大学出版社，2005：180.

[161] 杨宏山. 府际关系论［M］. 北京：中国社会科学出版社，2005：总序.

[162] WRIGHT D. Understanding intergovernmental relations［M］. 3rd ed. Pacific Grove，CA：Brooks/Gole Publishing Company，1998.

［163］ 林尚立. 国内政府间关系［M］. 杭州：浙江人民出版社，1998：25.

［164］ 陈国权. 责任政府：从权力本位到责任本位［M］. 杭州：浙江大学出版社，2009：76.

［165］ 孙萍，许阳. 论协商民主理论视阈下公共政策公信力的提升［J］. 社会科学辑刊，2013（1）：80-86.

［166］ NICE D C. The intergovernmental setting of state-local relations［M］. Boulder：Westview Press，1998.

［167］ DERTHICK M. New towns in-town：why a federal program failed［M］. Washington，D. C.：Urban Institute，1972.

［168］ O'TOOL L J. Treating networks seriously：practical and research-based agendas in public administration［J］. Public Administration Review，1997（1）.

［169］ 丁煌. 研究政策执行问题必须遵循科学的方法论［J］. 北京行政学院学报，2003（1）：16-21.

［170］ 周振超. 当代中国政府"条块关系"研究［M］. 天津：天津人民出版社，2008：2.

［171］ 杨宏山. 府际关系论［M］. 北京：中国社会科学出版社，2005：3.

［172］ 蔡英辉. 我国斜向府际关系初探［J］. 北京邮电大学学报（社会科学版），2008（2）：40-45.

［173］ GOGGIN M，et al. Implementation theory and practice：toward a third generation［M］. Scott：Foresman and Company，1990.

［174］ RIPLE Y，RANDALL B，FRANKLIN G A. Congress，the bureaucracy and public Policy［M］. Pacific Grove，C. A.：Brooks/Gole Publishing Company，1991.

［175］ O'TOOL L J，LAURENCE J，Jr. Strategies for intergovernmental management：implementing programs in interorganizational networks［J］. International journal of public administration，1988，11（4）：422.

［176］ SCHEBER L E，DENIS E. Federalism and environmental policy：trust and the politics of implementation［M］. Washington，D. C.：Georgetown University Press，1997：10-22.

［177］ 希尔，休普. 执行公共政策［M］. 黄健荣，等，译. 北京：商务印书馆，2011：251.

［178］ 希尔，休普. 执行公共政策［M］. 黄健荣，等，译. 北京：商务印书馆，2011：107.

［179］ 诺思. 经济史中的结构与变迁［M］. 陈郁，罗华平，等，译. 上海：上海人民出版社，

1994：1.

[180] 王颖.转型时期中国政府利益研究的必要性分析［J］.中国行政管理，2007（7）：75-77.

[181] 曹堂哲.公共行政执行的中层理论——政府执行力研究［M］.北京：光明日报出版社，2010：110.

[182] 赵德余.实施公共政策：来自跨学科的声音［M］.上海：上海人民出版社，2013：38.

[183] 怀特.组织行为学［M］.北京：中国财政经济出版社，1989：225.

[184] MURRY H，MILLER J. The political economy of public administration［M］. New York：Cambridge University Press，1955：24.

[185] 谢庆奎.政治·政府·社会［M］.北京：北京大学出版社，2013：175.

[186] 丁煌.政策执行阻滞机制及其防治对策［J］.北京：人民出版社，2002：43.

[187] 杜宝贵.公共政策资源的配置与整合论纲［J］.广东行政学院学报，2012（5）：18-22.

[188] 林水波，张世贤.公共政策［M］.台北：五南图书出版公司，1982：263.

[189] 曹堂哲.公共行政执行的中层理论——政府执行力研究［M］.北京：光明日报出版社，2010：128.

[190] 竺乾威.地方政府的政策执行行为分析："以拉闸限电"为例［J］.西安交通大学学报（社会科学版），2012（2）：40-46.

[191] 诺思.制度、制度变迁与经济绩效［M］.刘守英，译.上海：上海三联书店，1994：3.

[192] 荣敬本.从压力型体制向民主合作体制的转变［M］.北京：中央编译出版社，1998：28.

[193] 白苏珊.乡村中国的权力与财富［M］.郎友兴，方小平，译.南京：江苏凤凰出版社，2009：69-77.

[194] 诺思.经济史中的结构与变迁［M］.陈郁，罗华平等，译.上海：上海三联书店，1994：225.

[195] 孟德斯鸠.论法的精神［M］.北京：商务印书馆，1982：154.

[196] 弗里奇.权力的博弈：重塑组织决策力与执行力［M］.李志刚，李兴旺，高树军，译.北京：人民邮电出版社，2014：1.

[197] 郑永年.中国的"行为联邦制"：中央—地方关系的变革与动力［M］.北京：东方出版社，2013：41.

[198] 刁田丁，兰秉洁，冯静.政策学［M］.北京：中国统计出版社，2000：218.

[199] GOGGIN M L，et al. Implementation theory and practice：toward a third eneration［M］. Scott：Foresman and Company，1990：154.

[200] 万江.中央经济政策的地方执行研究——以招商引资为例［M］.北京：法律出版社，2012：63.

[201] 莫勇波.公共政策执行中的政府执行力问题研究［M］.北京：中国社会科学出版社，2008：184.

[202] ACEMOGLU D. Why not a political Coase theorem? social conflict，commitment and politics［J］. Journal of comparative economics，2003（31）：620-652.

[203] 熊文钊.大国地方：中国中央与地方关系宪政研究［M］.北京：北京大学出版社，2005：129.

[204] 林尚立.国内政府间关系［M］.杭州：浙江人民出版社，1998：21.

[205] 罗斯坦.政府质量—执政能力与腐败、社会信任和不平等［M］.蒋小虎，译.北京：新华出版社，2012：24.

[206] 德巴什.行政科学［M］.上海：上海译文出版社，2000：113.

[207] 孙萍，孙蕊，张景奇.治理视野下地方政府在城市蔓延管理中的角色转变［J］.北京行政学院学报，2013（3）：16-20.

[208] 孙萍，张晓杰.公共政策的普适性与特殊性［J］.行政论坛，2007（2）：38-40.

[209] 吉登斯.社会的构成［M］.李康，李猛，译.北京：生活·读书·新知三联书店，1998：263.

[210] 张峰.基层政府间的"共谋现象"分析——基于信息空间的分析视角［J］.湖南社会科学，2015（5）：98-103.

[211] 邓恩.公共政策分析导论［M］.北京：中国人民大学出版社，2001：363.

[212] 张峰.基层政府间的"共谋现象"分析——基于信息空间的分析视角［J］.湖南社会科学，2015（5）：98-103.

[213] 林登.无缝隙政府［M］.汪大海，吴群芳，等，译.北京：中国人民大学出版社，

2004：2.

[214] 赖静萍，刘晖．制度化与有效性的平衡——领导小组与政府部门协调机制研究［J］．中国行政管理，2011（8）：22-26.

[215] 奥斯特罗姆．公共事务的治理之道［M］．上海：生活·读书·新知三联书店，2000：61.

[216] 奥斯特罗姆．制度分析与发展的反思［M］．王诚，等，译．北京：商务印书馆，1996：138.

[217] 杜宝贵．公共政策资源的配置与整合论纲［J］．广东行政学院学报，2012（5）：18-22.

[218] 莫勇波．公共政策执行中的政府执行力问题研究［M］．北京：中国社会科学出版社，2008：179.

[219] 尹蔚民．实施更加积极的就业政策努力实现社会就业更加充分［J］．求是，2012（7）：18-20.

[220] 孙立．重建社会：转型社会秩序的再造［N］．南方都市报·评论周刊，2010-03-07（2）.

[221] 魏淑艳，英明．国家治理现代化视野下的中国政府治理模式探讨［J］．社会科学辑刊，2015（2）：57-63.

[222] 齐晓东，李兆友．技术创新中的政府激励导向——基于委托 - 代理视角［J］．东北大学学报（社会科学版），2013（5）：478-483.

[223] 魏淑艳，英明．国家治理现代化视野下的中国政府治理模式探讨［J］．社会科学辑刊，2015（2）：57

后 记

五月的鲜花开遍了原野，就业政策"飞"入了千家万户，给他们送来了岗位，送来了安康。此时，这部书稿也终于完工了。

这部书稿，是我寒来暑往于各地调研的奔波，是我挑灯夜战敲打键盘的思考，是我迷茫苦想又柳岸花明的顿悟，是我盲评优秀头戴博士帽的喜悦。

尽管如此，对一个年轻小辈来说，这是做研究的起步，未来需要学习的、领悟的还有很多很多……在我的内心深处总感觉就业政策执行在这部书稿中并没有论述全面，论证清晰。但无论怎样，对于就业政策执行研究，我还是尝试着切入了一个新的研究视角，构建了一个新的理论分析框架，剖析了关键变量，创新了三个变量的维度，改进了政策执行的效果；并且我认为就业政策执行对于其他政策执行也有启发，特别是对公共政策的理论与实践具有重要的启示和借鉴意义。

本书出版之际，特别感谢我的博士导师东北大学魏淑艳教授给予我的引领培养；特别感谢我的访学导师东北大学田鹏颖教授给予我的点拨鼓励；感谢辽宁石油化工大学苏成利处长、雷冬海书记、刘淑艳院长、王啸副院长、刘志丹副院长等给予我的支持与帮助；感谢知识产权出版社的安耀东编辑给予的帮助；感谢辽宁石油化工大学学科建设经费、科研启动基金资助；感谢书中所引用和借鉴的所有文献的国内外作者给予我的启发和借鉴。

出版这本著作，旨在为就业政策执行研究进行探索，为公共政策执行研究进行挖掘。书中错误之处，敬请读者批评指正！

英明于沈阳

2019 年 5 月 10 日晚